民族文化研究叢書 161

한국어 비종결 문말 형식의 탈종속화 연구

民族文化硏究叢書 161

한국어 비종결 문말 형식의 탈종속화 연구

박주워 지음

高麗大學校
民族文化硏究院

이 책은 용운장학재단이 한국학 연구의 발전과 신진 연구자의 연구성과 확산을 위해 지원하는 〈용운 한국학 연구교수 지원사업〉에 의하여 출판되었습니다.

머리말

이 책은 2020년 고려대학교 대학원에 제출한 박사학위논문을 다듬어 펴낸 것이다. 본 연구는 형식상 종속적이지만 기능상은 독립적 특징을 보이면서 문장을 끝맺는 데 쓰이는 요소들에 주목하여, 이러한 '비종결 문말 형식'의 생성과 사용 양상을 밝히고자 하는 데서 출발하였다. 언어마다 구체적 양상은 다르지만 다른 요소에 의존해서만 정의될 수 있는 비정형 형식들이 독립적으로 사용되는 듯한 현상이 많이 보고되었고, 이를 아우르기 위하여 '탈종속화(insubordination)'라는 개념이 소개된 바 있다. 필자는 비종결 문말 형식을 이해하는 데에도 이것이 유용할 수 있다고 판단하고, 한국어에서 일부 접속절과 내포절을 비롯한 종속적 요소가 의존적 관계에서 벗어나 일정한 기능을 가진 종결 표현 단위로서 발달해 가는 과정을 탈종속화 측면에서 살펴보고자 하였다.

주요 내용은 다음과 같이 구성된다. 먼저 유형론에서의 탈종속화 개념과 작용 원리를 살피고 탈종속화의 기능을 그 사용 동기와의 관계 내에서 고찰한다. 그리고 이른바 비종결어미의 종결어미화 관련 현상 중 상당 부분을 탈종속화로 설명할 수 있음을 주장하면서 한국어 사례에 어떻게 적용할 수 있을지 탐색해 본다. 탈종속화 과정의 특징에 따라 구체적 형식들을 나누어 관찰, 분석할 것인데, 관습화된 생략이 중심되는 것과 절 결합 범위의 변화가 중심되는 것으로 하위 구분된다. 연구 대상이 된 형식들은 기존 연구에서 종결 용법이 조금이라도 언급된 경우라면 최대한 포괄하여 검토하도록 했다.

필자는 기존 관점에서는 덜 완결된 문장, 뒷부분이 임의적이고 즉흥적으로 생략된 문장 등으로 여겨질 수도 있는 것들로부터 유의미한 현상을 구별해 내고자 하였다. 종결어미가 되었는가 아닌가를 따지기보다는 형식이나 지위 변화가 없이도 독립적 종결 기능을 할 수 있는지 또는 그러한 잠재성이 있는지에 주목하였다. 발달의 징후 및 과정에 더 초점을 맞추었기 때문에 화용적 영역에 머물러 있는 문제로 보일 수도 있으나, 실제 언어 사용의 관습화가 문법의 변화로 이어질 수 있음을 생각할 때 해당 현상이 보이는 경계적 성격을 탐구할 필요가 있다고 생각한다. 앞으로도 적용할 수 있는 사례를 더 많이 확인하고 외연을 넓혀 가는 것을 과제로 삼을 것이다.

이 책이 나오기까지 은혜를 입은 분들이 많다. 홍종선 선생님은 부족한 제자 걱정에 퇴임 후에도 편히 쉬지 못하셨다. 변함없이 신뢰하고 격려해 주셨기에 느리고 서툰 걸음이지만 포기하지 않고 공부를 계속할 수 있었다. 연구자로서 바로 설 수 있게 이끌어 주신 선생님께 존경과 감사의 마음은 말로 다 표현할 수 없다.

설익은 심사 논문을 꼼꼼히 살펴 귀한 조언을 해 주신 최호철 선생님, 황화상 선생님, 박재연 선생님, 이영제 선생님께 진심으로 감사드린다. 대학원에 입학하면서부터 민족문화연구원 사전학센터에서 오랜 시간을 보냈다. 늘 따뜻하게 품어 주신 도원영 선생님과 동고동락한 동료, 선후배들 덕분에 성장할 수 있었다. 또한 부족한 글을 책으로 엮을 수 있게 적절한 기회를 주신 용운장학재단과 민족문화연구원에 깊은 감사를 드린다.

필자를 항상 지지해 주는 가족들에게도 고마움을 전하고 싶다. 딸의 일이라면 무엇이든 돕고 기도해 주시는 부모님, 삶의 기쁨인 남편과 아이들이 있어 큰 힘이 되었다. 모두의 은혜에 보답하기 위해서라도 더 좋은 사람, 성실한 연구자가 되어야겠다고 다짐해 본다.

2022년 4월

박주원

차 례

1장
서 론

1.1. 연구 목적

본 연구는 상위절에 통사적·의미적으로 의존해서만 그 역할이 정의될 수 있는 여러 종속적 요소들이 문장(발화) 종결에 쓰이면서 독립적 단위로서 일정한 기능을 획득하는 사례들을 관찰, 분석하고 이들을 '탈종속화(insubordination)' 현상으로 설명하고자 한다. 그리하여 일부 접속절과 내포절을 비롯한 종속적 요소가 의존적 관계에서 벗어나 일정한 기능을 가진 종결 표현 단위로서 문법 체계 내에 편입되어 가는 일들이 한국어의 실제 사용에서 적지 않게 나타날 수 있음을 보이는 데에 목적이 있다.[1)]

---

1) 이 글에서 사용하는 '종속(subordination)'은 전통적인 문장의 확대 논의에서 접속을 대등접속과 종속접속으로 구분할 때 사용하는 것과는 다소 차이가 있음을 밝혀 둔다. 후행절에 대해 완전하게 대등하지 않은 접속절, 후행절의 한 성분이 되어 끼어 들어가는 내포절과 문장의 한 성분에 불과해 보이는 요소들까지 모두 아우르는 특징은 곧 통사적으로나 의미적으로나 '의존'되어 있다는 점이다. 이러한 의존적 관계에 있는 상태를 가리키기 위해 '종속/종속적'이라는 용어를 사용하였고, 이 관계가 희미해지거나 끊어진다는 점에서 '탈(脫)-종속'이라고 부른다. 탈종속화의 후보가 되는 형식은 다양하지만, 절이 대부분이므로 편의상 '종속절', '탈종속절'이라고 주로 부르게 될 것이다. 또

유형론적으로 탈종속화는 '형식상 종속적 요소로서의 특징을 보이지만 기능상 독립적 종결 단위로 볼 만한' 경우에 적용된다. 해당 용어는 없었지만 사실 한국어에는 전형적인 종결어미가 아닌 형식이 종결 위치에 쓰이는 것에 대한 논의가 이전부터 많이 있었다. 특히 접속절의 종결 용법이 많은 주목을 받았는데, 통시적 변화를 거쳐 완전히 종결어미화된 형식이 있는가 하면, 공시적으로 접속 기능을 주로 하면서 동시에 문장을 끝맺는 데 잘 쓰이는 형식도 적지 않다. 이들 중 상당수는 일회적 맥락에 기대는 단순한 생략이나 도치로 인한 결과로 보인다. 그러나 일부 접속절은 다른 접속절에 비해 후행하는 주절이 더 잘 생략되거나 도치되어 종결 위치에 자주 놓이고, 구분된 종결 기능을 수행하는 모습이 관찰되기도 한다. 이러한 접속절이 본 연구의 일차 조사 대상이 된다.[2)]

앞으로는 매번 '문장(발화)'이라고 적지 않고 '문장'이라고만 칭할 것인데, 실은 발화까지 포괄하여 말하는 것임을 밝혀 둔다.

2) 이 글에서는 '연결어미' 대신 '접속어미'를 사용한다. 이에 맞추어 선행절과 후행절로 이루어진 복합문을 '접속 구문'으로, 그중에서 선행절에 해당하는 접속어미가 결합한 절을 '접속절'로 부른다. 또 '종결 위치, 종결 용법, 종결 기능'이라는 용어를 기술에 자주 사용하는데, 이는 조금씩 다른 범위를 지칭하고자 할 때 필요에 따라 구분하여 쓴다. '종결 위치'는 원래는 종결어미로 끝나야 하는 자리라는 뜻으로서, 원인이 무엇이 되었든 종결어미가 아닌 요소가 문말에 오는 현상을 일반적으로 가리킬 때 종결 위치에 놓인다거나 쓰인다고 표현한다. 즉흥적 생략에 의해 단순히 중단된 문장부터 의도적으로 사용된 주절 없는 종속절까지 구분 없이, 문장을 끝맺는 종결어미 자리에 대신 위치함을 말하고자 할 때 사용한다. 이와 달리 '종결 기능'은 문장을 끝맺을 뿐만 아니라 일정한 의미적 역할을 한다고 보일 때 그에 대해 지칭하고자 사용한다. 아직 구별된 기능이 있다고 확실히 말할 수는 없지만, 어떤 비종결 형식이 문장을 끝맺는 데 쓰이는 빈도가 꾸준히 있을 때 해당 형식의 한 용법을 말할 때는 '종결 용법'이라고 쓰기도 한다. 대략 '종결 기능 ⊂ 종결 용법 ⊂ 종결 위치' 정도의 위계를 전제로 사용한다고 볼 수 있다.

다음은 종결 용법을 보이는 접속절의 예이다. '-으니까, -으면서'가 이끄는 접속절이 주절 없이도 자연스럽게 사용됨을 볼 수 있다. 선행 발화를 참고하여 빠진 주절의 내용을 예측할 수는 있으나, 구체적 복원은 쉽지 않다.

(1) ㄱ. 나한테 평생 고마워하며 살아. - 알았어. 내가 너한테 빚진 게 워낙 많**으니까**.
ㄴ. 나도 늘 돌아오고 싶었어. - 제 발로 집을 나갔**으면서**. 다시는 찾아오지 마.

그런데 종결어미 결합 형식이 아니면서 문장을 끝맺는 경우는 접속절 말고도 찾아볼 수 있다. (2)에서는 '-기는/-긴, -을 줄이야, -었으면' 예를 제시했는데, '-기는'은 '전성어미 + 조사', '-을 줄이야'는 '전성어미#의존명사 + 조사' 구성이다. '-었으면'은 접속절이기는 하나 '선어말어미 + 접속어미'가 통합형으로서 하나의 단위로 행동한다.

(2) ㄱ. 빨리 가기는(=가긴).
ㄴ. 일등에 당첨될 줄이야.
ㄷ. 다시 만났으면.

위의 예들은 적절한 후행 요소가 주어져 있는 아래 (3)과 비교할 때 그 사제로도 어느 정도 유사한 의미를 나타낼 수 있다. (3)의 내용과 주절 없이 쓰인 (2)를 통해 해석되는 바가 완전히 동일하게 느껴지지 않을 수도 있지만, 기본적 의미값이 다르지는 않다.

(3) ㄱ. 택시 타고 빨리 갔어? - 빨리 가기는 뭘 빨리 가? 길이 꽉 막혀서 엄청 늦었어.
ㄴ. 일등에 당첨될 줄이야 꿈에도 몰랐어.
ㄷ. 다시 만났으면 좋겠어요.

이러한 사례는 기존 접속절의 종결 용법과는 약간 거리가 있어 보이지만, 뒤따르는 요소가 미처 나오지 않은 채 문장이 맺어졌다는 점, 그렇지만 선행 요소만으로도 충분히 의미 전달이 가능하다는 점에서 공통성이 있다. 또 이러한 종결 용법이 빈번하게 쓰이면서 굳어지면 서술어에 결합된 형식이 마치 종결어미처럼 인식되어 재분석될 수도 있다는 사실 역시 공통적이다. 즉 이들은 외견상 접속절이거나 내포절이거나 심지어는 문장의 한 성분일 수도 있으나, 전체의 일부분으로서 존재하다가 떨어져 나와 독립적으로 사용되는 과정의 측면에서 보면 충분히 함께 다루어질 수 있다.

그간 접속절의 종결 기능에 대해서 많은 논의가 있었다. 여러 차례 지적된 것은 종결 위치에서의 쓰임이 빈번하기는 하나, 단순하고 임의적인 생략이나 도치도 적지 않아서 유의미한 사례와의 구별이 쉽지 않다는 점 그리고 접속절마다 얼마나 고정적이고 구분된 종결 기능을 보이는가의 정도가 꽤 다르다는 점이다. 접속어미에서 종결어미로 지위가 변화했는지를 판단하고자 할 때, 그 경계를 분명히 결정하기가 상당히 어렵다. 변화의 과정은 연속체적이고, 실제 예들은 매우 산발적인 양상을 보이는 경향이 있다.

그러나 한편으로 화자들은 비표현된 영역이 있음에도 불구하고 문장의 일부분을 가지고도 의사소통을 충분히 할 수 있고 오히려 효율적으로 할 수 있기도 하다. 일시적이고 비체계적으로 보이는, 또 맥락에 절대 의존하는 언어 사용이라도 반복적으로 이루어지면 일정한 패턴을 이루기나 변화를 유도할 수 있다. 특히 특정한 환경 아래에서 반복이 계속된다면 해당 형식과 기능이 점차 고정적으로 연결될 수도 있을 것이다. 필자는 (1)과 (2)에서 제시된 사례를 비롯하여 다양한 종속적 요소들이 단독으로 문장을 끝맺는 데 쓰이는 현상을 있는 그대로 인정하고 관찰할 필요가 있다고 본다. 원래는 종결 기능이 없었으나 문말에 잘 쓰인다는 점에 착안해 '비종결 분말 형식'으로 묶어 함께 다루면서, 그중에서 상대적으로 어떤 요소가 더 독립적 기능을 하는 단위로 어떻게 발달할 수 있는지 포착하고자 한다. 변화가 완결된 형식보다는 중간 과정에 있다고 보이는, 즉 발달 경로에 있는 사례들에 보다 초점을 맞추어 논의를 진행한다.

이제 1장의 나머지 부분에서는 관련된 선행 연구를 검토하고, 이를 바탕으로 기존 연구에서 언급된 종결 용법을 보이는 비종결 형식의 목록을 확인함으로써 연구 대상을 보다 명확하게 하고자 한다. 탈종속화에 대한 유형론적 개관을 시작으로 하여 본격적 논의는 2장에서부터 이루어진다.

1.2. 선행 연구

한국어에서 어떤 언어 형식이 외견상 분명 종속절의 특징을 가지고 있으나 주절처럼 독립적으로 쓰이는 현상에 가장 부합하는 사례는 비종결어미가 문장을 끝맺는 역할을 하는 경우이다. 어말어미는 문장을 끝맺는 기능을 전담하는지에 따라 종결어미와 비종결어미로 나뉘는데, 종결어미는 주절의 표지가 되고 비종결어미는 종속절의 표지가 된다. 둘 사이의 구분이 어그러지는 듯한 예들은 예전부터 주목을 받아 왔다.

고영근(1974ㄱ)은 '-고요, -는데요, -는지요, -으려고요, -으면서요, -어서요' 등과 같이 조사 '요'와 접속어미 통합형이 종결어미처럼 쓰이고 '요'가 없이도 낮춤의 존비법으로 쓰일 수 있음을 지적했고, 고영근(1974ㄴ)은 '-어, -지' 외에 '-을게, -다구, -나, -을까, -게, -다니, -네, -는걸, -는데, -거든, -자구' 등을 '반말'의 목록으로서 제시했다. 이를 통해 '요' 결합이 가능한 접속어미 중 상당수는 종결 기능을 한다는 것과 기존 접속어미와 종결어미 중 일부는 '반말'이라는 특성을 가진 종결 형식으로서 함께 묶일 수 있다는 점이 대두되었다. 종결어미 발달에 대한 통시적 연구인 이현희(1982)는 현대국어에서 주로 반말에 속하는 '-어, -게, -지' 등에 대해 접속어미가 종결어미가 되는 현상이라고 설명했다.[3] 비종결 형식에 기원을 둔 종결어미, 현재 비종결 형식(주로 접속어미)으로 분류되나 종결 기능도 수행하는 형식에 대한 관찰은 여러 논의에서 계속 찾아볼 수 있는데, 중심 주제별로 나누어 살펴보도록 하겠다.

먼저 '반말'과 관련된 연구를 보면, 초기에는 대우법 체계 내에서 그 정의와 특징을 밝히는 논의가 주를 이루다가 점차 구체적 목록이 제시되기 시작했다.[4] 한길(1991)은 '들을이높임법' 기준에서 종결어미

3) 특히 '-어, -지'의 경우 현대국어에서 쓰임이 확대된 대표적 범용어미로서 자주 언급되는데, 관련 논의에서는 접속 구문의 후행절 생략으로 생성되었음을 대부분 인정하고 있다(권재일, 2004 등).

를 체계화했는데, '반말 종결접미사' 목록을 단순형태(-어, -지, -게 등)와 복합형태(-다니, -는다니까, -을걸, -을래 등)로 나누어서 제시하고 공시적 관점에서 특징과 용법을 밝혔다. 복합형태의 경우 형태소 분석은 가능하지만 의미상 하나의 단위로서 기능한다는 점을 강조했다. 박재연(1998)은 기원을 구분하여 접속어미, 인용문, 간접의문문, 선어말어미의 융합, 통사적 구성 등에서 형성된 반말체 종결어미의 특성을 체계적으로 밝히고자 했다. 반말에는 두 가지 유형이 있다고 했는데, 하나는 공시적으로 온전한 문장으로의 복원이 가능한, 즉 뒷부분 생략에 의한 반말이고 다른 하나는 복원이 불가능한, 통시적인 절단에 의한 반말이다. 전자가 공시적이고 유동적인 변화라면 후자는 통시적인 변화라고 할 수 있을 것이다. 이러한 구분은 똑같이 종결 위치에 쓰이는 반말체 어미라도 실제로 지위가 다를 수 있음을 시사한다. 가령 '-어'와 같은 어미는 종결어미로서의 지위가 확고하고 접속어미 '-어'와 형식적 닮음 외에 연관성을 전혀 찾을 수 없지만, '-으니까'는 종결 위치에 쓰이기는 하나 대부분 상황에 의존하는, 접속어미의 일시적 종결 기능으로 보인다는 것이다.

대우법 중심이 아닌 다른 종결어미 연구들을 보면, 이종희(2004)는 종결어미에 대해 사용 의미를 중심으로 의사소통적 기능과 표출적 기능으로 나누어 살피었다. 형태 중심이 아니라 종결 위치에서 해당 기

4) 서정수(1984)는 하오체와 하게체가 세력을 잃고 해체와 해요체가 세력을 얻고 있음을 지적하면서, 해체와 해요체가 대우법에서 비격식체가 될 수 있다고 밝혔다. 성기철(1985)는 반말이 다른 종결형처럼 끝을 분명히 맺는 말로서 '요'에 선행하는 형식임을 분명히 하고, 격식체-비격식체 구분에서 비격식체로 소속시켰다 '-어, -지' 외에도 반말 형식으로서 '-걸, -거든, -세, -고말고, -데, -대, -면서, -나, -는가, -을까, -구먼, -네' 등을 제시하였다.

능을 하고 있는가를 기준으로 삼았기 때문에 다양한 구조의 형식들이 기능적 공통점 아래 제시되어 있다. 가령 '-으니까, -으려고'와 같은 접속어미뿐만 아니라 '-기는'과 같이 명사형 어미와 조사 결합형이라든지 인용 구문에서 유래한 복합형태들이 종결 위치에서 일정한 기능을 하고 있음이 자세히 기술되었다.

허경행(2010)은 형태상 분석은 가능하나 의미상 분석은 가능하지 않은 '복합종결어미'를 구조적 특성에 따라 유형화하고 통사적 특성과 형성 과정에 대해 밝히고자 했다. 복합종결어미는 삭제에 의한 융합형과 인접한 형태소끼리 결합된 연속형이 있는데, 단순 융합형 혹은 연속형이나 융합이 매우 진전되어 단일종결어미가 된 것을 제외한 중간적 요소들을 다루었다. 종결어미가 선행하는 유형('-는다나, -더라니' 등), 접속어미가 선행하는 유형('-고말고, -으니까는' 등), 전성어미가 선행하는 유형('-은걸, -기는' 등)으로 나누어 제시하였고, 삭제와 융합 그리고 새로운 의미 획득을 복합종결어미화 과정으로 설명했다. 이를 통해 종결어미가 아닌 다른 형태소가 종결 기능을 할 수 있고, 그중에는 그간 주로 다루어진 단일접속어미 외에 둘 이상의 형태가 결합된 형식도 적지 않음을 확인할 수 있다. 실제로 접속어미뿐만 아니라 다양한 구성의 종속적 요소가 문장을 끝맺는 데 쓰이는데, 이들은 하나의 단위처럼 행동하면서 종결어미에 준하는 역할을 할 수 있다. 둘 이상의 형태가 결합된 형식이 종결 기능을 할 수 있다는 사실은 접속절 이외의 단위도 탈종속화 측면에서 다룰 수 있다는 데 대한 근거가 된다.[5)]

---

5) 통시적 연구를 보면 정재영(1992)에서는 중세국어의 '-ㄴ돈, -ㄴ뎌'가 명사구 보문

본격적으로 종결어미로의 변화에 초점을 맞춘 일련의 연구들이 있다. '종결어미화'라는 용어를 처음 쓴 것으로 보이는 김태엽(1998)은 접속어미, 보조적 접속어미, 명사화 내포어미에서 종결어미로 문법 기능이 '전용'되는 경우가 많음을 지적했다. 기능 전용 사례로서 종속적 접속어미 '-거든, -으니까, -은데'를 제시했고, '-어, -지, -게, -고'에 대해서는 후행절이 아닌 보조용언 생략에 의해 종결어미화되고, '-음, -기'는 상위문이 삭제되어 종결어미화된다고 보았다. '후행문 삭제와 축소된 문장 구성으로의 변화'가 종결어미화 과정의 핵심이라는 점은 알 수 있으나, 의미나 기능 측면에서의 차이에 대한 언급은 없다. 김태엽(2000)은 종결어미화를 문법화 관점에서 이해하고 종결어미가 화용 상황에 따라서 종결어미로도 기능하게 되는 것이 곧 하나의 문법 형태가 두 가지 기능을 수행하는 분화 양상이라고 보았다.[6]

보다 공시적 관점에서 접속어미가 종결어미로 쓰이는 환경과 그때

구성 '-ㄴ/ㄹ#드 + 온, -ㄴ/ㄹ#드#이-'가 각각 특정한 환경에서 관용적으로 사용되다가 단어 및 형태소 경계가 소멸되어 '통합형어미'로 굳어진 것이라고 보았다. '-ㄴ든'은 소망이나 기원의 의미를 지닌 접속어미, '-ㄴ더'는 느낌이나 감탄을 나타내는 종결어미로 사용되었다. 보문 구성과 어미를 표면적 형태만으로 구별하기는 어렵고, 형태소 경계의 변화, 형태소 통합에서의 제약, 통사적 기능과 화용상 제약 및 의미 변화를 살펴야 한다고 했다. 이를 참고할 때, 기존의 단일접속어미가 아닌 비종결 문말 형식도 특정한 맥락에서 종결 기능을 반복적으로 수행한다면 마치 통합형어미처럼 하나의 종결 형식으로 굳어질 가능성이 있다고 충분히 가정할 만하다.

6) Hopper(1991)은 문법화의 원리를 층위화, 분화, 특정화, 의미 지속성, 탈범주화의 원리 등 5가지로 나누었다. '분화'는 동일한 근원에서 나온 여러 문법 형태가 의미상 분화되어 있는 현상으로서, 하나는 이전의 특성을 유지하고 다른 하나는 더 문법적으로 변해 간다. 김태엽(2000)은 이를 접속어미(이전의 특성 유지)와 그로부터 전용되어 쓰이는 종결어미(더 문법적으로 변화)에 적용한 것이다.

의 기능 및 특징을 설명하는 데 초점을 맞춘 연구는 유현경(2003)이다. '연결어미의 종결어미적 용법'이라는 용어를 사용하였는데, 연결어미가 종결 기능을 하는 것이 일종의 다의적 용법 중 하나라는 관점을 드러낸다. 논의에 따르면 종결어미적 용법은 그 조건이 통사적 문제가 아닌 의미·화용적 문제로서, 주로 입말의 상관적 장면에서 생략과 도치를 통해 발생한다. 이때 문장과 문장을 접속하는 어미만이, 또 대체로 이유, 원인, 근거를 나타내는 어미들이 종결어미 자리에 쓰일 수 있다. 해당 현상이 나타나는 조건으로서 구어에서의 대화 상황을 강조한 점, 공시적으로 접속어미마다 그 문법화의 정도가 다르다는 점을 명확히 지적한 점이 주목된다. 전자는 '연결어미의 종결어미화' 연구가 구어 중심으로 이루어질 필요가 있음을 시사하고, 후자는 종결어미적 용법을 보인다고 언급되어 온 여러 접속어미가 공시적으로 의미적 연관성이 끊어지지 않은 경우부터 이미 별개의 종결어미로 취급될 만큼 달라진 것까지 그 층위가 매우 다양함을 시사한다.

유현경(2003)은 접속어미가 종결어미화되는 환경에 대해서도 언급했는데, 먼저 접속어미가 종결 위치에서 쓰인다고 해서 모두 종결어미로 볼 수 없다는 점, 접속어미 중 일부만 종결 용법을 보인다는 점이 강조되었다. 종결어미화 기제로는 생략뿐만 아니라 도치도 꼽았는데, 생략은 단어나 구 단위 접속에서도 가능하지만 도치는 절 간 접속에서만 그리고 선행절과 후행절이 독립성을 가지고 있을 때만 가능하다고 했다. 종결 위치에 주로 쓰이는 것은 대체로 이유, 나열, 대조를 나타내는 접속어미이고, 조건이나 시간적 선후를 나타내는 것은 불가능하거나 어색하다. 요컨대 일부의 접속어미가 통사적이 아닌 의미·화용적 조건에 의해서 종결어미적 용법을 보인다는 것이 핵심 주장이다. 의미·화용적 조건이란 복합문에서 선행절이 후행절과 맺는 관계를 말한다. 후행절의 생략이 자유롭게 일어나는 듯 보이지만 상대적으로 더 자연스럽고 빈번한 경우가 따로 있다는 지적은 매우 중요하다.

개별 어미의 변화에 초점을 맞춘 연구는 초기에는 '-어, -지' 정도만 다루어졌으나 점차 확대되었다. 접속어미와 관련된 통시적 차원의 몇몇 연구를 보면, 먼저 고광모(2001)은 일부 반말체 어미의 발달을 다루었다. 청자를 향하지 않은 말(실세로는 그러한 형식을 취함으로써 완곡한 태도를 나타냄)에 쓰이던 하게체 어미들이 반말체 어미가 되었고, '-이'의 경우 이유를 나타내는 데 쓰이던 접속어미 '-어'로부터 발달했다고 하였다. 모두 후행절의 생략으로 인해 종결 위치에 놓이게 되어서 종결어미가 되었다고 본다. 구현정·이성하(2001)에서는 조건 접속어미 '-거든'이 종결어미로 변화하는 것을 고찰하였다. '-거든'은 접속어미가 개재된 복합문에서 후행절이 일종의 담화 전략상 생략을 거치게 되며, 선행절은 종속절에서 주절로 위계 상승이 일어나고 후행절은 극단적인 위계 강등이라고 할 수 있는 소실이 일어난다고 하였다.

이지영(2008ㄱ)은 중세국어 접속어미 '-디ᄫᅵ'에서 발달한 종결어미 '-지'의 형성을 '절 결속력' 변화와 관련하여 설명했다. 16세기부터 선행절에 후행절에 대한 인식적 판단의 기준이 제시되는 예들이 보이는데, 이렇게 화자의 태도나 판단을 나타내는 배경절은 절 결속력이 약한 편이다. 양태적 의미를 가진 선행절의 결속력이 약화되고 더불어 후행절의 복문화가 진행되면서 '-지'가 결합한 절이 후행절과 가지는 접속 관계가 불분명한 예들도 나타나게 된다. 이 두 가지 요인에 의해 점차 선후행절 사이의 결속력이 약해지면서 두 절이 독립된 것으로 인식되고 그 과정에서 '-지'가 형성되었다고 본 것이다. 거의 모든 비종결어미의 종결어미화 관련 논의에서 후행절의 생략을 필수적으로 거론하는 데 반해 선후행절 간 관계가 약해지는 점에 주목한 점이 특징이다.

종결어미화에서는, 특히 공시적으로 다의적 쓰임을 보이는 경우에는 해당 형식이 종결 기능을 할 때 새로운 의미를 나타내는가를 중요하게 여긴다. 형식상 삭감 혹은 축약과 같은 변화가 없는 경우가 많고, 결국은 새로운 의미 발달을 기준으로 판단할 수밖에 없기 때문이다. 따라서 이미 두루 인정된, 비종결 형식에 기원을 둔 종결어미나 종결 용법을 잘 보이는 접속어미를 대상으로 변화 전후의 의미 특성을 분석하는 연구들이 점차 많아졌다. '-거든'에 대한 논의가 주를 이루다가 '-고, -는데, -으니까' 등으로 확대된 경향이 있다. 장경현(2012)는 문장 종결부에서 '-고, -는데'가 담당하는 담화 의미 기능을 살핀 연구로서, '부가 정보 표시, 화자의 판단 유보, 텍스트 레지스터에 의한 관습적 용법' 등이 있다고 분석했다. 또 문장을 완전히 끝맺는 것을 피하면서 청자가 자유롭게 후행절을 상정할 수 있는 여지를 남겨 두는 '열린 종결' 개념이 유의미함을 주장했는데, 이와 상통하는 생각은 이미 몇몇 선행 연구에서 제시된 바 있다.[7] 접속-종결 기능을 모두 보이는 어미들에 대해 담화 차원에서 의미를 해석하려는 노력은 여러 논의

7) 서태룡(1986)은 부동사와 정동사 형태가 일치하는 '-어, -지, -게, -고'의 예를 들어 부동사로 사용될 때는 복합문에서 절 간 연결을 담당하고 정동사로 사용될 때는 문장을 종결하지만 담화를 연결한다고 주장하였다. 차현실(1990)은 반말체 어미가 종결 기능을 가지면서 다음 발화를 이어 주는 연결 기능도 공유한다고 하였다. 접속어미의 종결어미화와 관련하여 '문장 종결-담화 연결'이라는 설명은 일부 어미의 행태를 분석하는 데 적절한 접근법을 제공한다.

에서 찾아볼 수 있다.

접속어미의 종결 용법에 대해서는 한국어 교육에서의 성과가 많다. 한국어 학습자의 자연스러운 의사소통 기능 향상을 위해 실제 대화에서 많이 쓰이는 종결 형식을 교수할 필요가 있다는 전제 아래, 구어에서 종결 기능을 주로 하는 접속어미들을 확인하고 그 용법을 정확히 파악하여 교수 방안을 마련하고자 한 연구들이 다수 진행되었다(전영진, 2002; 하지선, 2006; 김유진, 2008; 손옥현, 2009; 임현정, 2012; 손마정, 2014; 한미월, 2016; 손유진, 2017 등). 이 연구들의 대체적인 공통점은 통시적 발달을 거쳐 종결어미 지위가 확고해진 형식과 단순히 공시적으로 종결 위치에서 자주 쓰이는 형식들을 일단 구분하고 있다는 것이다. 그 기준은 의미 변화에 있고, 얼마나 달라진 의미로 쓰이는지를 기술하는 데 초점을 둔다. 논의마다 사용하는 용어에 약간씩 차이가 있으나 대부분의 연구에서 접속어미가 문말에 주로 쓰이면서 종결 기능도 하게 된 형식과 새로운 의미를 획득하여 종결어미 범주의 새 구성원이 되었다고 인정할 만한 형식을 구분하고자 한다.[8] 새로운 의미 획득은 매우 중요한 사항이기는 하나, 실제 논의에서는 그에 대한 기준이 대부분 화용적 혹은 담화적 의미와 얽혀 있어 모호해 보이는 측면이 많다.

마지막으로 접속어미의 종결 기능에 대해 '억양'이 종결 여부 및 변별된 의미 획득 여부를 판단하는 데 중요하다는 점을 강조한 논의들이 있다. 일찍이 임홍빈(1984)는 문말 수행–억양의 역할을 강조했는

8) '연결어미의 종결화/연결어미의 종결어미화'(전영진, 2002), '종결어미기능 연결어미/종결어미화된 연결어미'(하지선, 2006), '종결어미적 쓰임의 연결어미/종결어미'(김유진, 2008) 등으로 나누고 있다.

데, 부사형 어미(-어, -지 등)와 같은 불완전 종결 형식이 수행-억양을 통해 종결 기능을 할 수 있다고 했다. 문말 수행-억양의 획득은 이후의 관련 논의에서 종결어미화 과정의 하나로, 즉 후행절 생략 후 종결어미가 되기 직전 단계로서 중요하게 다루어졌다. 조민하(2011)은 그간의 연구에서 억양의 역할이 중요하다고 하면서도 상승조, 하강조, 끊어짐 등 인상적 기준으로만 기술된 것을 비판하면서, 자유발화 전사 자료를 중심으로 억양의 기능을 자세히 분석하였다. 발화 말에 나타난 접속어미는 억양적 완결이 수행되었는가에 따라 중단 구조의 접속어미와 종결 기능을 수행하는 접속어미로 구분되고, 후자는 다시 접속어미로서의 의미는 그대로 유지하면서 억양에 의해서만 종결 기능을 하는 경우와 억양 외 요인에 의해서도 종결 기능을 하는 경우로 나뉜다. 예를 들어 '-으니까'가 동일하게 발화 말에 나타난다고 하더라도 HL%와 M%가 나타나면 중단 구조이고 진술 억양 L%이 나타나면 종결 기능이라는 식으로 구분하고자 점, 억양이 어떤 방식으로 접속어미가 종결 기능을 하는 데에 기여하는가를 밝힌 점이 주목된다. 상대적으로 다양한 문장 유형(평서, 의문, 감탄 등)을 실현할수록 문법화될 가능성이 더 높다고 보았는데, 이는 가령 '-으면서'는 종결 위치에서 잘 안 나타나고 '-는데'는 활발히 쓰이는 것에 대하여 어느 정도 설명력을 제공한다. 억양을 통해 다양한 의미를 실현할 수 있는 능력은 범용어미로의 발달과 관련되어 보인다. 그러나 어떤 어미는 억양에 의한 종결 기능조차 제한적으로 나타나며 어떤 어미는 쉽게 억양의 도움을 받아 여러 문장 유형으로 나타날 수 있는가를 알기는 여전히 어렵다.

나아가 신지영(2017)은 문장 종결이 형태 표지에 의한 종결, 운율 표지에 의한 종결로 나뉘고, 어절을 이루는 조사나 절을 이루는 접속어미 또는 전성어미 등에 의한 종결 기능은 운율 표지에 의한 것으로 보았다. 접속어미의 종결어미화와 같은 현상을 인정하지 않고 단지 구어 상황에서 운율의 역할로 이해하려는 입장이라고 할 수 있다. 본래 종결어미가 아닌 것이 종결 기능을 하는 데는 억양의 역할이 매우 중요하고, 종결어미조차 억양에 따라 그 의미 해석이 조금씩 다르게 나타나기도 한다.[9] 그런데 접속어미를 비롯한 비종결 형식이 단순히 문장을 끝맺는 데 그치지 않고 새로운 의미를 나타낼 때는 어울리는 억양을 수반하는 것이지 전적으로 억양의 도움만을 받는다고 보기는 어렵다. 이 글에서는 어떤 억양이 수반되는가를 따지기에 앞서 비종결 형식이 본래 가지고 있는 특성에 근거하여 종결 기능이 발달하게 된다는 가정하에 논의를 진행한다.

그간의 논의를 통해 알 수 있는 것은 일단 접속어미를 비롯한 비종결 형식들이 종결 기능을 하는 경우가 적지 않고, 어떤 영역에서 이전에 종결어미가 잘 하지 않았던 일정한 역할을 하는 것으로 보인다는 점이다. 대우법 체계 내에서 반말체 어미의 일부를 이루거나 담화적 기능 혹은 양태적 의미를 실현하기도 한다. 이는 단순히 문장을 끝맺는 것 외에 해당 형식이 어떤 변화를 겪어 새로운 의미를 얻게 되는 과정이 있음을 시사한다. 비종결어미의 종결어미화 논의에서는 그 과정을 설명하고자 노력했는데, 후행절 생략이 주된 기제가 된다는 점, 종결어미화에는 정도성이 있다는 점, 새로운 의미 획득이 중요한 기준

9) 신지영(2017:52-54)은 형태 표지의 비전형서인 운율이 이어지는 경우(예를 들어, 평서문에 L%이 아닌 H%가 오는 경우)에 준언어학적 양태 의미가 표시될 수도 있다고 보았다.

이 된다는 점 등이 드러났지만 미진한 부분이 있다.

문숙영(2015)는 '탈종속화' 개념을 소개하면서 비종결어미의 종결어미화 현상을 다루었다. Evans(2007)은 형식상 종속절로 보이지만 주절처럼 단독으로 나타나는 절들을 탈종속화 현상으로 묶었는데, 이를 한국어에서 '의존적 구성'이 문장 종결 형식으로 발달하는 다양한 현상을 포착하는 데에 적용할 수 있다고 본 것이다.[10] 실제로 접속어미 '-든지'를 비롯하여 '-었으면, -기는, -기를, -는/을 수밖에'를 탈종속화를 겪었음 직한 예로서 분석하고 있다. 종결어미화보다는 탈종속화가 다양한 현상을 포착하는 데 유용하고, 어떤 형식이 종결어미로 완전히 굳어졌는가에 대한 부담을 지지 않고도 해당 요소가 주절처럼 쓰인다는 사실을 인정할 수 있다는 강점이 있다고 지적했다. 다만 탈종속화가 일어났는지 판단하기가 쉽지 않다는 점이 문제인데, 후행 요소가 단순 생략된 것과 구별되는지 그리고 독립적이라고 볼 수 있는지와 관련하여 근거를 찾아야 한다. 문숙영(2015)는 사실상 독립절로서의 근거를 찾기는 어렵고 중요한 것은 결국 단순 생략과 구별된 지점을 찾아내는 일이라고 하면서, 후보가 된 의존적 구성에 대해 후행 요소의 복원이 제한되는지 그리고 단독으로 쓰일 때와 종속적 요소로서 쓰일 때 의미 차이가 있는지를 중점적으로 살피었다. 이 논의 이후 '-기는'의 축약형 '-긴'을 다룬 포연(2016), '-다고'를 다룬 강규영(2017), '-더니, -었더니'를 다룬 손욱(2019)에서 해당 형식의 일부 용법이 탈종속화를 겪었다고 볼 수 있음을 언급하였다.

10) 전통적인 시각에서 종속절로 분류하기 어려운 의존적인 형식을 아우르기 위하여 '의존적 구성'이라는 용어를 사용하였다고 밝혔다.

본 연구는 문숙영(2015)의 접근법과 궤를 같이하는 입장에서 논의를 확장하고자 하는데, 먼저 Evans(2007)의 탈종속화 개념을 받아들이면서 그 이후의 관련 논의들까지 참고하여 이론적 기반으로 삼을 것이다. 그리고 기존 논의에서 종결 기능을 한다고 거론된 비종결 형식의 일부 용법이 탈종속화의 후보가 될 수 있다고 가정한다. 이는 종속적 요소로서 쓰일 때와는 달리 조금이라도 기능상 차이를 보이는 경우에 적용된다. 다음 절에서 구체적 목록과 논의 방향을 설명할 것이다.

1.3. 연구 대상과 논의의 구성

이제 선행 연구의 내용을 토대로 하여 탈종속화 측면에서 다룰 만한 형식들의 목록을 만들고자 한다. 그에 앞서 이른바 '비종결 문말 형식'의 범위를 확정할 필요가 있다. 여기에서 다루고자 하는 종속적 요소들은 전체의 일부분이었던 것이 대개 형식 변화가 없이 떨어져 나와 문장을 끝맺는 데 쓰이고, 그 자체로 하나의 표현 단위가 될 수 있다는 점에서 기존의 소형문, 소형발화, 조각문 등의 개념과 인접해 있다.[11]

11) 선행 연구에서의 개념 설명을 보면 다음과 같다.
ㄱ. 소형문 : 주술 관계를 구조상으로 갖추지 못한 비교적 불완전한 문, 구어에서 완전한 의사를 전달할 수 있기에 문으로서의 일반적 성질을 지님 (성광수, 1972:117)
ㄴ. 소형발화 : 문법 규칙의 적용만으로는 생성되지도 해석되지도 않는, 특정한 상황 아래 관용화된 언어 구조 (김소원, 1994:270)
ㄴ. 조각문 : 온전한 문장의 형태를 갖추지 않고, 일부 문장 성분만으로 문장을 끝맺는 문장 유형 (서은아 외, 2004:124)

'문장 형식을 다 갖추지 못함-문장과 동일한 기능을 함' 관계와 '형식상 종속적-기능상 독립적' 관계가 얼마간 유사해 보인다.

그런데 탈종속화 후보의 상당수는 절 형식을 갖추고 있기에 문장 형식을 온전히 갖추지 못했다는 부분과는 차이가 있다. 또 사용이 반복되면서 덩어리처럼 굳어지게 된 측면이 유사하지만 본래 복합문으로서 쓰이던 맥락에 기반을 두고서 발달했다는 점에서 다르다. 물론 일부 사례는 목적어나 주제어 등 문장의 한 성분이었다가 탈종속화된 양상을 보이지만, 이 역시 기반이 되는 구문이 존재한다. 아울러 본고에서 다루는 비종결 문말 형식은 용언이 중심되는 구조이다. 보통 '용언-접속어미' 혹은 '용언-전성어미'를 중심으로 보조사, 의존명사 등이 다양하게 결합된 형식들을 포함한다. 용언 포함 형식이 후보가 됨으로써 탈종속화의 최종 단계는 주절로의 재분석, 한국어에서의 종결어미로서의 재분석이 될 수 있다.

선행 연구에서 살피었다시피 탈종속화 후보는 일차적으로 기존 논의에서 제시된, 공시적으로 접속어미와의 연계성이 끊어지지 않으면서 동시에 문장 종결 위치에 자주 쓰인다고 보고되는 어미들이다. 이는 주로 접속어미의 종결 용법 전반을 다루는 논의에서 찾아볼 수 있는데, 유현경(2003)과 일련의 한국어 교육 연구들에서 제시된 형식을 중심으로 목록을 작성하였다. 이는 아래 [표 1] '①종결 기능 접속어미' 열에서 볼 수 있다.

다음으로, 종결어미를 주로 다루는 논의에서 공시적으로나 통시적으로 비종결 형식으로부터 왔다고 언급한 것들을 자세히 살필 필요가 있다. 이들은 여러 층위에 걸쳐 있다. 어떤 것은 접속-종결 관계를 다의적이라고 볼 수 있을 정도로 밀접한 관련이 있어 보이고, 또 다른 것은 기원이 같다는 점은 알 수 있지만 현재로서는 관련이 거의 없어 보이거나 아예 기원이 된 비종결 형식은 어미로서 남아 있지 않은 경우도 있다. 이는 아래 [표 1]에서 두 종류로 나누어 제시했다. 하나는 반말체 관련 논의에서 접속어미, 간접의문문, 통사적 구성에서 유래한 어미라고 언급된 것들로서, '②반말체 종결어미' 열에 보였다. 다른 하나는 종결어미 전반을 주로 다루는 논의에서 대우법과 상관없이 형식상 혹은 의미상 특징을 기준으로 삼아 가려낸 것들로서, '③비종결 형식 기원 종결어미' 열에 보였다.

몇몇 논의의 목록만을 정리한 것은 이들이 대체로 해당 분야 논의에서 최대치의 항목을 제시한 연구였기 때문이다. 그 외의 논의는 아래 제시된 항목 이상의 것을 다루지 않거나 아예 일부 사례만을 중심으로 기술하고 있었다. 가령 접속어미의 종결 용법과 관련된 선행 연구라면 아래 ①열에서 동그라미로 표시된 항목들 이상의 것은 다루지 않고 있다. 따라서 [표 1]에 제시된 것들은 종결 기능과 관련하여 그간 언급된 거의 모든 항목을 아우른다고 볼 수 있다.

[표 1] 선행 연구에서 제시된 비종결 형식 기원의 종결 기능 요소

	① 종결 기능 접속어미		② 반말체 종결어미		③ 비종결 형식 기원 종결어미		
	유현경 (2003)	한국어 교육 관련	한길 (1991)	박재연 (1998)	고영근 (1974ㄱ)	이승희 (2004)	허경행 (2010)
-거든		○	○	○	○	○	
-게	○	○	○	○	○	○	
-고	○	○			○ (-고요)	○	
-고서	○						
-기는						○	○

-기를							○
-냐고/느냐고			○		○		○
-냐니			○				○
-냐니까			○				○
-냐며							○
-냐면서				○			○
-느라고	○						
-는가/은가			○		○	○	
-는걸/은걸			○	○	○	○	○
-는데/은데	○	○	○		○ (-는데요)	○	
-는지/은지		○			○ (-는지요) *의문법만		
-다고		○	○		○	○	○
-다니			○		○	○	○
-다니까		○	○			○	○
-다며						○	○
-다면서		○	○	○		○	○
-더냐고					○		○
-더니							
-더니만							○
-더라고					○		○
-더라니						○	○
-더라니까						○	○
-더라며							○
-더라면서							○
-던가					○		
-던걸							○
-던데					○ (-던데요)		
-도록	○						
-든지	○						

-라고			○		○		○
-라니			○		○		○
-라니까			○				○
-라며							○
-라면서			○	○			○
-어/아			○	○	○	○	
-어서/아서	○	○			○ (-어서요)	○ (-어서요)	
-으니까	○	○				○ (-으니까요)	
-으러	○						
-으려고	○	○			○ (-으려고요)	○	
-으련만							○
-으면	○	○					
-으면서					○ (-으면서요) *의문법만		
-을걸			○	○	○		○
-을는지					○ (-을는지요) *의문법만		
-을라고					○ (-을라고요)	○	○
-을지					○ (-을지요) *의문법만		
-을 테니							○
-을 테니까							○
-을 텐데							○
-자고			○		○		○
-자니			○				○
-자니까			○				○
-자며							○
-자면서				○			○

-지			ㅇ	ㅇ	ㅇ	ㅇ	
-지만	ㅇ						

위에서 항목별 'ㅇ' 표시 수는 탈종속화 가능성과 비례한다거나 하는 등의 관계를 보이지 않는다. 다만 기존 연구에서 더 많이 언급되고 주목을 받은 형식이라는 점, 따라서 기존 문법 체계나 사전에 기술되어 있을 확률이 높다는 데 대한 방증 정도로 이해할 수 있다.

여기에 몇 가지 형식을 더 추가할 필요가 있는데, '-었으면, -을리가, -는/을 수밖에, -을 줄이야'이다. 모두 접속어미로나 종결어미로나 전혀 인정되지 않은 형식이지만 문숙영(2015)를 비롯한 몇몇 논의를 참고하고 말뭉치를 검토한 결과 함께 다룰 만하다고 판단된 것들로서, 그간 종결 용법에 대하여 언급된 바가 거의 없다. 이들과 [표 1]의 항목을 합하면 아래 [표 2]와 같이 정리된다. 각 형식이 기존의 규범적 문법 체계 내에서 어떤 위상을 갖는지 이해하기 위하여, 사전에서의 처리 방식에 따라 나누어 보았다. 접속어미와 종결어미 두 가지로 다 인정된 형식, 접속어미로만 인정된 형식, 종결어미로만 인정된 형식, 사전에 기술되지 않은 형식 순으로 제시하였다.[12]

12) 〈표준국어대사전〉, 〈고려대 한국어대사전〉, 〈한국어 기초사전〉을 확인하여 세 군데에서 모두 종결 기능을 인정한 경우에만 '종결어미'로 처리되었다고 보았다. 접속어미로만 처리되었거나 미등재된 형식 중 몇몇은 한 군데나 두 군데 사전에서 종결 용법에 대해 기술하고 있기도 하다. 가령 〈기초〉에서는 '-기는, -었으면, -을 테니, -을 테니까, -을 텐데'를 등재하고, '어미'라고 칭하지는 않았지만 하나의 표현으로서 그 용법을 기술하고 있다.

[표 2] 사전 처리 방식에 따른 비종결 형식 목록

접속 & 종결	-거든, -게, -고, -는데/은데, -는지/은지, -다고/냐고/라고/자고, -다니/라니/자니, -다니까/라니까/자니까, -다며/라며/자며, -다면서/라면서/자면서, -더니, -더라고, -더라니, -더라니까, -더라며, -더라면서, -던가, -던걸, -던데, -어, -으려고, -을는지, -지
접속	-고서, -냐니, -냐니까, -냐며, -냐면서, -느라고, -더냐고, -더니만, -도록, -든지, -으러, -으련만, -으면, -으면서, -어서/아서, -으니까, -을지, -지만
종결	-는가/은가, -는걸/은걸, -던가, -던걸, -을걸, -을라고
미등재	-기는, -기를, -는/을 수밖에, -었으면, -을 리가, -을 줄이야, -을 테니, -을 테니까, -을 텐데

위에서 제시된 항목들의 특성에 대해 밝혀 둘 것이 있다. 먼저 이 목록은 개방 부류로서 탈종속화 후보가 될 만한 형식들은 얼마든지 추가로 발견될 수 있다. 이들 중 상당수는 그 통시적 변화나 종결 기능에 대해 많이 다루어졌는데, 빈도가 높은 '-어, -지, -거든'이나 '-다고, -다며, -다니'와 같이 인용 구문에서 유래한 어미들이 그러하다. 사실 몇몇은 이미 비종결 형식과의 관련성이 거의 없어져서 전혀 다른 형식으로 취급될 만도 하다. 따라서 발달 과정에 초점을 맞추는 본고의 논의에는 관여될 필요가 없어 보일 수 있지만, 변화가 완결된 형식까지 조사함으로써 탈종속적 발달을 이해하는 데 참고가 될 수 있다. 더 중요한 것은 일부 형식 또는 일부 의미항에는 비종결 형식으로부터 변화된 흔적이 남아 있거나, 탈종속적 발달 측면에서 설명되어야 할 부분이 존재한다는 점이다.

앞으로의 논의는 위에서 제시된 형식 중 일부만을 중심으로 진행된다. 탈종속화의 특징을 설명하는 데 필요한 예로서 언급될 수 있고,

몇몇 형식에 대해서는 구체적 관찰과 분석이 이루어질 것이다. 목록에 있는 모든 형식을 하나하나 설명하는 것은 가능하지 않고, 논의의 진행 방향에도 적합하지 않다. 이 글에서 예로서 언급하거나 분석 대상으로 삼는 형식으로 한정해 목록을 축소한 결과는 아래 [표 3]과 같다. 비록 접속 구문에 많이 편중되어 있기는 하지만, 탈종속화를 겪는 비종결 문말 형식이 접속어미 외에도 다양하다는 점을 보이기 위해 구조상 특징을 기준으로 나누어 제시하였다.

[표 3] 탈종속절 후보 형식 (논의 대상으로만 한정)

접속어미 (그리고 일부 종결어미)	-거든, -게(-게시리 추가), -고, -고서, -는데/은데, -는지/은지, -다고, -다니까, -다면서, -더니, -든지, -어서, -었으면, -으니까, -으려고, -으련만, -으면서, -을걸, -을지, -지
전성어미＋조사	-기는, -기를
전성어미#의존명사＋조사	-는/을 수밖에, -을 리가, -을 줄이야

[표 3]에서 접속어미로 분류된 것 중 일부는 동형이의의 종결어미이기도 하다. '-었으면'은 접속어미 앞에 선어말어미가 결합하여 만들어진 것이고 '-을걸'은 종결어미로서만 인정되고 있다. 엄밀하게는 접속어미 내에 들 수 없지만 접속어미에 다른 요소가 결합된 형식이라는 점, '-을걸'의 경우 연결형 '-을 것을'에서 유래했다는 점을 고려하여 함께 묶어서 제시하였다.

위의 목록에서 '-거든, -고, -고서, -다니까, -다면서, -더니만, -어서, -으련만, -지'는 구체적 분석을 진행하는 4장과 5장에서 개별 항목으로 다루어지지 않는다. 다만 탈종속절의 발달을 설명할

대 필요에 따라 언급되기만 한다. 이제 이어질 2장에서는 유형론에서의 탈종속화 개념과 작용 원리를 간단히 살펴보고, 그 기능과 동인에 대해서도 고찰해 볼 것이다. 3장에서는 한국어 탈종속화의 특징을 이해하기 위해 탈종속화가 일어날 가능성을 보여 주는 몇 가지 현상과 그 시사점을 논의한다. 또 표현된 부분과 비표현된 부분 간 의미 관계의 특징이 탈종속화와 어떤 관련성이 있는지도 살핀다. 그리하여 4장과 5장에서는 탈종속화 과정의 특징에 따라 사례를 나누어서 구체적으로 분석을 한다. 4장에서는 특정 맥락을 기반으로 삼는, 관습화된 생략 중심의 탈종속화와 관련되는 형식들을 살피고, 5장에서는 전 결합 범위 변화가 주요한 기제가 되는 형식들을 살핀다. 마지막으로 결론에서는 분석 결과를 정리하고 탈종속화의 특징과 의의를 밝히며, 남은 과제를 제안하면서 끝마친다.

몇 가지 표기 방식에 대해 덧붙이자면, 접속 구문을 표기할 때는 'S1 - 어미 S2'와 같이 쓰는데, 이때 S는 완결된 문장이 아닌 접속 구문을 이루는 '절'을 의미한다. 구체적으로는 가령 '-으면 접속 구문' 또는 '-으면 조건 구문' 등과 같이 표기하고, 접속절만 가리킬 때는 '-으면 접속절'과 같이 표기한다. 기본적으로 탈종속절이나 그 기원이 되는 고정된 형식에 대해서는 형식과 의미가 연합된 하나이 쌍인 '구문(construction)'으로 이해하기 때문에 이를 드러내어 표기할 때는 대괄호 [ ]에 넣어 적는다.

자료로 이용한 말뭉치는 21세기 세종계획(2011년 수정판)의 구어, 문어 형태 분석 말뭉치이다. 구어 환경에서의 사용이 중요하기 때문에 구어 말뭉치를 중심 자료로 삼았고, 더 많은 예가 필요한 때에는 문어 말뭉치를 추가로 이용하였다. 아울러 다양한 사례를 확인하기 위해 인터넷 검색(네이버, 구글) 자료를 추가로 활용하였다. 본문에서 제시된 예들은 기본적으로 말뭉치에서 인용된 것이고 특정 출처가 있다거나 가공례, 작성례의 경우는 그 사실을 따로 밝혔다. 인용할 때에는 지나치게 많은 간투사나 반복된 표현, 명백한 말실수를 제외하면 비문법적 표현이 있어도 그대로 옮겼으며, 문장 부호도 그대로 따랐다. 덧붙여 20세기 초중반의 용법을 확인하고자 한국사 데이터베이스(db.history.go.kr) 중 한국 근현대 잡지자료(소설, 희곡, 대담 부분) 검색과 고려대 구어 말뭉치를 얼마간 참고하였다.[13] 사용한 사전류는 〈표준국어대사전〉(표준), 〈고려대 한국어대사전〉(고려대), 〈한국어 기초사전〉(기초)으로서, 해당 형식의 접속, 종결 용법이 어떻게 취급되고 있는지 확인하고자 활용하였다.

---

13) '고려대 구어 말뭉치'는 1920년대부터 1990년대까지의 구어 자료를 전사한 것으로서, 연설, 강연, 인터뷰, 동화 구연, 유성기 연극, 유성기 영화, 발성 영화, 영화 설명, 만화, 드라마, 다큐멘터리, 토론 등으로 구성되어 있다.

2장
탈종속화에 대한 기본적 논의

이 장에서는 탈종속화가 포괄하는 바가 무엇인지 정확히 이해하기 위하여 관련된 유형론적 논의를 알아보고자 한다. 탈종속화의 개념, 작용 원리를 먼저 정리하고, 이를 바탕으로 탈종속화의 기능을 살피면서 궁극적으로 왜 종속적 요소를 다른 용도로 사용하게 되는가에 대해 고찰해 본다.

2.1. 유형론에서의 탈종속화

2.1.1. 탈종속화의 개념

유형론적으로 종속절이 독립적으로 쓰이는 현상은 많이 발견되었고, 그에 대한 연구가 많이 이루어졌다. Evans(2007)은 '형식적으로 종속절이라고 할 만한 것들이 관습화된 주절 용법을 보이는 것'에 대해 '탈종속화(insubordination)'라는 용어로 정의하고 범언어적으로 해당 현상에 속할 수 있는 예들을 제시하면서 그 범위, 기능 등에 대해 자세히 논의하였다.[14][15] 탈종속화 사례를 보면 형식적으로 여전히 부정사(infinitive), 분사적(participial) 혹은 가정법적(subjunctive) 동사형, 보문소(complementizer), 주절과 구분되는 특유의 어순 등 종속절로서의 특질을 보이지만, 시간이 흐르면서 재분석되어 '통시적 기원이 종속절에 있음'만을 뜻하게 되는 일도 적지 않다. 후속 논의인 Evans & Watanabe(2016)에서는 탈종속화를 통시적 관점에서는 '종속적 요소들로부터 주절이 이른바 신규 채용되는 것'으로, 공시적 관점에서는 '얼핏 보기에 종속절로서의 특질을 가지면서 독립적 용법을 보이는 것'으로 다시 정리하였다.

Evans에 따르면 탈종속절이 언어수행 영역에 있는, 불완전하고 주변적인 것으로 치부되거나 주절이 생략된 것 정도로만 처리되어 왔기 때문에 연구의 역사가 오래되지 않았지만, 실제로는 해당 예들을 다양

---

14) '탈종속화'라는 번역어는 문숙영(2015)에서 처음 사용한 것을 따랐다. 원문에서의 정의는 'the conventionalized main clause use of what, on prima facie grounds, appear to be formally subordinate clauses'이다. Evans(2007)은 '일단 얼핏 보기에 형식상 종속절로 보이는'과 같은 울타리 표현을 쓴 데 대하여 '종속절 형식을 가지면서도 현재로서는 그러한 특성이 없는, 기껏해야 종속절을 기원으로 삼는' 역설적 양상을 나타내기 위해서라고 밝혔다. 이러한 정의를 고려하고 'insubordination'에서 'in-'의 의미에 충실하려면 사실 '(종속적 형식이지만) 종속되지 않음'을 뜻하는 '비종속, 반종속' 정도로 나타낼 수도 있겠지만, 이 역시 해당 현상을 이해하기에 충분하다고 보이지는 않는다. 따라서 일단 기존 번역어를 따른다. Givón(2015:673)에서는 비정형성이 있는 종속절이 주절이 되는 통시적 과정을 지칭하므로 'de-subordination'이 더 적절하다고 하기도 했다.

15) 앞으로 '탈종속화', '탈종속절', '탈종속적' 등의 용어를 많이 사용할 것이다. 해외 연구에서도 여러 표현이 쓰이고 있는데, 이 글에서 어떤 의미로 사용하는지 정리하면 다음과 같다.

- 탈종속화(insubordination) : 종속절이 독립적인 주절처럼 쓰이게 되는 변화로서, 해당 과정을 전반을 가리킬 때 주로 사용한다. 서술어로는 '탈종속되다'로 사용할 것이다.
- 탈종속절(insubordinate clause) : 탈종속된 절을 뜻하며, 영어 논문에서는 'IC'와 같이 약어로 쓰기도 한다.
- 탈종속적 : 종속절이 주절 없이도 의사소통상 자연스럽게 잘 쓰일 뿐만 아니라 특정한 기능을 하는 듯한 성질이나 경향이 있음을 뜻한다.

한 언어에서 많이 찾아볼 수 있다고 한다. 관련 예를 볼 수 있는 초기의 연구로 '분리된 종속절(isolated subordinate clauses)'을 다룬 Buscha(1976), '비-내포절'을 다룬 Weuster(1983)을 꼽았다. 다음은 독일어에서 단독으로 쓰인 'dass(=that)절'의 예이다. 'Ich wundere mich(=I'm amazed)' 정도의 주절을 복원할 수 있으나, 주절 없이도 '화자의 놀람, 예상하지 못함'을 의미하면서 독립적으로 사용된다.

(4) [Ich wundere mich,] <u>Dass du immer noch Witze mach-en kann-st!</u>
I am.amazed myself that you still still jokes make-INF can-2SG
'[I'm amazed] that you can still make jokes (about it).'
(Buscha, 1976)

가장 대표적인 탈종속화 사례는 영어에서 독립적 if절이 '요청' 의미를 나타내는 것이다. 이는 일찍이 Ford&Thompson(1988)의 미국영어 연구, Stirling(1999)의 호주영어 연구에서 자세히 다루어졌고, 참조문법에서는 Huddleston&Pullum(2002)에서야 처음으로 언급되었다. 일본어도 종속절에 주절이 뒤따르지 않는 언어 사용이 많다고 알려져 있는데, Ohori(1995)에서는 이를 'suspended clause', 즉 '中斷節'로 지칭하면서 관련 예들을 보고하였다.[16]

---

16) Ohori(1995)는 영어로 쓰인 논문으로서, 발화 중단이 종종 발생하는 일본어의 특징을 기존의 'suspended clause' 개념을 도입하여 설명한 것이다. 이른바 '중단절'은 구어에서, 특히 대화에서 훨씬 더 빈번하게 쓰이며, 상이한 문법화 경로를 보인다고 한다.

Evans(2007) 이후 개별 언어의 여러 현상을 탈종속화 측면에서 다루는 논의가 이어졌다. 이는 탈종속화가 포괄하는 범위가 상당히 넓기도 하거니와 이러한 언어 사용, 즉 종속절이 유의미한 종결 기능 단위로 쓰이는 것이 언어마다 흔히 있을 법한 일이라는 점을 보여 준다. 주요 연구로는 네덜란드어 보문절을 다룬 Verstraete et al.(2012)와 Van linden & Van de Velde(2014), 스페인어를 다룬 Gras(2013), 스웨덴어와 덴마크어 보문절을 다룬 D'Hertefelt & Verstraete(2014) 등이 있다. 그간의 여러 성과를 종합, 소개하고 비판을 수용, 보완하여 논의를 확장하려는 시도는 Evans & Watanabe(2016)에서 이루어졌다. 탈종속화로 논의된 사례들은 원래 있었으나 단지 보고되지 않았던 것이고, 동질한 것으로 다룰 수 있는 현상에 연구자들이 서로 다른 명칭을 사용해 왔던 데서 벗어나 '탈종속화'라는 범주로 수렴되었다고 평하였다.

Evans & Watanabe(2016:2-3)에서는 Evans(2007)에서 제안했던 탈종속화 과정을 정리하여 다음의 표와 같이 제시했다.[17]

고정된 표현이 있고 그것의 삭감(reduce) 결과로 자립하게 된 경우(예를 들어, V-ば), 화용적 추론의 관습화에 기인하여 삭감된 경우(예를 들어, のに, けど, から), 수식을 받는 핵명사가 삭감되는 경우(예를 들어, という) 등으로 나누어 사례를 제시하였다. 한국어로 쓰인 논문은 千葉小百合(2014)를 참고할 수 있는데, 일본어 중단절과 관련된 자세한 내용과 더 다양한 사례들을 볼 수 있다.

17) [표 4]는 아래와 같이 원문에 제시된 표를 그대로 번역한 것이다.

Subordination	Ellipsis	Conventionalized ellipsis	Reanalysis as main clause structure
A	B	C	D
Biclausal construction, with subordinate clause	Ellipsis of main clause, any contextually appropriate material can be recovered	Restriction on interpretation of ellipsed material	Conventionalized main clause use of formerly subordinate clause

[표 4] 탈종속화의 통시적 모델

종속	생략	관습화된 생략	주절 구조로의 재분석
A	B	C	D
종속절이 있는 복합문	**주절의 생략, 문맥상 적절한 내용은 무엇이든 복원 가능**	**생략된 내용의 해석이 제한됨**	종속적이었던 것이 주절 용법으로 관습화됨

A단계와 D단계는 고정되어 있는 문법의 영역인 반면, B단계는 일탈적이고 불완전해 보이는 언어수행의 영역이고 C단계는 생략을 얼마나 관습적으로 하는가에 의존하고 있기에 경계적 성격을 띤다. Evans의 설명에 따르면, 이는 어떤 형식이 문법의 영역에서 화용적 영역으로 넘어갔다가 탈종속절로서 다시 특수한 구문적 의미를 얻으면서 탈화용화(depragmaticization)되는 과정이다. A에서 B로 가는 것이 문법에서 화용의 영역으로 가는 것이고, 탈화용화되는 과정은 C에서 D로 가는 것이다. D단계에서는 기원을 따지지 않는다면 사실상 일반적인 주절로서 받아들여진다. 이는 탈종속화의 완성 단계로서 경우에 따라서는 해당 형식이 예전에 종속적 요소였는지조차 알 수 없기도 하다.

공시적 관점에서 탈종속화를 논의한다면 B, C단계에 집중하여 그에 속할 만한 요소들을 살펴보게 될 것이다. 종속적 요소 중 주절 생략이 비교적 쉽게 반복적으로 발생하는 일부가 B단계에 들어서고, 그 중 또 일부는 특정한 맥락을 기반으로 삼아 생략이 점차 관습화되고 새로운 기능을 획득해 나갈 수 있다. 이는 C단계에 해당하는데, 나타나지 않은 부분에 대해 추론이 제한적으로만 가능하고 구체적으로 복원하는 일은 어려워진다. '종속절이 독립적 용법을 보이는 듯한' 공시적 탈종속화가 B단계와 C단계에 두루 걸쳐 있다고 한다면, A부터 D

까지 전체의 과정은 온전한 통시적 변화이다. 한국어의 '-어, -지, -거든' 등은 접속 구문이 이러한 전체의 과정을 겪은 결과 재분석되어 '신규 채용된' 종결어미의 예라고 볼 만하다. Evans(2007)은 D단계에 이른 것은 이제 보통의 주절과 다르지 않기 때문에 이를 탈종속화 논의에서 다루는 데 이견이 있을 수 있음을 언급한다.[18] 그러나 이에 속하는 것들이 대부분 그간 완전한 주절이기보다는 경우에 따라 독립적 용법을 한다고 취급되었고 자료의 재분석이 늘 완벽하게 가능한 것은 아니므로 함께 다루고자 하며, 또 그렇게 함으로써 범언어적으로 상당한 규칙성이 있음을 보여 줄 수 있다고 했다. 이러한 이유로 이 글에서도 역시 종결어미로서 인정된 형식들을 필요에 따라서는 함께 언급할 것이다.

[표 4]에서 보다시피 탈종속화에서 핵심 작용 원리는 '생략'이다. 일반적으로 생략은 완벽한 문장을 가정하고, 반복적인 혹은 주변적인 내용을 담고 있거나 없어도 쉽게 추론 가능한 내용을 담은 것을 빼는 일을 말한다. 생략이 발생했을 때 빠진 요소를 복원하는 문제에 대하여 다양한 이론이 있으나, Evans(2007)은 정확히 딱 들어맞는 하나만을 허용하는 것이 아니라 문법적으로 수용이 가능한 요소라면 복원 가능한 범위에 들 수 있다고 본다. 생략 문제를 놓고서 Heine et al.(2016)은 편의상 이 명칭을 쓰고 있기는 하지만, 정확히 말하자면 언어 사용자들이 '미완의 문장 조각처럼 주절이 없는 외형'으로 사용하는 것이고 빠진 정보를 담화 상황을 통해 복원하는 것이라고 했다.

---

18) Evans(2007:370)은 주절로의 재분석까지 포함하는 정의가 '범시적(panchronic)' 성격을 지닌다고 말하고 있다. '범시적'이란 특정 시간대에 제한을 두지 않는, 공시와 통시를 아우르는 특성이 있음을 가리키는 것으로 보인다.

문법을 체계적으로 기술하는 관점에서는 완벽한 문장이 있고 그로부터 일부가 빠지는 것으로 설명하지만, 사실 화자에게 이미 완벽한 문장이 있다고 가정하는 것보다는 미완의 조각을 문제없이 사용한다고 보는 편이 더 자연스럽다. 가령 매번 'If you could give a couple of 39c stamps, I'd be most grateful.'을 미리 준비하고 뒷부분을 생략한 후에 'If you could give a couple of 39c stamps.'로 요청 의미를 표현하지는 않을 것이다. 언어 형식의 실현 양상을 관찰, 기술하는 측면에서 주절의 생략이라고 부르고 있으나, 화자가 실제 사용할 때는 주절까지 다 발화하지 않고 선행절만으로 의도를 나타내는 것이라고 말할 수 있다.

탈종속절에 대해 Heine et al.(2016)은 '즉흥적 탈종속절(Spontaneous IC)'과 '구문적 탈종속절(Constructional IC)'로 나누기도 했다. 전자는 명칭에서 알 수 있듯이 자유롭게 쓰이면서 일부는 한 번 쓰이고 다시는 쓰이지 않기도 하고, 의미가 합성적이다. 후자는 의미가 합성적이기는 하나 비교적 자립이 더 가능하며, 관습화가 강화되면서 맥락과의 연결에서 점차 독립되고 덜 생략된 것으로 느껴지도록 변한다. 이 두 유형은 각각 B단계의 탈종속절(정확히는 B단계 초입이 더 적절함), C단계에서의 탈종속절의 성격을 말해 주는 것으로서, 종결 위치에 쓰이는 종속절이 실은 다양한 정도성을 가지고 있음을 잘 반영한다.

Lombardi Vallauri(2016)은 이탈리아어의 자립(free) 조건절이 요청, 이의 제기, 총칭적 질문 등 여러 기능을 수행함을 소개하면서 기능마다 관습화 정도에 약간씩 차이가 있음을 밝혔다. 단순히 미완성된 조건절로만 보기에는 특정한 용법이 있는 듯하나 주절이 어느 정도 복원이 가능하고, 한편으로는 독립성 있는 절과 병렬되기도 하는 등 기능에 따라 다양한 모습을 보인다고 한다. 전체적으로는 하나의 구문으로서 언어 체계 내에 수용되는 방향으로 나아가고 있으나, 여전히 Evans의 단계에서 B와 C단계에 퍼져 있다고 하면서 발달의 정도성 차이를 역설하였다.

이 글에서 주목하는 한국어의 비종결 문말 형식 역시 B단계를 지나 C단계에 걸쳐 있는 것들이라고 볼 수 있다. 일단 주절 없이 쓰이는 종속적 요소가 모두 논의 대상이 되기는 하지만, '구문적 탈종속절'에 해당할 만한 것들이 주로 다루어진다. 언어 사용에서 종속절이 주절과 분리되어 혹은 주절 없이 쓰이는 일은 많지만 모든 경우 생략이 관습화되는 것은 아니다. 논의에 따라 생략이 어느 정도 관습화된 경우만을 탈종속절로 칭하고 그 이전의 다소 임의적인 쓰임에 대해서는 후보절 혹은 잠재적 탈종속절 등으로 부르기도 한다(Dwyer, 2016). 탈종속절이라는 이름으로 함께 다루고 있어도 그 쓰임이 얼마나 관습화되었고 독립적인가는 정도 차이가 있다는 것을 항상 고려할 필요가 있다.

2.1.2. 탈종속화의 작용 원리

탈종속화에서 가장 중요하게 언급되는 과정은 '생략'이다. 자립적으로 쓰이는 듯한 어떤 단위가 외형상 종속절과 닮은 모습일 때, 비록 지금은 관련성이 적거나 거의 없다고 할지라도 그 종속절이 포함된 복합문에서 유래했을 것으로 추측하는 일은 자연스럽다. 본래 복합문과 연관되어 있던 의미를 종속절만으로도 나타낼 수 있다면 주절의 생략이 반복된 결과라고 설명하는 것이 보통이다. 생략 가설을 기반으로 삼은 Evans(2007)은 다양한 언어에서 수집한 여러 탈종속화 사례들을 보여 주었는데, 주절로서 복원 가능한 요소를 제시하면서 설명을 했다. 생략 중심 접근법에서는 주절은 빠진 것이고 청자가 이를 복원하여 이해하는 과정을 중요하게 여긴다.

이후 여러 논의가 이를 따랐다. Van linden & Van de Velde(2014)는 네덜란드어에서 일부 dat(=that)보문절이 자율적 혹은 준-자율적 용법을 보인다고 하면서 유형별로 나누어 기술하고, 이들이 어떻게 발생하였는지 고찰하였다. 이른바 자율적 종속절들은 양태적 의미를 나타내며, 대개 감탄의 언표 내적 효력을 수반하는 것이 특징이다. 종속절은 그러한 의미와 연관되던 어떤 특정한 맥락으로부터 발달했음을 가정할 수 있다. 맥락에서만 발생하던 의미가 해당 종속절의 고유한 의미로 인식되면서 자율적으로 쓰이게 된 것이다. 구체적 논의를 하나 보면, 중세 네덜란드어에서 전치된 dat절 뒤에 짧으면서 다소 정형화된(formulaic), 인식, 의무, 평가 등과 관련된 개념을 나타내는 주절이 뒤따르는 예들이 있다. 이들은 대체로 뜻밖임, 유감이나 후회, 바람 세 가지 정도 의미로 구분된다. 주절은 정형화된 표현인 경우가 많고 명제에 결정적으로 기여하는 것이 아니기 때문에 점차 dat절이 전체 의미를 부호화하면서 분리된 구문으로 쓰이게 된다. 그 결과가 아래 예와 같이 현재의 자율적 용법으로 나타나는 것이다.

(5) **Dat** <u>hij dat nog mocht meemaken!</u>
CONJ he that PRT could experience
'I never thought he would live to experience this!'
(Van linden & Van de Velde, 2014:227)

자율적 종속절이 그 의미를 어떤 경로를 거쳐 획득하게 되었는지 살피는 일은 Evans(2007)의 생략 가설을 보완하는 한 방법이 된다. 언어 사용자가 주절 없이도 종속절을 사용할 수 있게 된 데는 종속절 자체가 무언가 구별된 의미를 나타내는 단위로 발달했기 때문이다. 그리고 이러한 발달 과정은 특정한 맥락에서만 발생하고 화용적 강화를 겪는다는 점에서 문법화와 상당히 유사한 측면이 있다. 문법화를 겪고 있는 요소라도 해당 맥락이 아니고서는 본래의 의미를 계속 유지하고 있는데, 이는 dat절의 경우도 마찬가지이다(Van linden & Van de Velde, 2014:228-229).

탈종속화 연구는 생략 외에 다른 방향의 논의가 조금씩 추가되면서 그 외연이 넓어졌다. 나타나지 않은 주절을 복원하거나 예측하기 어려운 사례들을 들어 탈종속화의 경로가 생략 말고도 다양할 수 있음이 제안되었다. 먼저 Mithun(2008)을 보자. 여기에서는 Evans(2007)의 가설이 그 논의에서 제시된 일부 구문, 특히 보문절이 기원이 되는 경우에는 설명력이 높지만, 부사절이 기원이 되는 경우에는 불가능해 보인다고 지적했다.[19] 그러면서 '확장(extension)' 개념을 제안했는데, 이는 형식상 종속절을 닮은 독립절이 인접 담화가 지속되는 데에 정보를 뒷받침하는 배경 혹은 무대 역할을 하는 현상에 적용된다. 원래 종속절이 주절과 맺고 있던 관계가 인접 담화로 확장되었다는 논리로서,

19) Mithun(2008)은 북미 원주민 언어 연구를 바탕으로 종속절이 문장 영역에서 담화 영역으로 의존성이 확장되는 문제를 논의하고 있다. 유피크어(Yup'ik)에서 주절 없는 종속절이 요청 기능을 하거나 기트산어(Gitksan)에서 보문절이 완곡한 명령으로 쓰이는 것 등을 예로 들면서 Evans의 탈종속화 개념의 효용성을 인정하고 있다. 다만 그것으로 잘 설명되지 않는 사례에 대해 새로운 제안을 하고 있는 것이다.

이는 종속절이 단언적이지 않아서 배경 혹은 무대 역할과 연관될 수 있다는 점에 기인한다. Evans가 처음 말한 탈종속절은 대개 하나의 복합문과 빠진 주절에 관한 것이지만, 이 논의에서 예로 든 현상은 화자들이 유사성에 착안해 '종속절-주절' 관계를 '탈종속절-담화'로 확장해 사용한 결과이다. 종속절은 더 큰 사태나 에피소드의 하위 사태들을 표상하는 일련의 문장들을 연결하는 데 쓰이고, 경우에 따라 이른바 여러 사회적 기능을 하기도 한다(Mithun, 2008:107-108). 가령 화자는 앞선 발화자의 말에 대해 적절하게 존중함을 표시할 수 있는데, 이는 종속절이 관여하는 범위가 말차례를 아우를 수 있기 때문이다. 또 자신의 진술을 대화상 일반적 주제에 따르는 듯하게 나타냄으로써 체면을 지킬 수도 있다.

아래 (6)은 북미 원주민 제어 중 가장 많이 쓰이는 언어인 나바호어(Navajo)에서 전접어 '=go'가 붙은 절이 이야기 흐름에 배경 정보를 제공하는 예를 보여 준다.

(6) <u>Nídęę́ éí náshdóí=tsoh akǫ́ǫ́ ch'éé-Ø-l-wod=lą́.</u>

then that wildcat=big thither out. horizontally-3s-cl-run=mir

<u>Éí shį́į́. łééchą=í shį́į́. bi-ná-ji-l-zid=**go**</u>

that probably dog=nomlz probably 3-about-4.s-cl-fear.pfv=dep

'That mountain lion ran. I guess it was afraid of the dogs.'

(Mithun, 2008:82)

'=go'는 원래 부사절이나 특정 보문절에 쓰였으나, 그 기능이 '확장되어 해당 절이 독립적으로 쓰일 수 있게 되었다. (6)의 예를 정확하게 번역하기는 어렵지만, '퓨마가 도망갔네. 개가 무서워서 그런 것 같은데.'와 같이 한국어의 '-는데/은데'에 대응하는 정도로 이해할 수 있다.

스웨덴어와 덴마크어를 대상으로 연구한 D'Hertefelt & Verstraete(2014)는 보문절이 주절을 동반하지 않고 독립적으로 쓰이는 현상을 소개하면서, 이들을 '표현적(expressive) 유형'과 '상세 설명(elaborative) 유형'으로 나누었다. 전자는 화자의 평가를 나타내는 기능을 하는, 주절 생략을 거쳐 발달한 전형적 탈종속절인 반면 후자는 화용적 의존성을 보이므로 탈종속절로 보기는 어렵고 Mithun(2008)에서 말한 것과 유사하다고 보았다. 이처럼 종속절의 이른바 '확장'을 탈종속화에서 제외하려는 입장이 있기도 한데, 의존성이 남아 있다는 판단 때문에 그리한 것으로 보인다. 결합 범위와 기능의 확장 문제는 한국어의 접속절 일부가 종종 주절 없이 혹은 주절 뒤에 덧붙은 듯한 양상으로 쓰여 절 간 접속이 아닌 담화적 기능을 수행하는 경우에 적용될 수 있다.

다음으로 Cristofaro(2016)은 무엇이 탈종속화를 유도하는가에 대해 생략 가설과 확장을 모두 인정하면서 세 번째로 또 다른 개념을 제안했는데, 바로 '절 이탈(clausal disengagement)'이다.[20] 이는 형식상 종속절이 공기하는 다른 절과 연결되어 있기는 하지만 상당히 독립성이

20) 원문에서 'disengagement'는 원래 하나의 복합문 내에서 일정한 관계를 맺으며 공기하기로 되어 있던 두 절 중 하나가 그 관계를 깨는 데 더 주목한 표현으로 읽힌다. 이 글에서는 종속절이 그 관계에서 빠져나온다는 점에서 '절 이탈'이라고 번역하였다.

있어서, 분리된 억양이나 휴지를 갖기도 하고 다른 화자가 중간에 끼어들기도 하는 그런 경우와 관련된다. 이탈된 절들은 보통 화자와 청자 간 공유된 배경과 관련된, 새 담화 화제를 도입하거나 대화 진행 중 앞서 나타난 화제를 상세 설명하는 데 쓰인다. 논의에 따르면, 빠진 주절이 기술했을 법한 내용을 가리키지도 않고 구조상 유사한 종속절과 직접 관련된 의미도 나타내지 않기 때문에 생략으로 보기는 어렵다. 특정한 절이 작용하는 범위가 확대된다는 점에서 앞서 소개한 확장과 비슷해 보이지만, 화자들이 종속절과 독립절 간 유사성에 기초한 것이 아니라 맥락에서 영향을 받아 절이 분리되어 나온 데에서 발생한 것이기 때문에 차이가 있다고 한다.

예를 하나 보면, 아래 (7)은 영어의 because에 해당하는 이탈리아어의 'perché'가 쓰인 것으로서, 동일 화자가 이전 절에서 기술한 사태에 대해 동기를 밝히고자 사용되었다. 화자들은 보통 이렇게 이탈된 절을 이미 완료된 대화 차례를 재개하고 이전 발화를 상세 설명하는 데 사용하는 듯 보인다. 또 이전 차례의 화자에 대해 동의, 협력을 표시하고자 사용할 수도 있다.

(7) A: Ordino una spesa. / B: OK. / A: <u>Perché abbiamo proprio finito la pasta.'</u>
'I am going to book a grocery delivery' / 'OK.' / 'Because we have really run out of pasta.'
(Cristofaro, 2016:400)

Cristofaro(2016)은 이처럼 함께 나타나던 두 절의 결합력이 약해지면서 하나가 다른 하나로부터 떨어져 나가 홀로 쓰일 수 있게 되는 것이 탈종속화의 한 시나리오가 될 수 있음을 강조했다. 절 이탈에 의한 탈종속화에서는 결합력이 약해지게 되는 배경을 밝히는 것이 중요한 과제가 되는데, 한국어에도 역시 적용 가능한 부분으로 보인다.

탈종속화가 한 언어의 특정한 사용역에만 국한되는 것은 아니다. 그러나 일단 생략이 구어에서 잘 일어나기 때문에 대화 상황에 중점을 둔 논의가 이루어지기도 했다. Sansiñena et al.(2015)는 명시적 주절이 없지만 앞선 발화의 내용에 의존하여 해석되는 '상호 의존절(dyadically dependent clauses)'을 제안하고, 이것이 탈종속절의 기원이 될 잠재성이 있다고 보았다. 상호 의존절의 실제는 대화에서 상대방 질문에 응답할 때, 종속절만을 사용하면서 그것이 이전 말차례에서 나온 주절에 의존하는 양상이 되는 것을 떠올리면 쉽다. 다음의 예를 보자.

(8) A: What does it mean if you're getting white hair before 20?

B: That you are the next messiah.

(Sansiñena et al., 2015:5)

(8)에서 B의 응답 부분에서는 아마도 'it means'의 생략을 예상할 수 있는데, 이는 앞선 질문을 통해 이해하고 복원하게 된 결과이다. 화자는 불필요한 반복을 피하고자 보문절로 대답하기를 선택했겠지만, 경제성만이 전부가 아닌 경우가 있다. Sansiñena et al.(2015)는 상호 의존절이 화자의 강력한 의견을 피력하거나 언어적 공격성(상대방

이나 그 발화에 대한 하대 혹은 무시)을 드러내는 기능이 있는데, 이것이 일부 탈종속절의 기능, 가령 이전 발화에 대한 반박, 진술의 강조 등과 겹친다고 보았다. 상호 의존절이 관습화되면 탈종속절의 기원이 될 수 있다고 가정해 볼 만하다.

Dwyer(2016)도 대화가 탈종속화의 후보가 될 만한 형식을 배출하는 주요 원천이라고 하면서, 주절 생략과 복원 단계를 포함하지 않는 발달 경로도 있음을 강조했다. 탈종속화 시작점이 될 만한 것으로 주절의 전치로 인한 전경화 혹은 후보충, 한 화자가 종속절을 발화하면 다른 화자가 주절에 해당하는 요소를 발화하는 경우 등을 꼽았다.[21) 실제 사용에서는 화자가 종속절만 발화하고 나머지 주절 부분이 상대방에 의해 발화되는 일이 종종 나타나는데, 이것이 반복되면 종속절만 발화해도 상대방이 알아서 이해하리라는 기대가 생긴다. 종속절이 발화 말에 놓이게 되는 일들은 의사소통 과정에서 자유롭게 일어날 수 있고, 그중 일부가 탈종속적 발달의 시작점이 되기도 한다.

탈종속화가 어떻게 일어나는가에 대한 것은 기본적으로 '생략'을 중심에 두고서, 생략으로만 설명이 어려운 예를 위해 다른 기제도 있음을 제안하는 방식으로 논의가 발전해 왔다. 언어마다 구체적 양상은 다르지만 다른 요소에 의존해서만 정의될 수 있는, 비정형 형식으로 보이는 것들이 실제로 독립적으로 사용되는 듯한 현상이 많이 보고되

21) 이러한 경우에 대해 Dwyer(2016)은 'co-construction'이라는 용어를 계속 사용하고 있다. 이는 대화 분석에서 주로 사용하는 용어로 보인다. 김해연(2002)에서는 대화상에서 한 화자가 시작한 말을 다음 화자가 받아서 그 말을 끝내는 'co-construction'을 '상호협력 구문'으로 부르고 있다. 협력적 태도 제시, 동일 관점이나 근거 제공, 청자로부터 동의나 의견 구하기 등 사회행위가 이 구문을 통해 수행된다고 분석하였다.

었다. 이를 설명하고자 생략을 비롯한 여러 기제가 제안된 것이다. 이들은 서로 보완적이고 복합적으로 작용할 수 있는데, 가장 중요한 점은 결국 '맥락'이 기반이 된다는 점이다. 종속절이 독립적으로 쓰이면서 특정한 의미와 연합될 수 있도록 이끄는 맥락이 자세히 고찰될 필요가 있다.

2.2. 탈종속화의 기능과 동인

탈종속화는 기존의 언어 재료를 이용하여 새로운 기능을 가진 표현 단위를 만들어 내는 한 방법이 된다. 재료가 되는 종속적 요소는 다양하나, 탈종속절이 수행하는 기능은 어느 정도 범주화가 가능해 보인다. Evans(2007)은 대략 세 가지로 나누어 제시하였는데, 얼마든지 다른 기능이 추가될 수 있음을 전제하고 있다. 실제로 각 기능이 엄밀하게 구분된다기보다는 큰 틀에서 느슨하게 묶여 있는데, 하나씩 살펴보도록 하자.

첫째, 대인 관계상 통제(interpersonal control) 상황에서 말하고자 하는 바를 에둘러서, 간접적으로 표현하는 기능이다. 명령을 비롯한 지시, 요청, 허가, 경고, 위협 등은 모두 어느 정도씩 체면위협 행위가 될 수 있다. 탈종속적 생략은 이를 경감시키는 효과가 있다. 예를 들어, 독립적 if절이 상대적으로 공손한 요청을 나타내는 일이 여러 언어에서 나타나는데, 영어, 네덜란드어, 프랑스어, 구어 몽어(Mon) 등에서 찾아볼 수 있다. 간단히 영어 예를 보면, 'If you could give me a couple of 39c stamps please.'가 '39c 우표 몇 장만 주실 수 있을까요?' 정도의 의미로 자연스럽게 통한다. 만약 영어 화자에게 해당 절이 유래한 복합문을 찾으라고 한다면 아마도 'I wonder if…' 혹은 'If… it would be good' 두 가지 선택 중 고민을 할 것이다. if절의 독립적 용법이 관습화될수록 화자들은 생략된 것을 금방 정확하게 떠올리지 못하게 된다. 이러한 조건절과 더불어 요청, 소망, 가능성 관련 서술어의 보문절 그리고 'I say this (in order that X)'에 동반되는 목적절 등이 이 범주에 속하는 가장 흔한 형식이다.

탈종속절이 간접 표현으로 쓰이는 데는 화자가 원하는 무언가를 노골적이지 않게 나타내려는 목적이 있다. 따라서 탈종속화를 공손성 전략과 연관시키기도 하는데, 실제로는 탈종속절이 더 고압적일 때도 적지 않고 탈종속화 과정에서 오히려 공손성 표지가 제거되기도 한다. 주절이 빠지지 않은 문장보다 공손성이 높아지는 것은 하나의 효과일 뿐 기본값은 아니다(Evans, 2007:393). 체면위협을 줄이거나 피하는 것이 두드러지는 기능이기는 하나, 노골적이지 않게 암시적으로 표현하는 방식이 이례적 결과를 낳기도 한다.[22] 탈종속절 사용은 간접 화행 현상으로 구분되기 쉬운데, 여기에서 주의할 점이 있다. 어떤 종속절이 간접 표현으로 탈종속화되기 전에는 아예 종결 기능을 할 수 없었기 때문에 화행 의미와 연관성이 없었다. 예를 들어, 지시 화행을 명령문 대신 의문문으로 나타내는 것은 간접 화행이지만, 접속 구분에서의 조건절만으로 나타내는 것은 조건절 입장에서는 종결 기능과의 연결

22) 한국어에서 접속어미 '-도록'이 명령 의미의 종결 형식으로 쓰이는 사례를 떠올려 볼 수 있다. 가령 탈종속화 이전의 '시험 시작 전에 핸드폰은 반납하도록 해.'와 비교할 때 '시험 시작 전에 핸드폰은 반납하도록.'은 화청자 간 상하관계가 더 분명하게 드러나는, 다소 고압적 성격의 명령 표현이 되었다.

고리가 생기는 일이다. 또 간접 표현 탈종속절은 기존 화행 의미를 그대로 나타내기보다는 무언가 다른 '+α'가 있다고 볼 수 있는데, 이는 개별 형식에 따라 다르다.

둘째, 인식, 의무 등 양태적 의미(modal meaning)를 표현하는 것과 더불어 놀람, 불만 등과 같은 명제에 대한 화자의 반응을 나타내는 것이다. 세부적으로 분류되어 제시된 사례를 보면, 인식이나 의무뿐만 아니라 증거, 감탄과 평가(evaluation)까지 아우르고 있는데, 특히 감탄과 평가에 대한 예가 많은 편이다.[23] 대체로 인용, 지각, 사유, 감정, 추론 등을 나타내는 주절이 생략되는 것이 양태 표현으로 귀결되는 탈종속화의 가장 흔한 과정이라고 보았다.

탈종속절이 감탄과 관련되는 예를 하나 보면 다음과 같다. 스웨덴어의 주절 없는 att(=that)절은 화자의 감정(놀람, 뜻밖임)을 나타낸다. 아래 (9)는 '네가 기차를 못 탈 것'이라는 화자의 예상과 실제의 불일치에 기인한 것이다. '네가 기차를 탔다니!' 정도로 해석할 수 있다.

(9) <u>Att du hann med tåget!</u>
COMP you make.PST with train.DEF
'[I'm surprised] that you caught the train!'
(D'Hertefelt&Verstraete, 2014:91)

---

23) Evans(2007)에서는 양태에 대해 Palmer(1986)의 의견(인식, 의무 양태를 인정하고 평가는 양태에 포함하기 어려우나 의미상 밀접한 관계가 있음)을 간단히 인용하고 있으며, 양태의 체계나 분류 등에 대해 따로 의견을 보이지 않았다. 대체로 명제와 관련된 화자의 주관적 태도, 반응, 판단, 감정 등을 아우르는 개념으로 사용하고 있다.

셋째, 전제된 내용이 있음을 암시하는 기능이다. 복합문이 실현되는 맥락과 관련된 특정한 내용을 탈종속절이 암시하게 되는 것인데, Evans(2007)은 몇 개의 하위 사례를 나누어 보여 주었다. 부정을 나타내는 종속절이 긍정을 나타내는 주절과 함께 쓰이다가 주절이 생략되고 긍정을 나타내는 절이 전제된 채로 부정을 나타내는 자립적 주절로 재분석되는 경우, 종속절로부터 발달하는 초점화된 절의 경우, 앞선 발화 내용을 전제로 하여 그것을 반복하는 경우, 이전 화자의 단언에 대한 부정이나 반대를 표하는 경우 등이 있다. 이들은 주절과 종속절 간 명백한 관계를 중심으로 발달하는 어떤 문법 장치가 탈종속절과 담화의 어떤 부분 간 유사 관계를 부호화하는 것으로 일반화되고, 주절은 비표현되는 특징이 있다.

이 세 가지 범주는 지금까지의 논의에서 보고된 사례를 중심으로 느슨하게 유형화한 결과이므로 수정되거나 확장될 가능성이 크다. 관련 연구들에서는 간접 표현 기능과 양태 표현 기능이 가장 흔하게 나타나는 유형이라고 하는데, 상대적으로 양태와 관련된 탈종속절이 많이 다루어진 경향이 보이고, 특히 보문절 형식의 경우 더욱 그러하다. 간접 표현은 화행과 관련이 있고 양태 표현 역시 일부 종결어미의 기능 중 하나이므로, 한국어의 경우에 탈종속화의 종착점이 종결어미로의 재분석이 될 가능성이 충분하다.

Evans(2007)은 탈종속화의 형식적 범위와 기능적 범위를 확립하고자 했는데, 형식적 범위는 탈종속화를 겪을 수 있는 종속적 요소가 어떤 형식적 특징을 보이는가를 유형론적으로 살핀 것이다. 언어마다 종속성과 관련되는 형식적 특징은 당연히 다르다. 그러나 기능적 범위는 몇 가지 주된 특징으로 나눌 수 있고, 언어와 형식이 달라도 탈종속화의 결과로 나타나는 기능은 어느 정도씩 비슷한 양상을 보일 것이라고 가정할 수 있다. '어떤 맥락에서 유래하여 어떤 기능을 하는 것으로 귀결되느냐'가 탈종속적 발달 과정이므로 이 부분에서는 특징을 공유할 것이기 때문이다. 한국어의 탈종속화도 앞서 살핀 기능들과 관련될 것인데, 하나씩 살펴보도록 하겠다.

먼저 한국어에서도 양태 표현으로 귀결되는 탈종속화가 우세한 경향을 보인다. 해외 연구에서 인식, 평가 양태나 감탄 등과 관련된 논의가 많았는데, 이들은 대개 전체 문장에서 양태적 의미와 직접 관련된 요소가 생략되는 과정을 거쳐 발달하였다. Evans(2007)에서 인용, 지각, 사유, 감정, 추론 등을 나타내는 주절이 생략되는 것이 양태 관련 탈종속화의 가장 흔한 과정임을 언급한 바 있다. 영어의 that절, 독일어의 dass절은 '놀랐다, 충격이다, 예상 밖이다' 등을 나타내는 상위 서술어가 생략되어 탈종속화를 겪는 대표적인 예이다. 한국어에서도 화자의 평가나 감정과 관련된 후행 요소 생략이 주요한 기제라고 볼 수 있는데, '-다니, -을 줄이야, -었으면, -기를/-길' 등이 그러하다. 아래 예에서 보듯 양태적 의미와 관련된 괄호 안의 서술어 부분이 전체 문장으로부터 빠질 수 있고, 나머지 부분이 탈종속절로 발달한다. (10ㄱ)은 예상하지 못했음을 나타내는 서술어가, (10ㄴ)은 소망 서술어가 생략된다.

(10) ㄱ. 젊은 나이에 그렇게 갑자기 세상을 떠**날 줄이야** {누가 알았겠니}.

ㄴ. 앞으로도 항상 건강하시**길** {바랍니다}.

위와 같은 양태 관련 탈종속화를 보면, 화자에게 종속절과 주절이 분리적으로 인식될 수 있음을 가정해 볼 만한데, 이에 관한 약간의 단서를 언어 습득 연구에서 찾을 수 있다. Diessel & Tomasello(2001)에서는 '(I) think, know + 명제'와 같은 구성에 대해 아동의 초기 발화는 '주절-보문절'보다는 어떤 명제가 인식적 태도를 나타내는 표지에 수식되는 듯한 단순한 구문으로 볼 수 있다고 했다. 가령 어린아이가 'I think my daddy took it(우리 아빠가 그거 가져간 것 같아요.)'을 발화한다고 할 때, 'I think'를 나머지 부분에 대한 자신의 불확실성을 나타내는, 삽입된 인식 표지처럼 사용한다는 것이다. 다수의 경우 'I think'를 'maybe' 같은 부사로 대치할 수도 있다고 한다. 이러한 양상은 'think-know'류의 보문절을 취하는 다른 동사(guess, bet, mean, wish, hope, remember)에서도 마찬가지이다. 이러한 결과를 참고하여 가정해 보면, 전체 문장에서 종속적 요소와 주절이 각각 명제 내용과 양태를 나타내는 부분으로 인식될 수 있고, 화자가 전체를 하나의 덩어리로서 소망, 추측, 감탄 등의 표현으로 쓰다가 실제 의사소통에서는 덜 중요하면서 쉽게 추론될 법한 양태 부분을 빼 버리는 선택을 할 수도 있을 것이다.

비종결 형식에서 유래한 종결어미가 양태와 깊이 관련된다는 점은 한국어 선행 연구에서도 언급된 바 있다. 빈말체 종결어미의 대부분이 양태 종결어미에 해당한다거나(박재연, 2006), 일부 접속어미가 비격식체 종결어미가 되는 원인이 기존 어미로 드러낼 수 없는 다양한 양태적 의미를 표현하기 위한 것이라는 논의가 있었다(목지선, 2015). 후행절 없이 쓰이는 형식이 양태적 의미를 얻게 되는 일이 여러 언어에서 이미 관찰되었던 것을 고려하면 이는 상당히 자연스러운 발달 경로라고 할 수 있다.

양태적 의미를 나타내게 되는 탈종속절의 상당수는 독백과 관련된다. 청자에게 정보를 전달하는 것과 무관하게 심리적 태도만을 표현하는 경우 독백문이 될 가능성이 높다(박재연, 2000:35). 본고에서 다루는 형식 가운데 '-다니, -을 줄이야'와 같이 감탄을 나타내는 경우가 그러하고, '-을걸'(후회, 아쉬움)을 비롯한 '-었으면, -는지, -을지' 등은 독백적 성격이 강할 뿐만 아니라 내적 인용에 종종 쓰이기도 한다.

양태 표현 외에 체면위협 행위에 해당하는 화행을 에둘러 나타내는 기능을 하는 예도 한국어에서 찾아볼 수 있다. 부정과 반박, 핀잔, 비난, 경계 등의 의미를 나타낼 수 있는데, 'VP-기는, 의문사 VP-다고' 등이 해당한다. 후행 요소를 생략함으로써 체면위협 행위를 되도록 덜 공개하는 전략을 추구하는 것으로 보인다. 간접 표현에 속하는 한국어 탈종속절 중 다수는 수사의문문과 관련된 경향이 있다. 기원이 되는 문장이 대체로 외형상 의문문이지만 실제로는 화자의 주관적 진술을 뜻하는 경우이다. (11)의 예를 통해 확인해 보자.

(11) ㄱ. **<u>냄새가 좋기는</u>** 뭐 좋겠어?
= "냄새가 좋지 않다"

ㄴ. **<u>무슨 부귀영화를 누리겠다고</u>** 이 고생이냐.
= "부귀영화를 못 누릴 텐데 왜 고생하는지 모르겠다/고생할 필요 없다"

위와 같이 'VP-기는'과 '의문사 VP-다고'는 전체 문장이 수사의문문으로 실현되고 뒷부분의 의문형 서술부가 생략됨으로써 밑줄 친 부분이 탈종속절로 발달하게 된다. (11ㄱ, ㄴ)은 모두 문면에 드러난 명제가 부정되는 것이 기본이고, 그로 인하여 여러 화행 의미가 함축될 가능성이 생긴다. 상대방 발화에 대한 반박, 상대방 발화나 행동에 대한 핀잔, 비난 등 다양하다. 이는 모두 상대의 체면을 위협할 위험이 있으므로, 문장을 덜 마무리하면서 자신의 의도는 암시적으로 남겨두는 것으로 볼 수 있다.

다소 특이한 양상을 보이는 경우도 있다. 선택 나열의 '-든지'는 아래 (12)의 예에서 보듯 상위 서술어가 함께 쓰이는 구조에서 밑줄 친 부분이 독립적 단위로 발달하게 된다. 이는 기본적으로 명령형, 청유형의 상위 서술어가 생략되면서 탈종속화된 것이지만, 명령 혹은 청유 화행의 체면위협을 경감시키기보다는 약간 다른 의미를 나타내게 된다. 본고는 일단 '제안'이라고 지칭하는데, 사실 제안된 행위에 대해 화자가 개입하지 않고 낮은 확신성을 보인다는 점에서 모호한 성격이 있다. '-든지'의 경우는 생략을 거치면서 체면위협을 피한다기보다는 그 의미가 불분명해져서 오히려 새로운 기능을 하게 될 수도 있음을 보여 준다.

(12) ㄱ. 안색이 나쁘데, **병원 한번 가 보든지** 해.
ㄴ. 출출하면 **간식을 먹든지** 할까요?

양태 표현과 간접 표현 외에 '전제된 내용을 암시'하는 탈종속절의 기능도 몇몇 예가 제시되었다. 그중 하나가 앞선 발화가 있고 그에 대해 질문하는 맥락에서 '반복'이 발생할 때 종속적 형식으로 나타내는 경우였다(Evans, 2007:418-421). 한국어로 단순화시켜 보면 'A: 저기 철수가 온다. – B: 뭐라고? – A: 저기 철수가 온다고.'와 같이 선행 발화의 일부를 반복하는데, 그때 주절이 생략된 형식으로 이루어진다는 것이다. 영어로 치면 'I said [ ], I asked [ ]' 같은 구문에서 '말하다, 묻다'에 해당하는 상위절이 생략되고 '[ ]' 형식만 쓰이는 셈이다.

한국어에서도 유사한 현상을 쉽게 찾아볼 수 있다. 인용 구문에서 유래한 '–다고'는 인용절을 이끄는 것뿐만 아니라 접속 기능, 종결 기능도 두루 한다고 인정된다. 이필영(1995)에서는 '–다고'가 가령 '난 요즘 무척 우울하다고 했어.'와 같은 예에서 상위절의 '했어'가 절단되어 생긴 것으로 설명하였고, 유사하게 남미정(2010)에서도 'S–다고 V'에서 상위절 동사의 생략으로 형성되었다고 설명했다. 다음의 예를 보자. (13ㄱ, ㄴ)과 같이 선행 발화의 일부를 복제하여 반문하거나 진술하는 것은 대화에서 종종 발생한다. 이렇게 선행 발화를 전제로 하는 '–다고'의 사용이 계속되면서 확인, 강조 기능을 가진 탈종속절 [S–다고]가 발달한다고 볼 수 있다.

(13) ㄱ. P1: 나 아침에 울었그덩 언니.
P2: 울었**다고?**
ㄴ. P1: 골뱅이 먹을까? 숨어 있던 낙지를 찾았다.
P2: 네? 음? 뭐, 뭐라고 그러셨는데요?
P1: 숨어 있던 낙지를 찾았**다고.**

탈종속절의 전제 기능은 여러 사례를 포괄하는데, 선행 발화나 담화 전체를 전제로 해서 그 관련 내용을 나타내고 있는 경우에도 해당

한다. 따라서 일부 접속절이 보이는 여러 담화적 기능이 함께 묶일 수 있을 것이다. 화자 자신이나 상대방의 선행 발화, 담화 전체의 화제, 화청자 간 공유된 상황 등을 전제로 그와 관련이 있는 명제를 표현한다. 이에 해당하는 형식들에 대한 구체적 분석은 뒤의 5장을 참고할 수 있다.

하나의 탈종속절이 여러 의미를 함께 가지는 듯한 양상도 발견되는데, 다수의 기능을 아우르는 탈종속적 형식을 가진 언어가 적지 않다고 Evans(2007)에서도 언급된 바 있다. 대체로 양태적 의미를 나타내는 것이 간접 표현 기능을 함께 보이는 경우가 많은 편이다.

지금까지 탈종속화의 결과로 나타나는 여러 기능, 즉 양태 표현 기능과 간접 표현 기능 그리고 전제 암시와 담화적 기능이 한국어의 탈종속절 후보 사례에서도 발견될 수 있음을 언급했다. 하나 더 생각할 부분은 기원이 되는 형식과 탈종속화 과정의 특성 및 결과적 기능 사이에 반드시 연관성이 있는 것은 아니라는 점이다. 언어에 따라 비정형성, 종속성을 표시하는 방식은 다르므로 동일한 기능을 가졌어도 탈종속절의 기원이 되는 형식은 다르다. 예를 들어, '충고(hortative)' 의미를 라틴어, 이탈리아어, 프랑스어 등에서는 독립적 가정법절이 나타내고, 발트어파 언어들에서는 특유의 이무법 동사적 명사 혹은 부정사가 나타낼 수 있다. 이것이 Evans가 기능 범주를 중심으로 각 언어의 사례를 제시한 이유이기도 하다.

한편 공통적인 의미적 특성을 가진 형식이거나 생략되는 부분의 특성이 유사하면 결과적 기능이 비슷하리라는 예상을 해 볼 수 있다. 친족 관계에 있지 않은 여러 언어들(호주 원주민 언어인 가야르딜드어와 디야리어, 바스크어, 폴란드어 등)에서 목적 혹은 부정(否定) 목적의 종속절이 피하고자 하는 결과 사태를 명시함으로써 에둘러 훈계나 위협 기능을 하는 예들이 있는데, 이것이 하나의 증거가 된다. 그러나 의미적 특성이나 탈종속화 과정의 유사성에도 불구하고 다른 결과를 보이는 경우도 있다. Evans(2007)은 소망(desire) 서술어의 생략을 거친 탈종속절이 약한 정도의 명령 혹은 요청 기능을 하는 예들을 보였지만, 한국어의 경우는 조금 다르다. '-기를/-길 바라다'에서 유래한 탈종속절이 화자의 바람을 나타낼 뿐 청자에게 그와 관련된 행위를 강제하거나 요구하지 않는다. 가령 '인기가 올라갈수록 겸손하길.'과 같은 내용이 전달된다고 해도 청자가 수행에 대한 부담을 느끼지는 않을 것이다. 또 하나 예를 들면, 범언어적으로 가장 흔히 발견되는 것이 영어 if절에 상응하는 조건절이 요청 의미를 나타내는 경우인데, 한국어에서는 그렇지 않은 듯하다. 이와 비슷하게 탈종속된 원인절이 완곡한 명령 혹은 요청 기능을 하는 일도 꽤 관찰되지만, 한국어에서는 그렇지 않다.

한국어 탈종속절 사례들은 기능 측면에서 유형론의 연구 결과와 일치하는 부분이 많고, 세부적으로도 유사한 특성을 보인다. 사실상 모든 기능을 아울러 가장 중요한 것은 화자가 어떤 의도를 가지고 종속적 요소를 단독으로 사용해 의사소통적으로나 표현적으로나 일정한 효과를 거둔다는 점인데, 한국어의 사례들도 이에 해당한다고 볼 수 있다. 구체적인 변화의 과정이나 결과적 기능은 약간씩 차이가 있으나, 이는 언어 개별적인 특성으로 이해할 수 있을 것이다.

그간의 연구에서 탈종속화의 기제나 결과적 기능에 대해서는 상당한 논의가 있었지만, 근본적으로 왜 그러한 변화가 일어나는지에 대해서는 언급이 많지 않았다. 마지막으로, 선행 연구에서의 몇 가지 발견을 참고하여 탈종속화의 동인을 생각해 보고자 한다. 이는 결국 다시 기능의 문제와 연결될 수밖에 없을 것이다.

의사소통에서 예상 가능한 요소를 빼 버리는 것은 자연스러운 일이고, 이를 보통 경제성을 추구한다고 말한다. 화자가 주변적이거나 추론이 쉬운 요소를 생략하는 데에는 충분한 동기가 있다. 후행절의 출현을 지속시키지 않으면, 의미적으로 명시되지 않고 개방되는 일이 발생한다. 이런 상황의 동인에 대하여 Lombardi Vallauri(2016)은 자세히 부호화하지 않는 것을 화자가 선호할 수도 있기 때문이라고 설명했다. 화자는 경제성을 추구하기 위하여 혹은 공손 전략의 하나로서 분명하게 말하기를 피하는 것 외에도 '모호성(vagueness)'을 선호하여 생략을 택할 수도 있다고 한다. 때로는 발화의 지속, 완성이 발화의 영향력을 제시된 결론 내로만 축소해 버린다는 것이다.[24)]

이와 유사한 관점은 이미 Rhee(2002)에서도 보였다. 한국어에서 일부 접속어미가 종결어미로 문법화할 때, 주절의 생략은 화자 측면에서 보면 경제적이고 생략된 명제에 대한 부담을 줄이며, 무엇보다 청자가 해석을 풍부하게 하도록 만드는 효과가 있다고 한다. 주절 생략 시 청자는 추론을 통하여 빠진 정보를 적절하게 구성해 낸다. 또 Evans & Watanabe(2016:18)은 카야르딜드어 사례를 설명하면서 탈종속화를 활용함으로써 명제에 대한 화자의 태도가 있기는 하지만 정확히 무엇인지는 지칭하지 않는, 이른바 '명제에 대한 태도 미확정(indeterminacy)'

24) 어떤 참여자의 역할을 비표현된 채로 두기 위하여 능동 구문 대신 수동 구문이나 명사화를 택하는 것도 비슷한 경우라고 했다. 명시하지 않아도 될 만큼 뻔하거나 혹은 중요하지 않거나 명시하지 않음으로써 오히려 일정한 효과를 거둘 수 있을 때, 후행절 출현 중단을 선호할 수도 있다고 추정된다.

을 나타낼 수 있다고 했다. 용어는 조금씩 다르지만 모든 설명이 결국 '결론을 개방하여 청자가 추론, 해석하도록 하는 것'을 화자가 선택할 수도 있다고 말하고 있다.

이렇게 모호성을 추구하는 것, 의미를 개방하여 청자의 추론을 유도하는 것이 탈종속화의 동기로 제안되었으나, 자세한 설명은 거의 없었다. 한국어의 탈종속화 사례들을 참고하여 논의를 이어 나가자면, 일단 화자가 자신의 발화를 분명하게 마치지 않으면 해석의 빈 공간이 생긴다. 청자가 알아서 추론, 해석하도록 그 책임이 넘어가게 되는데, 청자는 대부분 이 과제를 성공적으로 수행한다. 물론 여기에는 여러 변수가 개입되는데, 보통은 화자가 나름의 의도를 가지고 후행 요소 발화를 지속하지 않지만, 경우에 따라 비계획적으로 발화가 중단되기도 한다. 이럴 때는 문제가 발생하기도 하지만, 청자는 그럼에도 불구하고 여러 맥락 단서를 활용하여 적절하게 이해하는 일이 더 많다.

예를 들어, 화자가 '너무 눅눅해. 빨래도 안 마르고. 비 좀 그만 왔으면…'이라고 말끝을 흐렸을 때 청자가 이해하지 못한다면 '왔으면 뭐? 어떡할 건데?'라는 의문을 가질 수 있다. 그러나 청자는 날씨가 현재 담화의 주제이고 화자가 날씨로 인한 불만스러운 경험을 말하고 있다는 등의 맥락을 파악하고 있기에, 그리고 결정적으로 '-었으면 좋겠다' 구문이 소망과 관련된다는 지식이 있기에 화자가 비가 그만 오기를 바란다는 것을 충분히 이해하고 의사소통에 성공하게 된다. '그러게, 나도 비 오는 거 지겨워.'라고 말하면서 적절하게 대화를 이어갈 수 있다. 이러한 경험이 반복, 축적되면서 '비 좀 그만 왔으면'에서의 'S-었으면'이 단지 발화의 생략이나 중단이 아닌 독립적 단위가 되어

가는 것이 곧 탈종속절의 발달 과정이다.

조금 더 복잡한 예를 하나 더 보자. 화자가 '어딜 소리를 질러? 혼나려고.'라고 발화를 마쳤을 때, 청자는 추론에 들어갈 것이다. '-으려고'로 종결될 때는 보통 화자의 의도를 나타내지만, 그 해석은 이 경우의 '혼나려고'에 적합하지 않다. 상승 억양이 쓰이지 않았으면 청자의 의도를 묻고 있다고 해석하기도 쉽지 않다. 또 설사 청자가 말 그대로 '너는 혼나겠다는 생각을 품고 있니?'라는 질문으로 이해한다면 의사소통에 성공할 수 없을 것이다. 화자는 현재 청자의 행동이 잘못되었다는 전제하에 그 행동으로 인해 발생할 수 있는 부정적 결과를 '-으려고'를 통해 말하고 있고, 사실은 이로써 청자에게 간접적으로 경고 의미를 전달하고 있기 때문이다. 청자는 화자의 진의를 이해하려면 다소 복잡한 과정을 거쳐야 하는데, '혼남'과 같은 부정적 결과를 청자 자신이 의도하고 있다고 왜곡하여 질문하는 방식이 실은 자신에게 향하는 경고임을 알 수 있어야 한다. 청자는 지금의 상황 자체와 앞뒤 발화 등을 고려하여 적절하게 이해했을 것이다. 만약 이러한 사용이 이전에는 단 한 번도 없었고 맨 처음 발생한 것이었다면 해석에 실패했을 확률이 있지만, 청자가 도움을 받을 수 있는 단서가 있고 이러한 실례가 반복된다면 소통은 성공하게 된다.

위에서 풀이한 두 가지 예는 '생략 - 관습회된 생략' 단계에서 발생하는 의사소통의 실제 모습을 그려 본 것이라고 할 수 있다. 이를 도식화하여 나타내면 아래 그림과 같이 정리된다. 옆 부분에는 탈종속화 단계와 어떻게 연결되는지, 또 의미 발달은 어떻게 나타나는지 함께 제시하였다.

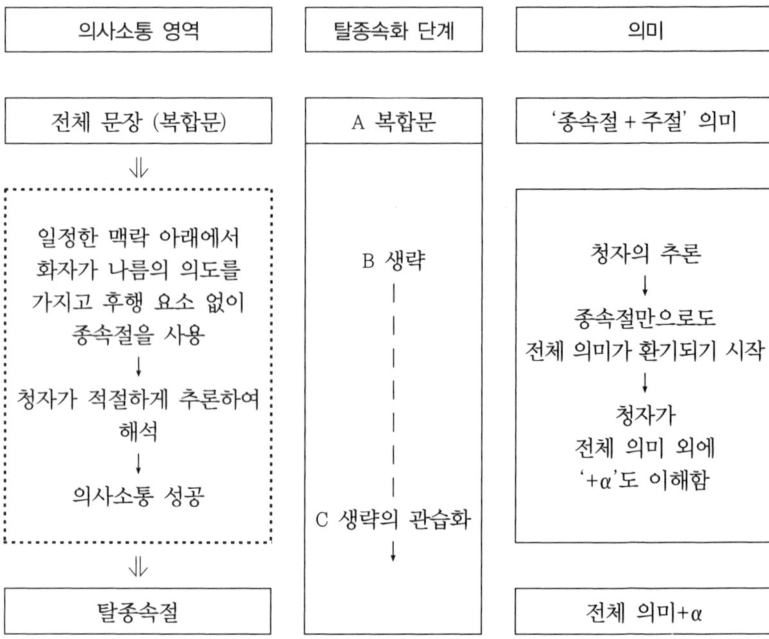

[그림 1] 탈종속적 발달의 영역별 과정

본 연구는 탈종속화 단계 중 B와 C단계에 초점을 맞춘다고 밝혔다. 해당 단계에서 가장 중요한 것은 후행 요소 없는 종속절 사용의 성공적 실례가 축적되어 가면서 점차 종속절로만 표현하는 일이 자연스럽게 되는 것이다. 위의 [그림 1]에서 보면 실제로는 의사소통 영역에서 점선으로 된 부분이 반복되는데, 매번 해석의 빈 공간에서 추론된 의미가 발생하고 일정하게 굳어진 어떤 의미를 탈종속절이 획득하게 된다. 이는 본래 종속절이 딸려 있던 전체 문장과 관련되는 것이다.

그런데 청자는 추론의 과정에서 종속절이 환기하는 원래의 전체 의미만이 아니라 그 이상의 화자의 의도를 읽어 낼 수도 있다. 직접적으로 말하는 것을 피하려는 화자의 노력이나 문면에 드러나 있지 않아도 수반되는 화자의 태도나 감정 등인데, 위 그림에서는 이를 전체 의미에 덧붙는 '+α'로 나타내었다. 청자가 이 '+α'까지 정확하게 이해한다면 의사소통이 완벽히 성공했다고 할 수 있고, '+α'를 전달하는 것이 사실상 화자가 탈종속적 표현 단위를 사용하는 근본적인 이유라고 볼 수 있다. 실제 사용이 반복, 축적되면서 '전체 의미+α'는 몇 가지로 구체화될 수 있고, 이것이 후행 주절 없는 종속적 요소, 혹은 주절과의 관계가 느슨해진 종속적 요소와 연합되어 굳어지면 점차 독립적 단위로서 정착하게 된다.

결국 화자가 종결 형식이 아닌 것에 종결 기능을 부여하여 사용하는 것은 경제성 추구 외에도 일종의 표현 전략이 되기 때문이다. 이는 기존의 재료가 바탕이 되어 새로운 종결 형식이 발달하는 한 방법이다. 한국어에는 이미 통시적으로 비종결 형식에서 발달하여 재분석된 여러 종결어미가 있고, 현재도 그 중간 즈음에 있는 것으로 보이는 다양한 형식들이 사용되고 있다. 이들 중 일부가 탈종속화의 적절한 사례가 될 수 있다는 가정 아래, 논의를 이어 갈 것이다.

3장
한국어 탈종속화의 특징

이 장에서는 탈종속화의 개별 사례를 분석하기에 앞서 한국어 탈종속화의 전체적 모습을 그려 보고자 한다. 기존 종결어미화와의 공통점과 차이점이 무엇인지, 일반적인 탈종속화 과정을 어떻게 적용할 수 있을지, 탈종속화의 징후적 현상에는 무엇이 있는지 그리고 표현된 부분과 비표현된 부분 간 의미 관계의 특징이 탈종속화와 어떤 관련성이 있는지 살핀다.

3.1. 종결어미화와 탈종속화의 접점

'탈종속화'라는 용어가 있기 이전부터 종속절이 독립적으로 쓰이는 듯한 현상은 개별 언어마다 다양한 양상으로 존재해 왔고, 상대적으로 조명을 받지 못했던 이 현상이 탈종속화 관점에서 다시금 활발히 논의되고 있음을 앞서 설명한 바 있다. 한국어의 경우 어미의 기능 변화 측면에서 비종결어미가 종결어미로 사용되는 현상이 예전부터 주목을 받아 왔으며, 관련 논의가 상당히 축적되어 있다. 종결어미의 기원을 추적하고 유형화하는 논의에서는 본래 종결 형식이 아니던 것이 어떻게 변화하였는지를 밝혔고, 반말체 어미와 같이 청자 대우법 체계상 어떤 특성을 공유하는 어미들이 거의 비종결 형식에서 유래했다는 점도 드러났다. 또 현재도 기본적으로 접속절로 쓰이면서 동시에 종결 용법을 보이는 듯한 여러 접속어미가 있고, 이들의 특징을 설명하려는 연구가 적지 않다. 해당 논의들과 탈종속화의 접점을 고찰하는 일이 먼저 필요하다.

한국어에서 종속절과 주절은 보통 어미 종류로만 구분되기 때문에 비종결어미가 종결 위치에 쓰이면서 문장을 끝맺는 역할을 하는 경우 일단 '종속절이 주절처럼 쓰이는 것'으로 볼 가능성이 충분하다.[25] 그런데 이는 온전한 '종결어미다움'을 갖추었다고 판단할 수 없고, 즉흥적인 주절 생략 혹은 철저히 억양에 의존하는 조각문 정도로 여겨지기 쉽다. 해외 연구에서도 이전에는 주절 출현이 '중단'되었다거나 '나와야 할 것이 나오지 않음' 등의 의미를 담은 용어를 사용해 이러한 현상을 지칭하곤 했다. 한국어의 관련 선행 연구에서 제시된 예들을 보면 즉흥적 생략부터 어느 정도 반복적이고 관습적으로 보이는 것들까지 넓은 범위에 걸쳐 있다. 이 가운데 유의미한 변화를 보이는 요소를 찾아내야 한다.

문법화로서의 종결어미화를 제안한 김태엽(1998, 2000)에서는 아래

25) 주절과 종속절은 보통 정형성(finiteness) 면에서 차이를 보인다. 유형론적으로 종속절을 표시하는 방법은 종속절에 쓰이는 동사의 시상법 표시 부재, 구별되는 어순, 종속소 결합 등이 있다. 한국어는 어미 종류가 다르다는 것이 변별 표지가 된다. Evans(2007)은 주절이 될 수 있는 성질이 곧 정형성으로 정의로 여겨지기 때문에 종속절이 주절처럼 쓰이는 것은 정형성의 정의를 수정해야 하는가를 고민하게 만든다고 했다. 일단은 정형절/비정형절 구분에 얽매이지 않고 현상 자체를 널리 인정하는 입장을 취하고 있다.

(14)와 같은 과정을 통해 비종결어미가 종결어미가 된다고 하였다. 가장 중요한 것은 후행절이 빠지는 일이다. Evans의 탈종속화 과정으로 치환해 보면, ①, ②, ③단계는 모두 주절이 생략되고 그것이 관습화되는 단계, 즉 B단계와 C단계에서 일어나는 사건이라고 볼 수 있다. 특히 기능이 이전되는 것은 탈종속절의 발달에서 매우 중요한데, 종속적 요소가 후행절 없이도 전체를 대신하면서 새로운 의미를 가진 독립적 단위로 인식되는 데에 핵심적인 부분이다.

(14) 비종결어미의 종결어미화 과정
①문장 구조의 축소(후행절 삭제) ⇒ ②문법 기능 이전 ⇒
③끊어짐의 수행 억양 얹힘 ⇒ ④문장 종결 기능 획득

(14)의 종결어미화 과정을 참고하여 종결 용법을 잘 보이는 일련의 접속어미들이 어떤 특징이 있는지, 특히 접속과 종결 기능이 어떻게 구분되는지 밝히려는 논의들이 계속 이어졌다. 대부분 '접속어미로서 그와 관련된 종결 기능도 하는 것'과 '접속어미를 기원으로 삼는 종결어미로 변화된 것'을 구분하고자 했는데, 그 기준은 '통사적 변화'와 '의미적 변화'가 있는가였다. 통사적 변화는 원래는 결합 불가능했던 선어말어미와 결합할 수 있게 되었는지, 의미적 변화는 접속절로 쓰일 때와는 다른 새로운 기능을 갖게 되었는지를 주로 따진다. 그런데 선어말어미 결합과 같은 통사적 변화는 변별적 요소가 되기 어려운 측면이 있다. 한국어 접속어미는 비정형절 표지임에도 불구하고 '-었-', '-겠-'과 같은 시제 선어말어미와 제약 없이 결합하는 일이 종종 있어서, 그 결합 여부가 적절한 증거가 될 수 없다.[26]

그렇다면 새로운 기능을 갖게 되었는가, 즉 종결어미 특유의 기능을 하게 되었는가가 결정적 기준이 된다. 종결어미의 기능은 보통 문장 완결 외에 문장 유형 표시, 청자 대우 표시, 명제에 대한 화자의 태도 표시 등으로 요약된다. 접속절이 종결 기능을 하는 경우, 그 자체로 문장 유형을 표시하는 일은 거의 없고 억양에 의해 평서문, 명령문, 의문문 등 문장 유형이 변별된다. 청자 대우는 '요' 결합 여부와 관련되는데, 일부를 제외하면 '요'가 결합하여 '해/해요' 변별 표시가 가능한 듯하다. 마지막으로 명제에 대한 화자의 태도, 즉 양태 표시 기능은 접속절에 의해 실현 가능한 부분으로 보인다. 박재연(2006:92)은 양태 표현 종결어미의 대부분이 비종결어미에서 유래한 반말체 어미라고 했는데, 그 예로 '-지, -거든, -을걸' 등이 있다. 완전히 종결어미화된 경우가 아니더라도 종결 기능의 접속절이 화자의 태도나 감정과 관련되어 해석된다는 점은 여러 논의에서 언급되었다. 결국 후행절 없이 독립적으로 쓰이는 듯한 접속절이 온전한 종결 형식으로 변했다고 보려면, 적어도 '요' 결합에 의해 높임 표시를 함으로써 대우법 체계 내에 들어갈 가능성이 있어야 하고 접속절로서 수행하던 절 간 관계 표시 기능과 구별되는 새로운 의미(주로 양태와 관련됨)를 나타낼 수 있어야 한다.

그런데 '요' 결합은 충족하는 예가 꽤 있지만, 사실 종결 형식이 되

26) 주체 존대의 '-시-'는 대체로 모든 접속절에서 결합이 가능하다. 과거의 '-었-'과 미래의 '-겠-'은 접속절 종류와 그 의미에 따라 결합이 자연스럽기도 하고 다소 어색하기도 하고 아예 불가능하기도 하다. 선어말어미가 함께 쓰일 수 있는 경우가 많으므로, 주절과 동등하게 선어말어미 결합이 가능해지는 것이 종결어미로의 지위 변화를 판정하는 기준이 되기는 어렵다.

는 기준으로 삼기에 약간 부족한 부분이 있다. 종결 용법의 접속절이 아니더라도 '요'는 비교적 자유롭게 단어, 구, 절 단위에 결합하는 양상을 보이기 때문이다. 또 독립적 종결 기능을 충분히 하는 듯 보이는 예라도 아래 (15)와 같이 청자를 덜 고려하거나 덜 의식하는 표현이라면 '요' 결합이 불가능하다. '요' 결합 여부는 부수적으로 고려할 사항이라고 할 수 있다.

(15) ㄱ. 공부를 조금 더 열심히 할걸./*할걸요. (후회 표현)
ㄴ. 그 어려운 시험에 합격하다니./*합격하다니요. (감탄 표현)
ㄷ. 우리 애가 대학에 붙었으면./*붙었으면요. (화자의 바람 표현)

이제 남은 것은 '새로운 의미'뿐인데, 이를 판단하는 일이 쉽지 않다. 후행하는 주절 없이도 잘 쓰이면서 의미적으로도 의존 관계에서 벗어나 구별된 기능을 하는 듯 보이지만 실제로는 종결어미로서의 기준을 여전히 만족하지 못하는 경우가 많다.

앞서 '후행절 생략'과 '종결 기능 이전'이 종결어미화에서 중요한 과정이 되고, 비종결 형식에서 유래한 요소가 양태 의미를 나타내는 일이 많다는 점을 확인하였다. 이는 탈종속화에서도 동일하게 중요한 부분이다. 기왕의 형식을 이용해 새로운 기능을 하는 단위를 생성한다는 점에서 그리고 원래 주절에 의존하던 요소가 자립적으로 쓰이게 된다는 점에서 둘은 크게 다르지 않다. 다만 구별되는 지점이 있다면, 이미 용어에서 명확히 드러나듯 초점을 맞추고 있는 영역이 약간 다르다는 것이다. 다음을 보자.

(16) ①복합문 → B → ②후행절 없는 종속절 → C → ③독립된 종결 형식(종결어미)

간략하게 (16)과 같이 세 단계가 있다고 할 때, 종결어미화 관점에서는 '② → ③'에 주목하여 여러 기준을 세우고 그것에 부합하는지를 따져 ③을, 즉 종결어미가 되었느냐 아니냐를 최종적으로 판단하는 데 주로 초점을 맞춘다. 탈종속화 관점에서는 '②후행절 없는 종속절'을 중심에 놓고, 해당 절이 복합문의 어떤 사용 맥락으로부터 유래했고 어떻게 독립적 기능이 관습화되어 가는지를 살피는 데 더 주목한다. 앞서 2장에서 본 [표 4]와 연계해 보자면, ① → ②의 과정이 B단계 정도에 해당하고 ② → ③의 과정이 C단계 정도에 해당할 것이다.

기존 논의에서는 후행절 생략을 늘 주요하게 언급하면서도 어떤 맥락에서 생략이 발생하고, 복원이 왜 자연스럽고 혹은 자연스럽지 않은지 등을 잘 설명하지 않았었다. 또 복합문으로 쓰일 때의 의미와 후행절 없이 자립적으로 쓰일 때의 의미가 어떻게 연관되는지 혹은 연관되지 않는지 자세히 다루지 못했다. '복합문에서 벗어나서 발달해 가는 과정'에 초점을 맞추는 것이 이를 밝히는 데에 적절한 접근 방식이 될 수 있을 것이다. 종결어미화 중심으로 접근하면 해당 형식이 종결어미가 되었는가 아닌가를 판단해야 하는 부담이 있다. 그러나 언어의 실제 사용 양상은 다채롭고 더욱이 공시적 관찰로는 결론을 내기가 쉽지 않다. 끝점을 정해 놓지 않고 과정 자체에 주목하는 것은 종속적 형식이 얼마나 독립적인가 그리고 종결어미로서의 기준을 얼마나 만족하는가, 종결어미로서 인정할 수 있는가 등을 따지는 데에서 벗어나 현재 양상 그 자체를 이해하고 기술하는 데 도움이 될 수 있다.

정리하자면, 탈종속화 관점에서 종결 위치의 종속절을 조망할 때 독립성의 정도 차이를 보이면서 분포해 있는 여러 '형식상 종속(비종결)-기능상 종결' 단위의 특징을 밝힐 수 있다는 이점이 있다. 가령 접속어미 '-으려고'는 아래 (17)의 예들에서 보듯 몇 가지 구분된 종결 용법을 보인다고 선행 연구에서 지적되었고 사전 기술에도 반영되어 있다.

(17) ㄱ. 나 소변 마려워서 화장실 좀 가려고. (유현경, 2003:127)
ㄴ. 하나님이 설마 우리를 버리시려고. (이종희, 2004:92)
ㄷ. 그러다 연탄가스 중독이라도 되려고? (이종희, 2004:92)

그런데 (17ㄱ)을 제외하면 후행절이 생략되었고 일부 경우에 한하여 복원 가능하다는 정도로만 언급된다. 선후행절 간 목적-결과 관계를 표시하는 '-으려고 접속 구문'과의 연관성을 중심으로 어떻게 구분된 여러 종결 기능을 갖게 되었는지 설명될 필요가 있는데, 탈종속적 발달의 과정에 주목함으로써 상당 부분 설명이 가능할 것이다. 또 그간 주로 다루어졌던 일부 접속절에 한정하지 않고, 전체 문장의 일부분으로 존재하던 요소가 종결 위치에 잘 쓰이면서 일정한 기능을 한다고 추정된다면, 주절의 부재라는 특징을 공유하기 때문에 동일 선상에서 다룰 수 있다.

다른 예를 하나 더 보면, '-으니까'는 종결어미로서 인정되지는 않지만 여러 논의에서 종결 기능 접속어미로서 자주 언급되는 형식이다. 다음 예에서 (18ㄱ)은 접속 구문에서의 '-으니까'를, (18ㄴ)은 종결 위치에서의 '-으니까'를 각각 보여 준다.

(18) ㄱ. 빚진 게 워낙 많**으니까** 언제 다 갚나 싶어.

ㄴ. P1: 나한테 평생 고마워하며 살아.

P2: 알았어. 내가 너한테 빚진 게 워낙 많**으니까.**

(18ㄴ)에서 '-으니까'절 뒤의 내용은 구체적으로 복원할 수는 없으나, 예측 가능한 내용이라서 빠진 것으로 볼 수 있다. 그런데 이는 바로 앞의 '알았어.'라는 발화에 대한 이유가 되면서 동시에 상대방 발화에 대한 동의, 협력 등의 태도로 해석될 수 있다. 종결 위치에서 자주 쓰이면서 이러한 해석(앞 발화에 대한 이유 설명, 화자의 협력적 태도 표시)이 관습화되면 독립적 단위로 발달할 수도 있다. 새로운 의미 획득이라는 종결어미 기준에는 딱 부합하지 않을 수 있지만, '-으니까' 접속절의 종결 용법 중에는 '이유'로만 설명되기 어려운 부분이 존재하는데, 역시 발달 과정에 주목함으로써 특징을 파악해 볼 수 있다.

'-으니까'와 달리 '-거든'은 접속어미로서의 기능, 즉 조건-결과 관계를 표시하는 것(예를 들어, '집에 도착하거든 전화해')과 문장을 끝맺을 때의 기능(예를 들어, '내가 2시쯤 집에 도착하거든. 그때 전화해')이 완전하게 구분되기 때문에 연관성이 끊어진 종결어미로서 인정되고 있다. '조건'과의 어떤 연관성도 찾기 어려운 것은 사실이다. 그러나 '-거든'의 주된 기능은 앞 발화에 대한 근거 제시와 이어지는 발화에 대한 선제 기능이고, 이처럼 담화 내 다른 문장과의 관련성을 맺는 특성은 접속 구문에서 유래했기 때문이라 볼 만하다. '-거든' 역시 복합문으로부터 탈종속화되었다고 본다면, 기원 구문이 흔적이 남아 있는 것으로 이해할 수 있다. 이는 주절로 재분석되면서 종결어미로 인정된 몇몇 형식이 무언가 생략된 듯한 혹은 중단된 듯한 암시를 주는 해석을 보일 때도 마찬가지로 적용될 수 있는데, 가령 '-지, -을걸'의 일부 예에서 그러한 모습을 볼 수 있다. 이는 뒤의 3.3에서 다시 언급할 것이다.

여러 선행 연구에서 비종결어미의 종결어미화는 문법화의 하나로 다루어졌다. 김태엽(2000)은 Hopper(1991)에서 제시한 다섯 가지 문법화 원리 중 분화의 원리를 확대 적용하여, 하나의 문법 형태가 여러 문법 기능을 수행하는 것도 문법화의 한 양상으로 볼 수 있다고 했다. 유현경(2003)은 종결 용법을 수행하더라도 접속어미와 연관성이 많이 남아 있는 경우부터 별개의 형태소로 분화되고 있는 경우까지 정도 차이가 있음을 지적하고, 일반적인 문법화와는 차이가 있기는 하나 접속어미에서 종결어미로의 변화는 있어도 그 반대의 변화는 거의 없다는 점을 들어 단일방향성이 있으니 문법화로 볼 만하다고 했다. Rhee(2002)는 접속어미 '-거든, -는데, -으니까, -으면서, -게'의 의미 변화를 주장하면서 주절 생략의 관습화에 의해 종결어미로 문법화되었다고 보았고, Rhee(2012)에서 다시금 생략을 통한 화용적 추론 유도가 한국어에서 문법화를 유발하는 흔한 담화 전략임을 지적했다. 추론된 의미가 주절이 생략된 종속절과 연합되는 것은 탈종속화에서도 중요한 부분이다. 비록 의미 변화의 결과로서 제시된 것에 동의하기 어려운 부분이 있으나, Rhee(2002, 2012)가 설명한 변화 과정을 보면 한국어의 종결어미화 현상을 탈종속화 관점에서 이해할 만한 여지가 충분히 있다.

그러나 문법화를 최종 결과물 중심으로 정의하는 입장에서는 이견이 있기도 하다. 남미정(2010)은 '-거든, -는데'의 경우를 살핀 결과 종결어미화는 문법화의 한 유형이 아닌 단순한 기능 분화로 판단했고,

종결어미화에 대해 '일정한 조건 아래에서 접속 구문의 후행절 생략이 반복되면서 접속 담당 형태가 문장을 끝맺는 기능을 획득하게 된 것'이라고 했다. 이에 대한 반박으로 조미희(2016)은 문법화에서 의미 변화의 특징은 주관화이고, 종결 위치에 놓인 접속어미가 주관적 의미로 쓰이게 되면서 종결어미로 발달하는 것은 이에 부합한다고 보았다. 명제 간 연결 의미 약화는 의미 탈색으로 볼 수 있고, 후행절 생략에서 발생하는 화용적 의미가 어미의 의미로 흡수되면서 종결어미가 되는 일은 문법화 과정이라고 본 것이다.

문법화 연구에서는 보통 독립적인 주절이 종속절로 변하는, 병렬에서 종속으로 향하는 일반적인 통시적 경로가 있다고 본다.[27] Evans (2007)은 탈종속화가 그 방향을 거스르는 것처럼 보이기 때문에 주목되며, 정교한 문법 구조가 부분적으로 해체되고 담화적 장치 역할을 맡게 될 수 있다는 점을 시사한다고 했다. 탈종속화와 문법화의 관계 문제는 이후 여러 논의에서 언급이 있었으나, 문법화 과정과 탈종속화가 일정 부분 유사성이 있다는 점만 알 수 있었고 뚜렷한 결론은 없었다. Heine et al.(2016)에서는 탈종속절이 발흥하는 것은 문법화와 관련되어 보이지 않고, 다만 일단 탈종속절로 포섭되고 나면 유사한 과정을 겪을 수는 있다고 했다. 이는 주절 없이도 관습적으로 쓰이는 것이 어느 정도 정착되면(2.1.1의 [표 4]에서 C단계 정도에 이르면) 새로운

27) Bybee et al.(1994)에서는 범언어적으로 반복되어 나오는 변화 유형을 관찰하여 일반화했는데, 문법소의 변화가 단일방향성을 띤다고 밝혔다. 의미는 '구체적>추상적', 음운은 '자립적>의존적', 범주는 '어휘적>문법적'과 같이 변화하며, 역방향으로 일어나지 않는다고 본다. 통사적 층위에서 독립적 두 문장이 일정한 관계를 맺으면서 인접할 때, 변화는 '병렬>종속'으로 일어난다고 보는 것이 일반적이다.

주절로서 재분석될 수 있는데, 이 과정에서의 유사성을 말한 것으로 보인다.

종결어미화의 기반이 된 문법화와 탈종속화는 변화의 방향성, 최종 결과물의 성격 측면에서 분명 다른 점이 있다. 종속절이 주절처럼 쓰이게 된 것이 '더 문법적인' 결과물이 되었다고 보기는 어렵다. 그러나 변화 과정에서 추론된 의미가 해당 형식과 연합된다는 점, 의미의 주관화가 이루어진다는 점은 다르지 않다. 실제로 많은 탈종속절이 양태적 의미와 관계되는데, 이는 주관성 증가와 관련이 깊다. 또 종속에서 독립이라는 역방향 변화처럼 보임에도 불구하고 기존 형식을 이용하여 새로운 단위를 만들어 낸다는 점에서는 변화의 동인이 비슷하다. 그리고 주절 없이 관습적으로 쓰이던 데서 독립적 주절로 재분석되는 단계로 넘어가는, 즉 C에서 D단계로 넘어가는 부분은 문법화 범주에서 다룰 수 있다. 종결어미화를 문법화 측면에서 이해한 것도 종결어미로 재분석되는 최종 단계를 염두에 두었기 때문이다.

이 글에서는 비종결 문말 형식이 종결어미로서 완전히 재분석될 수 있는가를 판단하는 부담에서 벗어나 그 이전 단계에서의 다양한 현상을 탈종속화 관점에 설명할 것이라고 했다. 이는 화용적 현상을 다루는 것으로 보일 수 있는데, 정확하게는 문법의 영역으로 넘어갈 잠재성이 높은, 경계에 있는 현상에 주목하는 것이다. 실제로 일부 사례는 현재의 문법 체계상 이미 종결어미로 인정된 것이 있기도 한데, 그러한 경우에도 어떻게 독립적 단위로서 정착되었는지 설명할 수 있고 탈종속화의 흔적이 있는지도 살펴볼 수 있다는 장점이 있다. 종결어미화 논의와 가장 차이가 나는 것은 의존적 관계에서 벗어나도록 돕는 특정한 맥락 혹은 구문이 있음을 가정하고 이를 자세히 다룬다는 점이다. 따라서 복합문의 여러 의미 중에서 어떤 것이 탈종속화로 이어질 수 있는지 찾는 것이 중요한 과제가 된다. 이를 밝혀 설명함으로써 각 탈종속절의 기능뿐만 아니라 발달 과정 전반의 특징을 드러낼 수 있을 것이다.

3.2. 탈종속화 과정의 재정립

Evans(2007)을 비롯한 여러 연구에서 '생략'은 탈종속화의 중심 기제로 언급되었고, 한국어의 종결어미화 관련 논의에서도 후행절 생략은 필수적인 과정으로 다루어졌다. 그 외에 선후행절 간 '도치'도 접속절을 종결 위치에 있도록 만드는 역할을 하기에 중요하게 언급되었다.[28] 사실상 비종결 형식의 종결 기능을 논하는 데 있어서 생략과 도치를 빼놓고 말하기가 어렵다고 할 수 있는데, 본 절에서는 이 둘을 중심으로 하여 한국어의 탈종속절을 다루기에 적절한 탈종속화 과정과 범위를 살펴보기로 한다.

접속절을 위시한 종속적 요소가 독립적 종결 용법을 보이려면 일단 종결 위치에 잘 쓰여야 한다. 후행하는 주절의 생략, 선후행절 간 순서 바뀜은 실제 언어 사용에서 자주 발생하는 일이다.

28) 공시적 관점에서 접속어미의 종결 용법에 천착한 유현경(2003)은 접속어미가 종결어미로 쓰이게 되는 것은 주로 '후행절이 생략되거나 선행절과 후행절이 도치되는 과정을 통해서'라고 하면서 다음과 같은 예를 제시했다.

ㄱ. 나, 소변 마려워서 화장실 좀 가려고. (생략)

ㄴ. 배가 고파서 내가 먼저 먹어야겠어요. 언니들한테는 미안하지만. (도치)

(19) P1: 사람 진짜 많았어.
P2: 내가 볼 때 그 정도면,
P3: 많았다고?
P2: 많은 편인데, 워낙 음식이 비싸서. 뭐 결혼식이 뭐 돈 벌자고, 돈 남자고 하는 행사는 아닌데,

(20) 냄새는 좋드라구 피자 냄새 같구, 그래서 딱 먹는데, 한 입 베어 물구서. 아우 정말 진짜 그 뭐라 그럴까. 그 외국 무슨 노린내 같은 것 속에, 얼굴을 파묻고 있는 거 같은 그런 느낌이…

위의 두 예에서 '-으면, -다고, -어서, -는데, -더라고, -고서' 등이 종결 위치에서 쓰임을 확인할 수 있다. (19)의 밑줄 친 부분을 보면 청자가 갑자기 끼어들어 발화가 끊기는 것 같지만, 상호작용 측면에서 보면 청자가 선행절만 듣고도 내용을 충분히 이해했기 때문에 말차례를 가져온다고 볼 수도 있다.[29] 이렇게 화자의 의도가 아니었어도 후행절은 생략되기도 한다. (20)은 한 화자가 말을 계속 이어가고 있는 예인데, 구어에서는 특히 접속절 단위가 다중 나열되는 양상으로 발화를 지속하는 일이 많다. 그간의 종결어미화 혹은 종결 용법 연구는 이러한 다양한 사용 양상들을 관찰한 결과물이다.

그런데 탈종속화에서는 의미 있고 반복적인 생략이 중요하다. 비계

29) 박성현(2008:32)은 종결형 단위의 마지막에 오는 종결어미, 비종결형 단위의 마지막에 오는 접속어미는 모두 말차례 단위가 끝날 가능성을 청자로 하여금 예측하게 한다고 했다. 접속절만 듣고도 상대방이 말차례를 가져오는 것이 실제 대화에서는 자주 발생할 수 있다.

획적이거나 비의도적인 즉흥적 생략은 구분되어야 한다. 이는 보통 화자가 갑자기 발화 계획을 바꾼다거나 상대방에게 예상치 않게 말차례를 뺏기거나 하는 경우 잘 발생한다. 의미적·화용적 측면에서 생략의 기능은 한 마디로 효과적인 의사소통을 돕는 것이라고 볼 수 있다. 중요한 것만 남김으로써 전달되는 정보를 강조하고, 신속하게 정보를 전달하며, 선행 발화와 후행 발화를 긴밀하게 결속하는 등의 역할을 한다(강연임, 2005). 앞서 탈종속화의 동인을 논하면서, 화자들은 경제성을 이유로 수변적이거나 추론이 쉽게 되어서 굳이 발화할 필요가 없는 것을 빼기도 하지만, 나름의 의도를 가지고 후행 요소를 비실현하기도 한다고 했다.

아래 [표 6]은 2.1.1에서 제시한 통시적 모델을 수정하여 이 글에서 중점적으로 다루는 부분만을 조금 더 구체화한 것이다.

[표 6] 재분석 이전의 공시적 탈종속화 과정 (생략 중심)

	B 생략		C 관습화된 생략	
	즉흥적 생략 (비계획적, 의도성 낮음)	· 주절 생략이 잘 일어남 · 문맥상 적절한 내용은 무엇이든 복원 가능	· 생략이 점차 더 자연스러워짐 · 생략된 내용의 해석이 제한됨 · 새로운 의미로 쓰이기 시작함	

언어 사용의 현실을 고려하면 B단계 이전에 이미 예비적 상황이 존재한다고 볼 수 있다. 비계획적이고 의도성이 없거나 낮은, 주절 없는 종속절 사용이 빈번하게 발생할 텐데, 이는 즉흥적 생략 단계에 있다고 볼 수 있고 탈종속화 후보 범위에 들지 않는다. 주로 상대방이 끼어들어 발차례를 가져갈 때 잘 발생한다. 일부는 적절한 맥락에 힘입어

다른 요소에 비해 더 잘 생략될 수 있을 것이고(B단계), 점차 관습화된 생략으로 나아갈 것이다(C단계). B단계까지는 후보 형식이라고 할 수 있고, 관습화된 생략 단계에 이른 것은 '탈종속절'로 부를 수 있다. 탈종속절로 부른다고 해서 이것이 주절과 완전히 같은 지위에 있다고 보는 것은 아니다.

이미 종결어미로서 인정되고 있는 '-을걸'에 대하여 위의 과정에 맞추어 간략히 설명해 보겠다. 다음의 예를 보자.

(21) ㄱ. 애초에 포기할 것을, {지금까지 시간만 날렸어/괜히 고생만 했어/……}.
ㄴ. 애초에 포기할 걸, {그렇게 하지 않았어}.
ㄷ. 애초에 포기할걸.

(21ㄱ)과 같이 '-을 것을'이 대조의 접속형처럼 쓰이는 구문에서 후행절 생략이 발생할 수 있고, 맥락을 참고하여 후행절 내용은 괄호 안과 같이 적절히 복원될 수도 있다. 그 내용은 점차 (21ㄴ)과 같이 선행절이 비실현됨을 진술하는 내용으로 제한된다. 그리고 '것을 → 걸', '-을 걸 → -을걸'과 같은 형식적 축약과 함께 '후회, 아쉬움'이라는 새로운 의미와 연합되기 시작하고, 그것이 굳어져서 (21ㄷ)처럼 현재의 '-을걸'이 된 것이다.

생략된 내용이 제한적으로 해석되고 새로운 의미로 쓰이기 시작하는 것은 관습화된 생략 단계의 주요한 특징이다. 이는 주절이 단지 빠지는 것만으로 가능한 것이 아닌데, 사실 탈종속화에서 생략은 종결 위치에 놓이게 만드는 방법이기도 하지만 더 중요한 역할은 화용적 추론을 유발하여 그 추론된 의미가 관습화되는 것을 촉발하는 데 있다. 그 의미는 결과적으로 종속절이 획득하게 된다. '을걸'의 경우 비실현된 사태에 대한 화자의 태도와 관련된 의미를 얻었다고 볼 수 있다.

생략과 관련하여 2.1.1에서 말한 상호 의존절(dyadically dependent clauses), 상호협력 구문(co-construction)을 고려할 필요가 있다. 전자는 보통 질문-대답 인접쌍에서 쉽게 찾아볼 수 있는데, 상대방의 발화에 의존하여 종속절로만 말을 끝맺는 경우에 해당한다.[30] 후자는 한 화자가 종속절을 발화하면 다른 화자가 주절에 해당하는 요소를 발화하는 경우이다. 이들은 대화 상황에서 종속절과 주절이 분리되어 쓰이기가 쉽다는 사실을 보여 준다. 다음의 예를 보자.

(22) ㄱ. P1: <u>언니 머리 왜 짤랐어요?</u> 언니 머리 길었잖아.
P2: <u>지겨워서.</u> 나 머리 아무것도 안 하고 맨날 묶고 다녔거든.
ㄴ. P1: 똑같은 번호 버스 있지, 한 세 대가 지나가.
P2: 그럼 내려서 그 차로 옮겨 타지 않아?
P1: 아이, 그게 인제, <u>나는 그러고 싶었는데,</u>
P2: <u>아 이미 돈 냈으니까?</u>
P1: 아니 아니.

---

30) 앞선 말차례의 내용이 어떤 것이냐가 뒤따르는 말차례의 내용을 결정하는 경우를 대화 분석에서는 인접쌍(adjacency pair)이라고 하는데, 질문-대답, 인사-응답, 제안-수용/거절, 사과-반응 등이 있다(박성현, 2008:126). 이는 대화를 통해 참여자가 행위를 구성하기 위해 사용하는 가장 기본적 단위가 된다.

(22ㄱ)은 상호 의존절의 예이다. 대답 차례에 있는 화자는 'S-어서'만으로 적절하게 답을 하는데, 질문 내용을 바탕으로 '지겨워서 짤랐어' 정도로 빠진 부분을 복원해 볼 수 있다. (22ㄴ)은 상호협력 구문의 예로서, '나는 그러고 싶었는데'만 듣고도 상대방이 이어질 내용을 예측하여 나머지 주절 부분을 채우는 양상을 보인다.

상호 의존절의 경우 후행하는 주절이 생략된 것으로 볼 수 있으나, 관점에 따라 선행 발화에 나온 주절 내용에 종속절을 덧붙여 완성한 것으로 이해되기도 한다. 상호협력 구문을 보면 다음 화자가 발화를 이어받아 종결함으로써 이전 화자의 입장에서는 계획이나 의도가 없이 발화를 중단해 후행절을 생략하는 것이 된다. 즉흥적 생략으로 인해 주절이 빠진 경우는 유의미한 생략이 되기 어렵지만, 상호협력 구문은 적어도 비종결 형식이 문장을 끝맺는 예가 자주 나타나도록 하는 원인 제공 역할은 할 수 있다. 탈종속화 논의에서 구어, 특히 대화에 더 주목하는 것도 이른바 중단된 혹은 분리된 종속절을 찾아보기가 쉽기 때문이다.

도치 역시 생략과 마찬가지로 종속적 요소를, 주로 접속절을 종결 위치에 있도록 만든다. 언어 사용자에게는 접속 구문에 대한 지식이 있으므로, 복합문을 이루는 두 절 가운데 접속어미가 붙은 절이 종결어미가 붙은 절 뒤에 있는 경우 절 간 순서가 바뀌었다고 인식하는 것이 보통이다. 그래서 '도치'라는 용어를 사용해 왔는데, 이는 외견상 맞지만 고려해야 할 부분이 있다. 접속 구문에서 도치된 두 절이 다시 위치를 바꾼다고 가정했을 때, 원칙적으로 하나의 완전한 복합문이 되어야 한다. 아래 예들을 보면, 선후행절 간 위치를 바꾸었을 때 비교적 자연스럽게 하나의 복합문이 되는 듯하다. 그런데 아래 (23ㄹ)은 위치를 바꾸고자 한다면 선행 발화 역시 복합문이기 때문에 종결 위치의 'S1-으려고'가 그 복합문의 두 절 중 무엇과 접속 구문을 이룰지 찾아낼 필요가 있다.

(23) ㄱ. 가자는 소리도 잘 못 하겠어요. 흥미가 있을지 없을지 몰라서,
ㄴ. 과외라는 게 그게 돈을 받을려구 할 수가 없는 거야. 법적으로 보호받을 수 있는게 아무것도 없으니까.
ㄴ. 혹시 따뜻한 물 남았니? 커피 한잔 했으면 좋겠는데.
ㄹ. 아침에 어학당 때문에 어차피 왔는데, 계속 기다린 거지, 세 시에 그 수업 들을려구.

(23)의 예를 비롯한 여러 도치 사례들을 분석한 결과 의미의 변화 없이 접속절-주절 순서로의 복원이 대체로 가능하지만, 순서가 바뀌면 다소 어색하거나 의미 차이가 느껴지는 예가 있기도 했다. 또 기본적 의미 차이는 없더라도 사실상 발화의 화용값이 완전히 같다고 보기 어려운 예가 종종 있었다. 화자가 순서를 바꾸어 발화했을 때는 더 중요한 것을 먼저 발화하려는 의도가 반영된 결과로 볼 수 있고, 따라서 기본적 의미는 같을지 몰라도 화용적으로는 동일하게 느껴지지 않을 수 있다. 사실 화자가 머릿속에 이미 완벽한 복합문을 만들어 놓은 상태에서 두 절의 위치를 바꾸어 발화했다고도 보기 어렵다. 생략의 경우에도 화자가 완벽한 문장을 만들어 놓고 어떤 한 부분을 빼 버린다기보다 주절 없이 일부분을 단지 사용한다고 보는 편이 더 적절하다고 했는데, 도치 역시 마찬가지로 더 중요하다고 생각한 것을 먼저 발화하고 접속절을 덧붙였다고 보는 편이 자연스럽다.[31]

생략 가설에서 복원이 원활하게 가능한 단계와 관습화된 생략 단계를 구분한 것처럼 도치에 대해서도 그러한 구분이 필요해 보인다. 가령 주절-접속절로 도치된 상태에서 원래의 접속절-주절 정규적 순서로 자연스럽게 복원되는 단계와 그것이 어색해지면서 후치된 접속절이 주절과 맺는 관계가 점차 희미해지는 단계로 나눌 수 있을 것이다. 전자를 B단계로 보면서 기존 용어를 따라 '도치'라고 부른다면, 후자는 C단계에 해당한다. 이 단계에 대해 원래는 한 문장을 이루고 있었으나 접속절이 이탈되어 나온 양상을 표현하고자 '분리'라고 칭하였다. 아래 [표 7]에서 이러한 절 간 관계의 변화 과정을 간단히 보였다.

[표 7] 재분석 이전의 공시적 탈종속화 과정 (도치 중심)

A 복합문	B 도치	C 분리	
S1 ⋮ S2 →	S2 ⋮ S1 →	S2 ┃ S1 → S2 S1 →	S S

생략과 마찬가지로 B와 C단계는 이분법적으로 나뉘는 것이 아니다. B단계에서 정규적 순서로의 복원이 자연스럽게 가능하다가 점차 도치된 문장과 복원된 복합문 간 차이가 발생하기 시작하고(위의 표에서는 S2와 S1 간 점선이 두꺼운 실선으로 바뀌는 것으로 표시함), 그쯤부터 두 절이

31) 이와 관련하여 이기갑(1996)에서는 입말에서 나타나는 언어 현상으로서 '첨가구문'을 논의한 바 있다. 통사적 개념의 '후보충(afterthought)'이 있기도 한데, 선행 문장의 한 성분이 뒤에 첨가된 양상을 띤다고 본다. 이선웅(2012)에서는 넓은 범위를 아우를 수 있는 '추가표현(additional expression)'이라는 개념어를 제시하고, 통사적 성분으로 기능하는 말에 대해서만 '후보충'이라고 하는 것이 합리적이라고 제안했다.

분리된 것으로 인식될 수 있다. 그리하여 종속절 S1은 선행절에 대한 관계를 표시하는 데서 점점 벗어나, 선행 내용에 첨가되는 성격의 독립된 절로서 일정한 기능을 하게 된다. 이 기능은 기존 논의에서 대체로 접속절의 담화적 기능으로 다루어졌고, 유형론 연구에서는 확장이나 절 이탈과 관련하여 조망되었다.

사실 확장이나 절 이탈은 생략, 도치와는 약간 다른 차원의 기제이다. 종속절이 주절 없이 쓰일 때, 보통 청자는 특정한 맥락을 기반으로 삼아서 적절하게 추론을 할 수 있다. 그런데 일부 종속절의 경우는 본래는 뒤에 이어졌을 법한 내용을 앞 절이나 선행 발화에서 찾을 수 있기도 하다. 종속절이 의미적으로 의존하는 요소가 공기하는 후행절이 아닌 담화 내의 다른 부분으로 해석되는 것이 반복되면 해당 종속절은 복합문의 한 부분이 아니라 독립된 단위로 인식될 가능성이 높아진다. 이 과정에서 확장이나 절 이탈이 이루어지는 것으로 보인다. 즉 이들은 종결 위치에 놓이게 만드는 기제가 아니라, 생략 후에 촉발되는 화용적 추론과 유사하게, 문장을 끝맺는 역할을 하게 되면서 그 이후에 작동하는 언어 사용자의 인지적 작용이라고 볼 수 있다.

종속절이 주절과 맺는 관계가 담화로 확대된 것은 '확장', 다른 절과 공기하면서도 상당히 독립성을 가지고 느슨하게 연결된 것은 '절 이탈' 개념으로 제안되었다(Mithun, 2008; Cristofaro, 2016). 둘은 생략 가설의 보완책으로서 의미가 있다. 종속절이 의미적으로 의존하는 대상이 주절이 아니라 다른 것으로 바뀐 것이기 때문에 탈종속화가 아니라고 보는 입장도 있지만, 복합문 내에서의 의존적 관계로부터 벗어났다는 점에서 탈종속화로 다룰 수 있을 것이다. 그런데 확장, 절 이탈은 유사한 현상의 다른 두 측면에 각각 초점을 맞춘 용어로 보인다. 종속절이 공기하는 다른 절이 아니라 전체 담화에 의존하게 된 양상에 초점을 맞추어 확장이라고 보았는데, 그렇게 되려면 종속절과 주절 간 관계가 느슨해져서 어느 정도 이상 분리 가능한 것으로 인식되어야 한다. 관련된 구체적 현상으로는 의미적 관계가 희미해지거나, 억양의 분리나 휴지 개입, 다른 발화가 끼어드는 일 등이 있다. 이러한 부분에 초점을 맞춘다면 절 이탈로 볼 수 있을 것이다.

확장이나 절 이탈의 결과는 대략 몇 가지 담화적 기능으로 귀결된다는 공통점이 있기도 하다. 담화 화제와의 관련성 표시, 상세 설명, 화청자 간 공유된 배경과 관계된 새로운 화제 도입 등이 있다. 한국어에서는 접속 구문에서 유래한 절들이 이러한 기능과 주로 연관되는데, 이미 종결어미로서 인정되고 있는 형식 중에서는 '-거든'이 가장 대표적인 사례가 될 것이다. 다음의 예를 보자.

(24) ㄱ. 돈이 하나도 안 남았어. <u>가서도 워낙 많이 쓰구 선물 같은 거 많이 샀거든.</u>
ㄴ. 이 아저씨가 네덜란드 사람인데, <u>거기는 되게 이민 가족들이 많거든,</u> 이 아저씨두 팔 년 전에 이민 와서 거기에 살다가…

위의 (24ㄱ)은 선행 발화에 대한 이유 제시(상세 설명), (24ㄴ)은 화제 도입 기능을 한다. '-거든'이 조건 접속 구문과의 연관성은 끊어졌지만, 담화 내용에 의존하는 경향이 남아 있다고 볼 수 있다.

확장이나 절 이탈로 설명된 현상을 아울러서 이 글에서는 '절 결합 범위 변화'로 본다. 종속절이 주절과의 관계로부터 조금씩 독립되어서 선행 발화나 담화 전체 내용과 관련된 내용을 표현하거나 외부 세계의 상황과 관계를 맺는 내용을 표현하는 경우 이에 해당한다. 종속절이 주절과 관계를 맺던 데서 담화나 현실의 상황과 관계되는 것으로 변화했다는 데 초점을 맞춘 것이다.

이상의 논의를 정리하면, 탈종속절이 되려면 적어도 생략, 도치 등을 통해 종결 위치에 잘 쓰이면서, 주절이 없이도 전체 구문과 관련된 의미를 어느 정도 표현할 수 있게 되거나 앞 절과의 관계가 점차 희미해져서 운율적으로나 의미적으로 독립적 양상을 보여야 한다. 탈종속화의 과정은 크게 두 가지로 나눌 수 있다. 하나는 생략 가설과 관련되는 것으로서, 특정한 맥락을 기반으로 삼아 종속절만 사용되는 일이 반복되고, 화용적 추론을 거쳐 종속절이 독립적 단위로 발달하는 것이다. 생략은 사실 이 과정의 촉발 기제라고 볼 수 있고 그 이후의 관습화와 추론이 중요한 부분이 된다. 이를 '관습화된 생략 중심의 탈종속화'로 칭하고 4장에서 구체적 사례들을 분석할 것이다. 다른 하나는 종결 위치에 자주 놓이는 종속절이 주절과의 관계가 느슨해지면서 관련성을 맺는 영역이 확대되는 것이다. 종결 기능을 보인다고 알려진 기존의 여러 접속절이 실은 이 과정과 관련될 것인데, '절 결합 범위 변화 중심의 탈종속화'로 칭하고 5장에서 구체적 사례들을 분석한다.

3.3. 탈종속화의 징후

지금까지 종속적 요소가 그 자체로 문장을 끝맺는 부분에 집중하여 논의를 하였다. 이 절에서는 탈종속적 발달 단계에 속하지는 않지만, 그 징후라고 볼 만한 다른 현상들을 몇 가지 살펴보고자 한다. 이는 종속절이 당장은 종결 위치에 쓰이는 것이 아니더라도 일단 외형상 주절과 분리된 채 쓰이는 것과 관련되는데, 접속 구문을 비롯한 전체 구문의 틀을 벗어나 따로 쓰일 수 있다는 점에서 독립적 단위로 발달할 가능성을 보여 준다고 하겠다.

첫째, 주절이 실현되기는 하지만 'S1－비종결어미 하다/그러다'와 같이 주절 부분이 대용 형식으로 채워진다. 주절의 내용이 명시적으로 나타나지 않고 자리만 채워지는 것은 쉽게 추론되거나 주변적인 요소는 생략되기 쉽다는 사실과 상통한다. 아예 비표현되는 것은 아니지만, 복합문에서 주절이 대용되기 때문에 추론과 해석이 대화에 참여하는 청자에게 맡겨진다는 점에서 생략과 유사하다. 다음의 예를 보면, (25ㄱ)의 '하다'는 '움직이다, 시도하다' 정도로 해석될 수 있고, (25ㄴ, ㄷ)의 '그러다'는 선행 발화를 참고해 각각 '안 사 주지', '걱정 별로 안 했다' 정도로 해석될 것이다.

(25) ㄱ. 한 일 분 정도 그러고 있다가 걸을려고 하면요, 안 걸어져요.
ㄴ. P1: 난 저녁 아무도 안 사 줘.
P2: 니가 밥 먹구 오구, 애매한 시간에 오니까 그렇지.
ㄷ. P1: 애들이 대학 떨어졌는데 걱정 별로 안 해요.
P2: 돈 있어서 그랬나 보다.

양명희(1998)은 반복 혹은 명확한 진술을 피하거나 정확한 단어를 떠올릴 수 없을 때 대용어를 사용한다고 했다. '하다'는 앞선 맥락에서 제시되거나 암시된 동작적 의미를, '그러다'는 해당 발화의 전후 맥락을 대용한다. 사실 '하다, 그러다'를 사용해 내용이든 자리든 대신하는 것은 일반적인 방법이고, 중요한 것은 왜 주절을 명시하지 않는가이다. 대화 상황에서 쉽게 추론되기 때문에 굳이 명시할 필요가 없어서, 그리고 화자 입장에서는 주절보다 접속절 내용이 더 중요하다거나 그것만 중요하다는 것을 나타낼 수 있는 방법이라서 주절이 대용된 접속 구문을 사용한다고 볼 수 있다. 가령 위의 예를 다시 보면, (25ㄱ)의 '-으려고 목적 구문'에서 후행절은 선행 사태(목적)에 대한 결과를 나타낼 것이고 (25ㄴ)의 '-으니까 이유 구문'과 (25ㄷ)의 '-어서 원인 구문' 역시 후행절은 결과를 나타낼 것이다. 화자와 청자에게는 모두 접속 구문에 관한 공유된 지식이 있으므로, 화자는 자신의 의도하는 바에 따라 주절이 대용된 형식을 사용할 수 있고 청자는 충분히 추론할 수 있기 때문에 성공적인 의사소통이 가능하다.

주절의 대용 현상은 종속절이 종결 위치에 놓인 것도 아니고 사실 생략 이전의 일이므로 종속절의 독립적 기능과는 관계가 멀어 보일 수도 있다. 그러나 복합문 구조가 유지되면서도 종속절의 내용만 구체적으로 명시되는 것은 본래 주절에 의존해서만 그 의미가 정의되는 접속절이 독립할 수 있다는 가능성을 암시한다. 그런데 주절의 대용은 두 가지 유형으로 구분할 수 있을 듯하다. 하나는 위의 (25)와 같이 전후 맥락을 참고하여 '하다, 그러다'가 대신하고 있는 내용을 추론, 해석할 수 있는 경우이다. 다른 하나는 복합문의 한 특정한 사용 맥락에서, 주절이 예측 가능한 요소로 한정됨에 따라 주절 부분이 대용 형식으로 채워지는 경우이다. 다음의 예를 보자.

(26) ㄱ. 기존 틀을 한번 깨 보자, 하는 얘기들, 오늘 좀 해 볼려고 해요/그래요.

ㄴ. 내 미래 부인도 일이 있었으면 하고. 그래야 서로 어려우면 감싸 줄 수 있지.

(26ㄱ)을 보면 선행절 'S1-으려고' 뒤에 '하다'나 '그러다'가 모두 대용이 가능하고, 대용 형식이 생략된 '오늘 좀 해 볼려고요.'만으로도 종결 기능을 할 수 있다. (26ㄴ)은 'S1-었으면'에 자주 후행하여 하나의 덩어리 표현을 이루는 '좋겠다'를 '하다'가 대용한다. 이러한 쓰임이 가능한 것은 복합문 전체가 나타내는 '화자의 의도', '화자의 바람' 의미를 선행절 'S1-으려고'와 'S1-었으면'이 각각 전담할 수 있기 때문이다. 즉 주절의 의미적 역할이 거의 없어서 대용이 가능했던 것으로 볼 수 있다.[32)]

첫 번째 유형이라고 할 수 있는, (25)에서와 같이 참고할 만한 맥락이 충분하고 반복 회피, 담화 결속 등을 목적으로 주절을 대용하는 것은 복합문이 사용될 때 주절이 아닌 종속절이 부각되는 배경을 제공한다. 물론 대용된 주절의 역할이 전혀 없는 것이 아니고 생략이 바로 가능하지도 않지만, 이러한 쓰임이 반복되는 것은 'S1-비종결어미'가 점차 후행절 없이도 쓰일 수 있는 형식으로 인식되는 데에 영향을 미친다. 두 번째 유형에 해당하는 (26)의 경우 일단 주절에 올 수 있는 내용이 상당히 제한적이어서 'S1-비종결어미 S2'가 하나의 고정된 구문으로 쓰이고, 이를 바탕으로 종속절이 전체 의미를 담당할 수 있게 되었다는 점에 힘입어 주절의 대용이 가능해진 것이다. 따라서 이는

---

32) 정연주(2017)은 '하다'의 기능 중 구문 내에서 잉여성을 띠게 된 '자리'를 채우는 역할이 있음을 밝혔다. 'S-으려고 하다', 'S-었으면 하다'의 '하다' 역시 그러한 사례에 해당한다.

사실 탈종속화가 이미 시작되었다는 증거가 된다. 동시에 이러한 쓰임이 반복되면 후행하는 요소가 아예 없이도 자연스럽게 홀로 종결 기능을 하는 단위로 더 발달할 수 있으므로, 탈종속화가 진전될 가능성을 시사하기도 한다.

둘째, 종속절 중에 분열문에서 초점 위치에 나타날 수 있는 것이 있다. 보통 '~ 것은 S1 - 접속어미 - 이다'와 같이 실현되는데, 구어 말뭉치에서는 적절한 예가 나타나지 않았지만 문어 말뭉치나 인터넷 검색에서는 종종 발견된다.[33] 아래 예는 화제 위치에는 주절이, 초점 위치에는 'S1 - 으려고', 'S1 - 어서', 'S1 - 으면서'와 같은 접속절이 오는 것을 보여 준다.

(27) ㄱ. 검색을 한 이유는 첫 번째로 내가 쓴 글이 업데이트됐는지 보**려고**다.
ㄴ. 국제적인 기업들이 한국에 투자했다가 실패한 것은 한국의 문화를 잘 몰**라서**다.
ㄷ. 스님의 인생이 변곡점을 맞게 된 것은 1970년대 후반 간디의 자서전을 읽**으면서**다.

---

33) 최윤지(2016:254)에서는 '것은' 분열문이 학술문에서 가장 많이 나타나고 그 다음으로 TV 뉴스에서 많이 사용되었다고 한 바 있다. 또 대화에서는 잘 쓰이지 않고, 자연대화에서는 더 드물다고 했다. 구어 말뭉치에서 사례를 찾지 못한 것과 상통하는 결과이다. 다만 문어 말뭉치에서는 가공대화를 비롯한 다양한 사용역에서 볼 수 있었고, 인터넷 검색을 통해서도 어렵지 않게 볼 수 있었다. 다음은 인터뷰 기사에서 인용한 예이다. '저 사람이 잘사는 건 부모에게 물려받은 재산이 많아서이고, 저 친구가 공부를 잘하는 건 과외를 해서이고, 저 인간이 출세한 건 줄을 잘 서서 계급이 높아졌고, 저 사람이 성공한 건 집안이 좋아서라고 쉽게 말한다.'

일부 접속 구문에서 선행절이 분열된 요소로 실현될 수 있다는 점은 이전부터 지적된 바 있다. 분열문에서 초점 위치에 올 수 있는 것을 곧 종속 접속의 기준으로 보거나(최재희, 1985) 접속절의 독립성 기준으로 보기도 했고(김영희, 1988), 분열문 형성 정도성은 접속절의 의미에 따라 차이가 있고 대체로 시간적 선행을 나타내는 경우 가장 자연스럽다는 결과를 내놓기도 했다(이은경, 2000:177-182). 중요한 것은 접속절의 의미적 특성에 따라 분열문 형성에 참여하는 정도가 차이가 난다는 점이다. 실제로 분열문 형성 사례 중 가장 흔한 것은 위의 (27ㄴ)과 같은 '-어서 원인 구문'이었다. 나머지를 보아도 (27ㄱ)은 목적절이지만 'S1-으려고'가 검색을 한 이유로 해석되고 (27ㄷ)은 시간절이지만 동시 관계보다는 사태의 시발점으로 해석된다. 모두 결과적으로는 초점 내용이 화제에 대한 넓은 차원의 '원인'으로 해석되는 구조라는 점에서 공통점이 있다.

사실 분열문 형성이 가능하다는 것은 접속절과 주절 간 관계가 긴밀하다는 점을 드러내는 것이지만, 초점 위치에 나타남으로써 주절과 분리될 수 있는 단위로 인식되는 효과를 주기도 한다. 분열문이 화자가 전달하고자 하는 내용에 대해 정보적 지위를 부여하는 표현 방법이라고 할 때, 접속절에 더 중요성을 부여했다는 점과 외형적으로 접속절이 분리되어 나타났다는 점이 주목된다.

셋째, 접속 구문에서 선행 접속절에 보조사가 결합되는 경우가 종종 있다. 분열문 형성과 마찬가지로, 보조사가 접속절에 결합될 수 있는 것은 해당 절이 후행 주절의 한 구성 성분이라는 징표가 되기 때문에 종속 접속의 특징으로 지적되곤 했다(이익섭·임홍빈, 1983; 최재희, 1985; 김영희, 1988 등). 주로 '는', '만', '도', '야'와 같이 강조와 한정 기능의 보조사 결합이 발견되는데, 각 보조사의 기능과 접속절 의미에 따라 결합 가능 여부에는 차이가 존재한다. 보조사 '는'은 '-는데' 정도를 제외하면 거의 모든 접속절에 결합이 가능하다. 아래 (28ㄱ)은 '-으니까 이유 구문'에 '는'이 결합한 것을, (28ㄴ)은 '-어서 원인 구문'에 '야'가 결합한 것을, (28ㄷ)은 '-더니 계기 구문'에 '만'이 결합한 것을 보여 준다.

(28) ㄱ. 남대문 거기 땅값이 비싸**니깐**(=비싸**니까는**) 그럴 만두 하긴 한데 뭐 그렇다구 맛이 특별한 거두 아니구.
ㄴ. 맘에 들면 돈이 안 맞고 돈이 맞으면 맘에 안 들고 이사가기가 이렇게 힘들**어서야** 어디 살겠니.
ㄷ. 속이 좀 메스꺼워 가지구 그 의사한테 얘기했**더니만** 뭐 약을 하나 바꿔 주더라고.

보조사 결합이 주목되는 것은 접속 구문에 따라서 'S1-접속어미-보조사'가 한 덩어리처럼 인식되고 주절로부터 독립될 가능성을 보일 수도 있기 때문이다. 실제로 '접속어미+보조사' 상당수는 통합형 어미로 분석되기도 하는데, 이는 역사적으로 새로운 접속어미가 생성되는 한 경로이기도 했다. 보조사 결합형이 종결 위치에 잘 쓰이면, 그 자체가 탈종속화를 겪을 수도 있다. '-고서 시간절'과 '-어서 원인절'과 관련된 두 가지 사례를 간단히 살펴보자.

먼저 'S1-고서'에 보조사 '-야'가 결합된 형식이 보통 'V-지 않고서야', 'N이 아니고서야'와 같이 고정되어 쓰이는 경우가 있다. '돌지 않고서야, 미치지 않고서야' 혹은 '바보가 아니고서야'와 같이 주로 부정적이거나 극단적인 기준을 제시하는 내용이 오는 예가 많다. 다음의 예를 보자.

(29) ㄱ. 미치지 않**고서야** 어느 선출직 의원이 국민을 들쥐라고 말하겠나.

ㄴ. 담당자들이 모두 까막눈이 아니**고서야** 어떻게 장부가 잘못된 걸 모를 수 있는가.

(29ㄱ)은 '미치면 그런 말을 할 수 있다, 미치지 않으면 그런 말을 할 수 없다'가 일차적 해석이지만 화자의 진짜 의도는 '선출직 의원이 그런 말을 할 가능성이 매우 희박함'을 의미함과 동시에 그런 매우 희박한 일이 발생한 데 대한 반응을 나타내는 데 있을 것이다. (29ㄴ) 역시 '까막눈이면 장부가 잘못된 걸 모를 수 있다'가 아니라 그렇게 발생하기 어려운 일이 일어난 데 대한 화자의 반응을 나타내는 것이 진짜 의도라고 볼 수 있다.

그런데 이럴 때 화자가 후행절 없이 'S1-고서야'만으로 발화를 끝냄으로써 화자의 반응을 독백처럼 표현하기도 한다. 상황 설명이 함께 제시된 다음의 예를 보자.

(30) ㄱ. (지인이 범죄에 연루되었다는 소식을 듣고 있는 상황)
마약 배달을 해 줬다구요? 돈에 환장하지 않**고서야**.

ㄴ. (고공 활강 놀이기구를 앞에 둔 상황)
진짜 위험해 보이네요, 안전장치도 없고. 웬만한 강심장 아니**고서야**.

위와 같이 후행절이 생략된 'S1-고서야'의 용법은 아직 일부 사례에 국한된 것으로 보인다. 그러나 극단적인 기준점과 연합되고 후행절이 생략된 채 쓰이는 일이 많아진다면, 탈종속적 발달을 통해 화자의 감탄 표현 단위 따위로 굳어질 가능성도 없지 않다.

또 '-어서 원인 구문'에서 유래한 'S1-어서야'가 후행절이 생략되어서 화자의 태도나 감정을 수반하는 듯한 쓰임을 보이는 경우가 있다. 다음의 예를 보자.

(31) ㄱ. 힘을 내서 다시 한번 붙어봐야지 말이야. 원 사내자식이 저렇게 약**해서야.**

ㄴ. OO항공 마일리지 다 쓰고 XX항공으로 갈아타야겠어요. 이렇게 예약이 어려**워서야.**

(31ㄱ, ㄴ)에서 'S1-어서야'는 인과를 나타내는 접속 구문에서 유래했는데, 생략된 결과절을 구체적으로 복원하기가 어려워 보인다. 뒤의 3.4에서 다시 언급하겠지만, 원인절만 제시되었을 때 결과절을 예측하는 일이 상당히 어렵고, 이는 인과 관계 접속 구문에서 탈종속절이 잘 발생하지 않는 하나의 배경이기도 하다. 그런데 'S1-어서야' 같은 경우 일단 부정적 내용의 결과가 이어질 것이 얼마간 예측되기 때문에 후행절 생략이 자연스럽게 발생하는 것이라고 가정해 볼 수 있다.

마지막으로 넷째, 종속절과 주절 사이에 다른 요소가 개입하는 일이 있다. 특히 접속절과 주절 간에 접속사가 쓰이는 예가 가장 흔하다. 접속사는 두 절 사이를 연결해 주는 양상을 띠는데, 주로 담화 표시 기능을 하지만 경우에 따라 접속사가 빠지면 두 절이 하나의 복합문으로 잘 복원되지 않기도 한다. 이는 접속사로 이어지는 두 절이 접속절과 주절 관계보다는 각각 독립된 절로 인식될 가능성을 암시해 준다. 다음의 예를 보자.

(32) ㄱ. 거기가 고산 지대니까, <u>그러니까</u> 비교적 시원하고, <u>그래서</u> 관광객들이 많이 오고, <u>그래서</u> 관광 도시로 조금 유명한…

ㄴ. 나도 과외 받은 적 없는데, <u>그래서</u> 난 과외를 어떻게 하는지도 몰라.

(32ㄱ)에서 '그러니까'는 빠져도 내용이 달라지지 않는, 두 절 사이에 단순 개입된 요소로 볼 수 있고, '그래서'는 '-고'가 이끄는 절을 연결하면서 둘 사이의 의미 관계를 명확하게 해 준다. (32ㄴ)의 '그래서'도 마찬가지로 각각 완결된 두 문장 '나도 과외 받은 적 없는데'와 '난 과외를 어떻게 하는지도 몰라'를 연결하면서 인과 관계를 분명하게 드러낸다.

접속절이 내용상 자신의 주절이 아닌 절과 병렬되는 것은 화용적으로뿐만 아니라 통사적으로도 독립성을 보이는 증거가 된다. Lombardi Vallauri(2016)은 이탈리아어에서 요청 기능을 하는 se(=if) 조건절이 così(=so)에 의해 독립절과 등위 접속되는 예를 보이면서, 이는 요청의 자립 조건절이 독립성이 있음을 증명한다고 했다.

(33) 이탈리아어 se 자립 조건절

domani sono in ufficio <u>**se** mi puoi fare un colpo di telefono</u> <u>**così** ne parliamo un attimo</u>

tomorrow I.am in office **if** to.me can:2sg do a hit of telephone **so** we can speak a little
'내일 제가 사무실에 있어요. 전화 주세요. 그럼 통화할 수 있을 거예요.'

물론 위와 같은 예는 드문 편이고, 약간 어색하기는 해도 여전히 주절 복원이 가능한 자립 조건절의 사례가 더 많다. 그러나 탈종속적인 se절이 충분히 주절과 같이 인식될 수 있음을 보여 주기 때문에 주목할 만하다. 이 글에서 검토한 한국어 사례에서는 완벽하게 등위 접속을 이루는 경우는 발견하지 못했지만, (32ㄴ)처럼 온전한 접속절-주절 관계라고 보기에 어색한 예들은 꽤 있었다. 자연 발화에서 특히 흔하게 발견되는 접속절과 접속절의 다중 나열, 접속절과 주절 혹은 접속절과 접속절이 '그러니까(그니까, 근까), 그래서, 그런데(근데)' 등의 접속사에 의해 이어지는 많은 사례들은 선행 접속절이 주절과 관계가 끊어질 수도 있는 단위임을 잘 보여 준다.

지금까지 탈종속화의 징후로 볼 수 있는 네 가지 현상을 살펴보았다. 이들은 서로 간에 연관성이 없는 개별적인 현상들일 뿐이고, 탈종속절 후보가 모두 이와 관련된 양상을 보이는 것도 아니다. 그렇지만 복합문에서 종속절이 어떻게 분리될 수 있는지, 어떻게 주절보다 더 중요한 기능을 한다고 인식될 수 있는지 단서를 제공해 준다. 더 중요한 것은 일부 현상은 이미 주절로 인정되어 종결 형식으로서 재분석된 사례와도 관련성을 보인다는 점이다. 종결어미 '-을걸'과 '-지'의 일부 용법에서 마치 주절을 내용하는 것처럼 '그러나'가 후행하는 예가 있는데, 이를 일종의 탈종속화의 흔적으로 이해해 볼 수 있다.

'-을걸'과 '-지'는 일부 용법에서 유사한 의미를 나타낸다. 먼저 '후회, 아쉬움'을 표현하는 '-을걸'의 경우를 보면, 'S-을걸' 뒤에 무엇을 대신하는지 정확히 알 수 없으나 '그랬다'가 함께 쓰이는 일이 종종 있다.

(34) ㄱ. 차라리 암이라는 말은 해 주지 말 걸 그랬어요.
ㄴ. 미용실 좀 다녀올걸 그랬어. 머리가 너무 엉망이야.
ㄷ. P1: 어 그믄 이거를 더 복사할걸 그랬다.
P2: 어 X장밖에 안 했는데,

위의 예에서 '-을걸, -을 걸' 표기 방식은 말뭉치를 그대로 따랐다. '그랬다'가 후행절을 대용하는 것이라고 한다면 정확히 대용되는 내용이 무엇인지 알 수는 없다. 다만 '선행절 내용 그대로 안 했다/됐다'에 상응한다는 점은 알 수 있으므로, 과거형으로 쓰이는 것이라고 추정된다. 이러한 예는 앞서 탈종속화의 징후로 꼽은, 주절을 대용하는 현상에 해당한다. 독립적 종결 형식으로 정착되었다고 하는 'S-을걸'도 여전히 접속형일 때의 구조와 연관성이 끊어지지 않았음을 알 수 있다. 일부 예에서 관형사형 어미 '-을'과 '걸'을 여전히 분리적으로 인식하고 사용하기도 하는데, 혼재된 띄어쓰기 방식이 이를 반영하는 것으로 보인다.

유사한 양상을 종결어미 '-지'의 한 용법에서도 찾아볼 수 있다. '-지'는 접속 구문에서 후행절의 생략을 통해 만들어졌다고 알려져 있는데, 현대국어에서 높은 빈도로 쓰이면서 다양한 기능을 한다. 사실상 탈종속화 과정 중에 있다고 볼 수 없음에도 불구하고 다음과 같이 '-을걸'과 유사한 예가 나타난다.

(35) ㄱ. 전화를 아예 바꿔 주지 그랬어, 그럼. 그렇게 당당하고 싶으면 대놓고 나한테 받아보라고 하지.

ㄴ. P1: 까만 바지만 벌써 세 갠데 또 샀는거라.

P2: 아 언니 화사한 색으로 사지 그랬어.

ㄷ. P1: 기다리게 해서 미안. 뭐 좀 마시고 있지 그랬니?

P2: 너 오면 같이 시키려구.

위의 (35)에서 'S-지'는 '화자의 판단으로는 현재와 비교할 때 더 당위성이 있다고 보이는 비실현된 사태'를 담고 있다. '전화를 아예 바꿔 주지', '화사한 색으로 사지', '뭐 좀 마시고 있지'는 해당 사태가 실현되지 않았음을 함의한다. '그랬다'가 없이 'S-지'만으로 문장을 끝맺어도 의미 차이가 없다. 그렇다면 'S-지'에 후행하는 요소를 어떻게 이해해야 할까?

'S-을걸'과 'S-지' 모두 후행절이 있는 비종결 형식으로부터 발달했다는 점을 생각하면, '그랬다'가 정확히 어떤 내용을 대신하는 것인지 알기는 어려워도 어떤 빠진 부분을 채우고 있는 것이라고 쉽게 가정할 수 있다. 앞서 'S-을걸 그랬다'의 경우 본래 '선행절 내용대로 되지 않았음'과 관련된 내용이 후행했을 것이고, 그 자리를 채우는 것으로 보았다. 'S-지 그랬다' 역시 본래 후행절에는 'S-지'가 나타내는 사태가 비실현됨과 관련된 내용이 왔으리라 예측된다. 한 가지 다른 점은 'S-을걸'은 화자 자신은 물론 상대방이 관여된 사태도 표현할 수 있지만 'S-지'는 상대방이 관여된 사태에 대해서만 표현할 수 있다는 것이다. 즉 비실현된 사태의 실천 주체가 'S-지'의 경우는 2인칭으로만 한정된다.

종결어미 '-지'의 형성을 다룬 이지영(2008ㄱ)에서는 종결어미로서의 쓰임이 18세기 말부터 확인되어 19세기 말에 활발해졌다고 하면서, 기원이 된 접속 구문의 특성과 변화에 주목하였다. 중세국어의 '-디ᄫᅵ 접속 구문'은 대립, 양보 관계를 주로 나타냈는데, 후행절에는 부정문, 수사의문문 같이 부정 함의를 가지는 절이 주로 왔다.[34] 그러다가 점차 후행절에 대한 인식적 판단 기준이 되는 내용이 선행절에 오면서, 후행절 사태에 대한 화자의 태도를 전달하는 일종의 배경절로도 기능하게 되었다. 또 후행절이 접속에 의해 복문화되면서 'S1-지'는 오히려 후행절에 대해 독립적으로 인식되는 변화도 발생하였다. 이는 모두 절 결속력 약화와 관련되며, 종결어미 '-지'의 발달에 원인을 제공했다고 한다.

추정컨대 종결어미로의 발달 과정에서, 후행절이 생략되든지 혹은 이탈이 되든지 하면서 'S-지'는 독립적 단위로 정착되었을 것이다. 생략의 경우를 가정하면 상대적으로 중요하지 않다고 여겨지는 후행절이 생략되기 쉬운데, 부정문이나 수사의문문은 더 생략되기 쉬운 요소였을 것이다. 선행절에는 화자가 판단하기에 실현되는 것이 마땅하거나 더 좋다고 여기는, 따라서 실현되기를 바라는 사태가 왔을 것

34) 선후행절 간 대조 관계를 나타내는 '-지 접속 구문'은 현대국어에서도 잘 쓰이고 있다. 다음은 말뭉치에서 인용한 예이다.

ㄱ. 사실 저는 애가 손이 작은 것도 아닌데 조금 막 쪼잔하게 사**지** 크게를 잘 못 사요. 돈을 크게를 못 써.

ㄴ. 앞으로의 문제는 당사자한테 달린 거**지** 이 늙은이야 무슨 상관 있나요.

이다. 그런데 청자와 관련하여 당위성을 부여하여 말하고 싶은 사태가 이미 발생한 사태와 대조되는 상황이 존재할 수 있다. 'S-지'의 종결 용법이 완전히 정착되지 않은 단계에서라면 화자는 접속 구문을 사용할 것인데, 대략 선행절에는 비실현된 사태가 오고 후행절에는 그에 대한 화자의 태도를 담은 내용이 올 것이다. 부정적 태도를 함의할 수 있다면 구체적 내용에는 제한이 없겠지만, '그렇게 하지 않았다, 왜 그렇게 하지 않았어?' 식의 부정문이나 수사의문문과 관련될 확률이 높다. 'S-지'만으로도 해당 상황에 대한 화자의 태도를 충분히 나타낼 수 있게 되면 후행절은 중요성이 떨어지게 되므로 대용될 수도, 생략될 수도 있다.

간단히 예를 들자면, '전화를 바꿔 주지 왜 안 바꿔 줬어?'라는 접속 구문이 쓰이다가 후행절이 생략되면서 하강 억양이 수반되는 '전화를 바꿔 주지.'만으로도 바라던 사태가 비실현된 데 대한 화자의 아쉬움을 나타낼 수 있게 된다. 그리고 그 중간적 양상으로서 '전화를 바꿔 주지 그랬어.'도 남아서 쓰이게 되는 것이다. 결국 'S-지 그랬다'에서 '그랬다'는 흔적이라고 볼 수 있는데, 지금으로서는 '그랬다'가 정확히 무엇을 대용하는지 알기 어렵고 실질적 의미를 갖지도 않는다. 그러나 과거형이 표시되어 있고 'S-지'에 수반될 억양을 나타내면서 종결 기능을 한다는 점에서 역할이 전혀 없는 것은 아니다.

후행 요소가 뒤따르는 문제와 관련하여 또 하나 살펴볼 사례가 있는데, 바로 'S-지 그래'이다. 보통 청유나 제안을 나타내는 'S-지'와 함께 쓰이는 '그래'는 사전에서는 친근하게 표현할 때 사용하는 보조사로서 '-구먼, -군, -네, -지'와 같은 일부 종결어미 뒤에 쓴다고 기술하고 있다. '그래'가 함께 쓰일 때와 쓰이지 않을 때 의미 차이는 없다. 그런데 앞의 세 어미가 '새로 앎, 깨달음'의 양태적 의미와 관련되고 평서문뿐만 아니라 감탄문을 실현할 수 있다는 점에서 공통점이 많은 데 반해 '-지'는 다소 이질적이다. '그래'가 뒤따르는 'S-지'는 청유나 제안을 나타내고, '그래' 외에도 청유나 제안 의미를 실현할 수 있는 다른 '그러다' 종결형이 다양하게 후행한다. 아래 예를 보면, 후행하는 '그러다'가 구체적으로 무엇을 대용하는지는 알 수 없으나, 앞서 'S-지 그랬다'와 비슷하게 'S-지'에 수반될 상승 억양을 대신 나타내면서 종결 기능을 한다.

(36) ㄱ. 머리도 복잡할 텐데 한 일주일 바람이나 쐬다 오지 그래?
ㄴ. 여자니까 배려 좀 하지 그러냐,
ㄷ. 마스크 끼고 일하지 그러세요?

이러한 '그래'의 쓰임에 대해 양명희(1998:162)은 선행 문장의 어떤 특정한 성분으로 대치할 수 없지만 선행 문장의 서법(문장 유형)에 따라 그 내용이 결정되므로 대용과 무관하지는 않다고만 간략히 언급하였다. 이 글에서는 'S-지 그래' 역시 'S-지 그랬다'와 마찬가지로 기원이 된 접속 구문에서 후행절이 대용되었던 용법이 흔적으로 남았다고 본다. 흔적으로 남은 자리를 채우는 '그러다'는 'S-지'가 나타내는 후회나 아쉬움 또는 청유나 제안 의미에 알맞은 서술어로서 종결 기능을 수행할 수 있다. 덧붙여, '*더 복사할걸 했어, *전화를 바꿔 주지 했어, *바람 좀 쐬고 오지 해'에서 보듯이 'S-을걸'과 'S-지' 모두 '그러다'는 쓰일 수 있지만 '하다'는 불가능한데, 탈종속화 이전에 절 단위가 '그러다'로 대용되었음을 가정할 수 있다.

종결어미 '-지'는 의미가 다양해서, 그 해석을 억양과 맥락에 의지하는 바가 크다. 보통 제안의 의미는 상승 억양을, 비실현된 과거 사태에 대한 화자의 태도(후회, 아쉬움)는 하강 억양을 수반한다. 동일한 문장이 두 가지 의미로 모두 해석될 수 있는 경우 억양과 맥락이 중요한 역할을 하지만, 후행하는 '그러다'도 중의성을 해소하는 데 도움이 될 수 있다. 아래 두 예를 보면 '먼저 전화를 하지'에 어떠한 '그러다'가 뒤따르냐에 따라 구별되어 해석된다.

(37) ㄱ. 먼저 전화를 하지 {그랬어}. 그러면 내가 바로 약속을 잡았을 텐데.
ㄴ. 먼저 전화를 하지 {그래}. 더 이상 연락을 기다릴 시간이 없어.

후행절의 대용 형식 사용과 관련하여 하나 더 살펴볼 문제가 있다. '-고'가 이끄는 접속절 뒤에 '그러다'가 오는 예가 매우 많은데, 이는 문법상으로는 상위 서술어 '그러다'가 'S-고'를 내포절로 취한다고 기술된다. 이때 선행하는 'S-고'는 독립성 있는 단위로 인식되기가 쉽다. 예에 따라서 '그러다'가 있든지 없든지 기본적 의미 차이가 없는 경우가 있고, 없으면 문장이 종결되지 않는 듯 보이는 경우도 있다. 다음의 예를 보자

(38) ㄱ. 야 나 영어 회화 숙제 나오면 좀 도와주고 {그래}.
ㄴ. 미래를 위해서, 생각 있으면, 돈 좀 모아 놓고 {그래라}.
ㄷ. 그때는 학교에서 금방 졸업했고 그러니깐 뭐 그냥 아주 살도 막 통통하고 {그랬어요}.

ㄹ. 언니 그거 다 하면요. 나중에 술 먹을 때는, 술 먹으러 못 가고 {그렇잖아요}.

(38ㄱ, ㄴ)은 마치 제안의 'S-지 그러다'와 같이 '그래, 그래라'가 단지 자리를 채우고 있을 뿐 의미상 잉여적이다. 두 예의 '좀 도와주고'와 '돈 좀 모아 놓고'는 그 자체로 상대방에게 요청, 명령 의미를 전달할 수 있는 종결된 문장으로 볼 수 있다. 이는 'S-고'가 독립적으로 일정한 기능을 할 수 있고, 뒤따르는 '그러다'는 흔적으로 남은 것이라고 이해할 수 있다. 한편 (38ㄷ, ㄹ)은 '그랬어요, 그렇잖아요'가 없다고 해서 'S-고'만으로 문장을 끝맺는 것이 불가능한 것은 아니지만, 자연스럽지 않고 무언가가 생략된 느낌이 강하게 남는다. 이때의 '그러다'는 접속절 뒤에 쓰여 문장을 끝맺음과 동시에 제시되지 않은 다른 것이 있음을 나타내는 유형화 기능도 한다고 볼 수 있다(신지연, 1998:142-143).

(38ㄱ, ㄴ)과 (38ㄷ, ㄹ)의 차이는 'S-고'의 종결 기능이 부분적으로 발달하고 있음을 보여 준다. 요청, 명령의 의미는 이미 굳어져서 선행절만으로도 충분히 수행할 수 있고 '그래, 그래라' 등은 잉여적이다. 그러나 그 외의 예에서는 'S-고' 뒤에 무엇이 되었든 문장을 끝맺어 주는 요소가 오지 않으면 갑자기 중단된 문장처럼 느껴지기 쉽다. '-고'는 종결어미로서도 인정되고 있는데, 사전 기술이나 관련 논의를 보면 '부드러운 명령, (항의, 빈정거림 등을 동반하는) 반문' 두 가지 기능으로 정리된다.

'-을걸, -지, -고'의 일부 용법에 남아 있는 주절의 대용과 관련된 탈종속화의 흔적에 대해 논의해 보았다. 주절의 대용, 분열문 초점 위치 출현, 보조사(는, 만, 도, 야)의 결합, 종속절-주절 간 다른 요소의 개입 등은 탈종속화가 일어날 만한 가능성을 보여 주는 현상이다. 어떤 종속절이 해당 현상과 관련된 행동을 보이는 예가 지속적으로 관찰된다면 탈종속절 후보로 고려할 수 있을 것이다. 또 이들은 비종결 형식에 기원을 둔 종결어미가 보이는 일부 특이한 용법을 설명하는 데도 적용될 수 있다.

3.4. 기원 구문의 의미적 특징과 탈종속화의 관계

탈종속화가 잘 발생하는 환경이 있는가에 대해 Evans & Watanabe (2016)은 몇 가지 추정을 내놓았는데, 간접적 말하기, 생략하여 말하기를 중요시하거나 선호하는 문화권(예를 들어 일본어), 면대면 대화가 활발히 일어나는 상대적으로 소규모의 언어 공동체(예를 들어 호주 원주민 언어들) 등 더 호의적인 문화적 배경이 있을 수 있다고 했다. 그러나 명시적 표시를 선호하는 문화권(예를 들어 독일어)에서도 의사소통상에서나 특정 담화 장르에서는 탈종속화가 잘 발생하므로, 결국 탈종속화는 보편적인 현상으로 보는 것이 적절하다고 했다. 탈종속하는 언어 사용상의 동기에 의해 자연스럽게 발생하는 현상이라고 할 수 있다.

언어 내적 특성으로 봤을 때, 종속절이 주절에 선행하는 구조를 가진 언어가 상대적으로 화자가 주절을 생략하고 나머지 해석을 청자에게 넘겨주기가 용이하기 때문에 더 유리한 측면이 있기는 하다. 한국어 접속 구문에서 접속절이 후행절 없이 잘 쓰이는 것도 그 증거라고 할 만하다. 앞서 2.2에서 탈종속화의 동인 및 기능과 관련하여, 종속절과 주절이 각각 명제와 양태를 나타내는 부분으로 인식될 때 주절 없이 쓰이는 일이 잘 발생할 수 있고, 수사의문문과 같이 의미 부담량이 적은 의문형 서술부가 또 잘 생략될 수 있음을 언급했다.

본 절에서는 범위를 조금 달리하여 선후행절 간 관계의 성격과 탈종속화 사이의 연관성에 대해 살펴보고자 한다. 여기에서 선후행절 간 관계는 시간적 관계(선행, 동시 등)와 논리적 관계(조건, 양보, 원인, 이유, 목적 등)를 말하는 것으로서, 한국어에서는 전통적으로 종속접속절이 주로 담당하는 영역이었고, 범언어적으로는 보통 부사절의 영역으로서 다루어진다.

종결 위치에 자주 놓이는 탈종속절 후보 중에는 접속절이 다수를 차지한다. 어떤 요소가 더 흔하게 종결 기능을 하고, 더 쉽게 독립성을 얻을 수 있는지는 복잡한 문제이다. 보통은 나열, 대조, 배경 구문 등과 같이 선후행절 간 통사적·의미적 통합성이 낮은 편인 접속 구문이 그러하다고 가정하기 쉽다.[35] 그런데 종결 용법을 잘 보인다고 그간 보고되어 온 접속어미들을 보면 공통된 특징이 있어 보이지 않고, 이른바 대등접속어미부터 종속접속어미까지 두루 분포하고 있다. 어떤 환경의 접속어미가 종결 기능을 더 잘 보이는가에 대해 유현경(2003)은 대체로 '이유, 나열, 대조'가 그러하다고 했다. 선후행절 간 통합성과 탈종속화가 일정한 관계를 이루지 않는 것은 분명해 보인다. 하지만 어떤 의미 범주는 다른 것에 비해 상대적으로 생략이나 도치가 잘 발생하거나 하는 약간의 경향성이 존재할 수는 있다. 크게 '조건, 대조(양

---

35) 이은경(2000)은 통사적 특성을 고려할 때 접속 구문에서 선행절의 독립성 정도가 '대조〉나열〉선택〉배경〉원인〉조건〉양보〉결과〉선행'의 경향성을 보인다고 했다.

보), 원인(이유)과 시간' 세 부분으로 나누어서 접속 구문의 의미적 관계의 특징과 탈종속화 간 연결 고리를 살펴볼 것이다.

1) 조건-결과 관계

지금까지 유형론적 연구들을 보면 조건절이 독립적으로 쓰이는 예가 월등히 많이 보고되었다. 이에 대해 Lombardi Vallauri(2016)은 조건절이 다른 종속절에 비해 후행절과 맺는 관계가 매우 포괄적이기 때문에, 이른바 '모호함을 표현하는 데에 더 적합함'을 이유로 들었다. 물론 관계가 포괄적이라고 보기 어려운 원인, 목적 등을 나타내는 절도 탈종속화를 겪을 수 있고, 그들도 조건절이 주로 수행하는 완화된 '요청' 의미를 나타낼 수 있다.[36] 그러나 조건절만큼 여러 언어에서 공통적으로 발견되고 다양한 기능을 할 수 있는 다른 범주의 종속절은 드물다고 보았다.

한국어에서 조건과 관련된 대표적 형식은 '-으면 접속 구문'이다. 그런데 유형론 연구에서 지적하는 것처럼 다양한 기능을 한다거나, 특히 간접적 '요청' 의미와 특별히 연합된다고 보이지는 않는다. 종결 위치에 조건이나 시간적 관계를 나타내는 절이 잘 쓰이지 않는다는 점은 선행 연구에서도 지적된 바 있고(유현경, 2003), 말뭉치 검토 결과, 일단 '-으면 접속 구문'에서 선행 접속절이 후행절 없이 쓰이는 예 사제가 상당히 적은 편이었다. 다만 이 글에서는 'S-었으면'이 탈종속절로 발달할 수 있고, '얼마나 ~ -(었)으면'도 가능성이 있다고 본다(4

36) 공손한 요청이 목적절로 표현되는 경우도 있다. Evans(2007:381)은 폴란드어에서 목적절 표지 żeby(=in order that), 인도네시아어에서 목적절 표지 supaya(=in order that)를 예로 들었다.

장의 4.1.2와 4.2.4 참고). 이들은 모두 구체적 구문을 기반으로 삼은 형식이다.

'-으면 조건절'과 '요청' 의미의 관련성에 대해 보자. 다음 예와 같은 용법을 보면 후행절이 생략되면서 'S-으면'만으로도 요구 사항을, 다소 조심스러운 태도로 나타낼 수 있기는 하다. 생략된 부분을 추론해 볼 때, 괄호 안에 제시된 의문문 정도가 적절해 보인다. 조건절에 '-어 주다'가 오면 그것이 단서가 되어서 요청 의미로의 해석이 조금 더 자연스럽게 느껴진다.

(39) ㄱ. P1: 이번 프로젝트, 진짜 중요한 일인데, 누가 하지?
P2: 저기, 제가 하면 {안 될까요?, 안 돼요?} / 저기, 제가 했으면 {좋겠어요}.
ㄴ. P1: 여기 사인 좀 해 주시면 {안 될까요?, 안 돼요?} / 여기 사인 좀 해 주셨으면 {좋겠어요}.
P2: 아, 네. 펜이랑 종이 주세요.

위의 예들은 'S-으면 되다/안 되다'와 관련된다고 가정할 수 있다. 'S-으면 되다'는 조건절 사태가 갖추어지면 그것으로 충분함을 뜻하는데, 해당 형식 전체가 허락 의미로 더 잘 쓰이는 듯하다. 이와 반대로 'S-으면 안 되다'는 조건절 사태가 갖추어지는 데에 부정적이고 반대함을 뜻하는데, 전체가 제한 혹은 금지의 의미로 흔히 쓰인다.

(40) ㄱ. 약주로 한두 잔 정도 먹는 술이기 땜에, 많이 마시**면 안 되구요.**
ㄴ. 출장갈 때 나도 어떻게 옆에 빌붙어서 가**면 안 될까?**

(40ㄱ)은 'S-으면 안 되다'가 금지의 의미를 나타내는 것을, (40ㄴ)은 후행절이 의문문으로 실현되어 허락을 구하는 것이 됨으로써 접속 구문 전체가 요청 기능을 간접적으로 하게 됨을 보여 준다. 요청은 소극적 체면위협 행위로 볼 수 있고, 이러한 허락 구하기 방식은 일종의 공손 전략이 된다. 그리고 앞서 (39)와 같은 생략은 아마도 'S-으면 안 되다'가 허락을 구하는 방식의 요청 표현으로 쓰일 때 발생할 수 있을 것이다.

그렇다면 'S-으면 안 되다'의 선행 조건절이 그 자체로 요청 표현으로 기능한다고 볼 수 있을까? 'S-으면'이 단독으로 쓰였을 때 요청의 의미가 얼마나 잘 예측되느냐가 관건인데, 어느 정도 이상의 고정적 연합이 있어야 한다. 다음의 예는 이를 'S-었으면'과 비교하여 보여 준다.

(41) ㄱ. 빈자리에 앉으면.
ㄱ'. 빈자리에 앉았으면.
ㄴ. 빈자리에 앉아 주면.
ㄴ'. 빈자리에 앉아 주었으면.

(41ㄱ)을 보았을 때는 '(내가) 빈자리에 앉으면 안 되니?/안 될까?' 등과 금방 연결되기 어려운 데 반해 (41ㄱ')은 화자의 바람이 드러나는 '(다리 아픈데) 빈자리에 앉았으면 좋겠어' 정도로 읽히기가 쉬운 편이다. 상대적으로 (41ㄴ)은 (41ㄱ)에 비하면 '빈자리에 앉아 주면 안 되니/안 될까?'와 같이 조금 더 상대방을 향한 요청 발화로 해석될 가능성이 있는데, '-어 주다'가 단서가 된 덕분으로 볼 수 있다. (41ㄴ')은

화자의 바람으로 잘 해석되는데, 자신의 바람을 발화함으로써 그 내용을 청자가 수행하도록 하는 역할도 한다. 즉 소망 표현이 상황에 따라 요청 기능을 간접적으로 수행하는 것이지 'S-으면'의 기능은 아니다. (41ㄱ)이 뒤의 예들과 비교할 때 단독적으로 쓰이는 것이 가장 어색하고, (41ㄴ)은 나은 편이기는 하나 일단 둘 다 후행절 예측이 일정하지 못하다. (41ㄴ)의 경우 생략된 후행절을 복원한다고 할 때, '안 될까?, 안 돼?, 안 되니?' 등 외에 '좋겠어, 좋겠는데' 등도 어색하지 않다.

이처럼 예측이 일정하지 못하여 복원 후보가 분명하지도 제한되지도 않는다는 점을 보면 'S-으면'이 바로 요청으로 인식되기는 쉽지 않음을 알 수 있다. 구체적인 환경이 주어진 경우에는 조건절만으로도 그렇게 해석될 수 있지만, 특정한 의미가 연합되어 있다고 보기는 어렵다. 'S-으면 안 되다' 의문문이 요청을 나타낼 때 후행절을 생략함으로써 체면위협을 경감시키는 효과를 가질 뿐, 'S-으면'만으로 '요청'이 바로 연결될 수 있는 것은 아니다.

유형론적으로 조건절은 후행 사태와 어떤 관계를 특정하지 않으면서 공존을 표시할 수 있다고 지적된다. 이는 후행절에 올 수 있는 내용에 제한이 별로 없음을 뜻한다. 독립적 조건절이 여러 언어에서 빈번하게 쓰이는 것은 이것이 부호화하는 '조건-결과' 관계가 의미적으로 비어 있어서 후행절이 생략되었을 때 여러 가지로 해석될 수 있기 때문이다(Lombardi Vallauri, 2016). 해석이 다양하다는 것은 조건절이 후행절과 맺는 관계가 다양하게 열려 있다는 말이다. 그중 특정 맥락에서 고정적으로 쓰이는 어떤 의미는 관습화되어 조건절 자체의 새로운 의미가 될 가능성이 생긴다.

그런데 한국어의 조건절 'S-으면'이 상대적으로 더 많이 독립적 단위로 쓰이면서 여러 기능을 하는지에 대해 단언할 수는 없다. 일단 종결 위치에서 나타나는 비율이 적은 편이었다. 하지만 '조건-결과' 관계에서 후행절에 올 수 있는 내용은 제한이 거의 없고, 그 결과 다양한 하위 구문이 생성될 수 있으며, 그것을 바탕으로 탈종속적 발달이 발생할 가능성을 가정할 수 있다. 'S-었으면 좋겠다'와 관련하여 발달했을 것으로 보이는 'S-었으면'이 그 예가 된다.

조건절이 탈종속화를 겪기 쉬운 경향이 있다는 점과 관련하여 또 생각해 볼 것이 있다. '-으면 접속 구문'이 아니어도 조건 관련 형식은 존재한다. 일찍이 구현정(1989)에서는 주제와 조건의 의미적 공통성이 있음을 밝혔는데, 이로써 주제 표지(는/은) 결합형 중 일부는 조건을 나타낼 수 있음을 알 수 있다. '는'이 결합된 종속절을 관찰해 보면 탈종속화 가능성을 발견할 수도 있다. 한 예를 보자면, 'S-기는'을 들 수 있다. 실제로 '-기는'이 관여된 구문은 아래와 같이 다양하다.

(42) ㄱ. 국화를 즐기기 위해 국화분을 고르**기는** 요즘이 가장 알맞다.
ㄴ. 피자를 먹**기는** 다 먹었어. 근데 맛은 별로 없더라.
ㄷ. 놀리**기는** 누가 놀려? 니가 오해한 거야.

본래 '-기는'은 (42ㄱ)과 같이 명사절을 주제화하는 데 쓰이다가, (42ㄴ)처럼 양보의 의미를 나타내게 되고, (42ㄷ)처럼 후행하는 의문문과 주로 어울려 부정을 나타내는 데까지 확대되었다(구현정, 2012). 그리고 (42ㄷ)과 같은 구문을 기반으로 삼아 탈종속절로 발달할 가능성이 있다. 이는 조건절은 아니지만 '는'이 결합하여 주제화되는 경우 조건-결과 구문과 마찬가지로 포괄적인 관계를 맺으면서 이어질 수 있고, 후행절이 생략되었을 때 여러 해석의 장을 제공할 수 있다. 그중 관습화된 의미는 '는'이 결합된 선행절과 연합되면서 탈종속절로 발달할 수도 있을 것이다.

사실 '는'이 결합한 형식이 특정한 의미를 가지면서 종결 위치에서 쓰이지만, 그 기원을 알기 어려운 예가 몇몇 존재한다. 그중 하나가 조사로 처리되고 있는 '하고는'이다.

(43) ㄱ. 고등학교는 공립을 나왔는데, 난 지금도 사립 선생님들**하고는** 연락하고,
ㄴ. 강아지 장난감 주자마자 아주 질겅질겅 씹어 댑니다. 성질머리**하고는.**
ㄷ. 질문 수준**하고는.** 기본적인 개념도 모르고 초등학생만도 못한,

위의 예를 보자. (43ㄱ)과 같이 조사 '하고'와 '는'의 통사적 결합으로서 단순히 쓰이기도 하지만, (43ㄴ, ㄷ)을 보면 결합하는 명사에 대하여 화자가 부정적 태도나 감정이 있음을 나타낼 수 있다.[37] 특이한 점은 '하고는'이 하나의 단위로서 복합형 조사로 볼 수 있으나 거의 항상 종결 용법으로만 나타난다는 것이다. 어떻게 양태적 의미를 가지게 되었는지 알 수 없으나, 전체의 일부였던 'N-하고는'의 탈종속화를 가정해 볼 수 있다.

조건절 그리고 주제 표지 '는' 결합 형식이 무조건 탈종속화와 연결되는 것은 아니다. 그러나 후행하는 내용과 포괄적인 관계를 맺을 수

37) 〈고려대〉, 〈기초〉에서는 '하고는'을 조사로서, '못마땅함, 마음에 들지 않음을 강조하는' 의미를 나타낸다고 기술하고 있다.

있고, 그 가운데 특정한 맥락을 기반으로 삼아 일부 종속적 요소가 독립적 단위로 생성될 가능성이 높은 환경이라고는 할 수 있을 것이다. 덧붙여, 범언어적으로 조건절이 문두에 위치하는 전형적인 부사절 중 하나라는 점도 간접적이나마 원인을 제공할 수 있다.

2) 대조 관계

'대조'는 다소 포괄적인 의미적 관계를 가리키는 것으로서, 의미론적 대립과 화용론적 대립을 아우른다. 예상한 것과 어긋남, 즉 화자의 판단이 개입된 양립 불가능성은 '양보'로 구분하여 다룰 수도 있지만, 이 글에서는 대조 관계라고 일단 칭하고 예상과의 양립 불가와 관련될 때는 따로 설명을 덧붙이겠다. 종결 위치에서 잘 쓰이는 대조 관계 관련 어미로는 목록에 '-더니, -으련만, -으면서, -지만'이 있었다. '-더니'는 사전에 접속뿐만 아니라 종결어미로도 기술되어 있다. '-지만'은 종결 기능 접속어미로 언급된 바 있고 대조 관계를 표시하는 접속절이 종결 위치에 잘 쓰인다는 데 대하여 예시가 되기도 했다. '-으련만, -으면서'는 상대적으로 주목을 받은 적이 별로 없으나, 앞의 두 형식 못지않게 접속절만으로도 대조적 후행 사태를 예측 가능하도록 만드는 측면이 있다.

'S-으련만'의 경우 구어에서는 잘 쓰지 않게 된 듯하지만, 문어 말뭉치에서는 접속 구문으로든지 후행절 없는 형식으로든지 예가 꽤 발견된다. 종결 위치에서 뒷부분이 생략된 느낌으로 잘 사용되는데, 이때 'S-으련만'은 해당 절이 나타내는 사태가 외부의 현실 상황과 대조됨을 암시한다. 다음의 예를 보자.

(44) ㄱ. 복도 지지리도 없지. 깨끗한 새집에서 단 하루라도 살다가 죽었어도 가슴에 이렇게 못이 박히진 않았으련만.

ㄴ. 누가 잡아갔다는 것만 짐작하지 어디 있는지 모른답니다. 거 참 고생이나 안 했으면 좋으련만. 밥이나 먹고 있는지.

접속 구문 'S1-으련만 S2'은 추측, 기대하는 것(S1)과는 다른 상황이 벌어짐(S2)을 나타낸다. (44)와 같이 후행절 없는 형식이 현실과의 대조를 암시할 수 있는 것은 이러한 접속 구문에서 유래했기 때문인데, 탈종속적 발달 과정으로 이해할 수 있다.

Ohori(1995)는 일본어의 'のに(=-어도, -으면서(도))'와 'けど(=-지만)' 등의 사례를 들면서, 이들은 이어질 결과가 추론되기 쉬울 때 중단절로서 잘 쓰인다고 했다. 양보의 표지가 보통 해석에 제약을 제공하여 청자에게 추론을 더 잘 하도록 만든다고 본 것이다. 이런 추론이 반복되면 중단절의 의미로 관습화되는데, 'のに'는 예상되는 결과가 오지 않았음과 그에 대한 화자의 감정(후회, 불만)을, 'けど'는 말을 마쳤으나 더 남아 있다는 여운(완곡하게 말하는 효과를 가지는 듯함)을 나타낼 수 있다고 한다. 실제로 다른 의미 관계와 비교해 볼 때 대조 혹은 양보 접속절은 이어지는 사태에 대한 예측 가능성이 높은 편이다. 가령 접속절만 보고 시간적으로 후행하는 사태를 예측하거나 결과가 되는 사태를 예측하는 것은 거의 불가능하지만 대조적 내용을 예측하기는 상대적으로 어렵지 않다.

후행절 없는 '-으면서'가 대조의 의미로서만 독립적 단위로서 쓰이는 양상을 보이는 것도 마찬가지 원리로 추정된다. '-으면서 접속 구문'은 '먹었으면서 또 먹는다, 부자이면서 맨날 얻어먹는다' 등과 같이 선행 사태를 통해 기대되는 것이 후행 사태에서 부정되면서 대조 관계가 이루어진다. 따라서 'S-으면서'는 주로 화자가 명시된 사태를 통해 품게 된 기대가 현재 상황에서 어긋났음을 나타낸다. 아래 예에서 화자는 상대방이 두꺼운 옷을 입은 것을 보고 기대되는 바(본인과 동일하게 추위를 느꼈을 것)가 있는데 그것과 다르게 반응하는 상황에 대해 'S-으면서'로 표현하고 있다.

(45) P1: 얘들아! 지금 봄 맞아? 선생님은 너무 추워서 겨울인 거 같아. 겨울 맞지?
P2: 아니에요, 아니에요!
P1: 뭘. 너희들도 아직 다 내복 입었잖아. 잠바도 저렇게 두꺼운 거 입고 왔**으면서.**

'S-으면서'와 비슷하게 'S-더니'는 접속 구문의 여러 의미 중 대조와만 관련되어 후행절 없이 잘 쓰이는 양상을 보인다. 뒤의 5.2에서 다루겠지만 이들은 후행절과의 대조에서 현재 상황과의 대조로 확장되어 쓰이는데, 그 대조된 상황과 관련된 화자의 태도를 수반하기도 한다. 대조 관계의 접속절은 후행 사태에 대한 예측 가능성으로 인해 후행절 없이 종종 사용되고, 그 가운데 추론된 양태적 의미 혹은 담화적 기능이 접속절과 연합하여 하나의 단위로서 발달할 가능성이 있다. 조건절만큼 문두 위치를 선호하는 것은 아니지만 양보절 역시 범언어적으로 전치되는 예가 많은 것 역시 약간의 원인이 될 수 있다.

3) 인과 관계와 시간적 관계

주절과 긴밀한 종속적 관계를 맺는 접속절은 대부분 시간적 관계 그리고 논리적 관계 내에서도 원인, 목적 등을 나타내는 경우이다. 목적절은 그와 관련된 비교적 다양한 기능의 탈종속절이 유형론적으로 보고되었으나, 시간이나 원인을 나타내는 절은 없지는 않지만 매우 드문 편이다. 따라서 이들이 탈종속화와 거리가 멀다고 여겨질 수 있다.

시간 관련 'S-고서, S-으면서, S-어서' 등이나 원인의 'S-어서'는 종결 위치에서 쓰이는 일이 꽤 있다. 특히 다음과 같이 인접쌍에서 질문에 대한 대답으로서 종종 나타난다.

(46) ㄱ. P1: 언제 영화를 보러 갔었어?
P2: <u>퇴근하고서.</u> 금요일 밤이라 사람이 엄청 많더라.
ㄴ. P1: 언제 그 책을 다 읽었어?
P2: <u>카페에서 너 기다리면서.</u> 너 좀 늦는다고 하니까.
ㄷ. P1: 언제부터 혼자 살았어?
P2: 음, <u>대학에 와서.</u>
ㄹ. P1: 나 XX으로 이사했어.
P2: 왜?
P1: 응? <u>하숙비가 올라서.</u>

나타나지 않은 주절에 대해서는 (46ㄱ)은 '보러 갔었어', (46ㄴ)은 '다 읽었어', (46ㄷ)은 '(그 이후로부터) 혼자 살았어', (46ㄹ)은 '이사했어'라고 쉽게 이해할 수 있다. 그런데 이는 철저하게 선행 발화에 기댄 덕분이다. 이 대화 상황을 벗어난다면 밑줄 친 부분만으로는 예측되는 내용이 없다고 할 수 있다. 물론 '-으면서, -고서, -어서' 형식이 단서가 되어 선후 관계나 동시 관계에 있을 법한 어떤 사태가 혹은 결과가 될 법한 어떤 사태가 뒤따르겠거니 하는 정도는 알 수도 있다.

시간절이나 원인절은 주절 없이 쓰인다고 해도 비표현된 사태가 시간이나 원인과 관련된 무언가로 제한되기 때문에 상대적으로 탈종속화가 잘 일어나지 않는 경향이 있다. Lombardi Vallauri(2016)에 따르면 when절을 비롯한 전치된 시간절은 두 사건이 시간이 주어진 관계 내에 있음을 명세화하고, 따라서 가능한 비표현된 것의 내용을 시간 관계로 한정시킨다. since절을 비롯한 중단된 원인절은 표현된 사태와 비표현된 사태 간 인과 관계를 만들므로, 비표현된 것의 의미적 잠재성이 제한을 받는다고 한다.

위의 (46)에서 선행 발화를 참고하여 비표현된 사태가 해석되었는데, 그 과정에서 어떤 화용적 추론이 일어나기는 어렵다. 즉 시간절은 주절에 나타난 사태를 어떤 시간 속에 위치하게 하는 역할을 하는데, 주절이 없이 쓰인다고 해도 시간 위치 표시 외에 다른 의미를 획득하기는 어려운 것이다. 원인절도 주절 사태의 동기를 배경으로 제공해 주는 역할을 하고, 이는 주절이 없이 쓰인다고 해도 마찬가지이다. 종결 위치에 자주 쓰여도, 접속 구문에서 해당 절이 담당하는 기능만 하고 고정된 암시적 해석을 보이거나 다른 의미를 획득할 가능성이 없다면, 그것은 접속 구문의 틀 내에서만 독립적으로 행동할 수 있는 것이므로 탈종속적 발달로 볼 수 없다.

그런데 (46ㄹ)과 같이 '-어서 원인 구문'에 기반을 둔 선행절은 선행 연구에서 종결 기능 접속어미로 언급되었기도 하고, 실제로 구어에서 질문-대답 인접쌍이 아닌 경우에도 생략이나 도치를 통해 종결 위치에 쓰이는 예가 적지 않게 발견된다. 또 'S-어서 그러다'와 같이 주절이 대용되어 잘 쓰이기도 하고, 분열문 형성도 매우 자연스러워서 주절과 분리되는 양상을 볼 수 있다. 탈종속화의 징후라고 볼 만한 현상들과 상당히 관련되어 있는 것이다.

여전히 원인을 표현하는 단위로만 기능하고 있으므로 'S-어서'를 탈종속절로 보기는 어렵다. 그러나 독립적으로 쓰이는 경향이 강하기 때문에 새로운 의미가 추가될 여지가 보인다면 그 가능성을 고려해 볼 수 있을 것이다. 아마도 이는 '-어서 원인절'이 주로 선후행절 간 내용 층위에서 인과 관계를 표시하는 데서 벗어나 결합 범위가 확대되는 종결 용법을 보인다면 가능성이 있다.

'-으니까 접속 구문' 역시 인과 관계와 관련되지만, 그간 여러 논의에서 지적했듯이 '-어서'가 나타내는 원인의 영역과는 약간 차이가 있다. 대체로 '-어서'가 표시하는 원인이 시간적 선후 관계에 바탕을 둔 필연적인 성격이 강한 것이라면, '-으니까'가 표시하는 것은 화자가 필연성을 부여하는 경향이 있고 내부적 동기가 관련되는 성격이 강하다.[38] 이를 구분하기 위해 이 글에서는 '원인' 대신 '-으니까 이유 구문'이라고 칭했다. 실제로 '-으니까 이유절'은 주절에 대해 이유를 밝히는 기능을 주로 하고, 종결 위치에 놓이는 경우에 주절 뒤에 첨가

38) Hetterle(2015:177)에서는 인과 관계가 원인(cause), 이유(reason), 설명/정당화(explanation/justification)로 나뉠 수 있고, 언어마다 부호화 방식도 이를 종종 구별해 왔다고 밝혔다. '원인'절은 Sweetser(1990)에서 말한 내용 층위의 원인에 대응하고 '이유'절은 주절 행위자의 동기를 부호화한다고 하는데, Sweetser(1990)의 내용과 인식 층위 모두에 있는 정보를 부호화한다. '설명/정당화'절은 부분적으로는 인식 층위 그리고 화행 층위에서 작동한다고 본다. 어떤 언어에서는 이유가 내용 층위의 원인과 무리를 이루고, 어떤 언어에서는 설명/정당화와 무리를 이룬다고 했는데, '-어서'가 '원인+이유'와 유사하다면 '-으니까'는 '이유+설명/정당화'와 유사해 보인다.

되어서 이유를 덧붙이는 역할을 하는 예가 많다. '-으니까'가 독립적 종결 기능을 한다고 종종 언급되는 것도 이 때문이다. 내용 층위의 인과 관계를 표시하는 주절과의 관계가 끊어지고 선행 발화나 담화 전체와 관련되는 종결 기능을 할 수 있는지 살필 필요가 있는데, 이는 뒤의 5.1.2에서 구체적으로 논의한다.

마지막으로 주로 원인절을 비롯한 일부 접속절이 분열문을 형성할 수 있는 현상과 관련하여, '이다'에 선행하는 'S-접속어미'의 성격에 대해 하나 더 생각해 볼 점이 있다. 이선웅(2005)는 이렇게 분열 구성에서 초점 위치에 오는 접속절에 대해 '이다'의 어휘적 특성 때문에 NP로 바뀌는 것이라고 설명했다. 접속절이 '이다'에 의해 NP로 바뀌는 것일까 아니면 반대로 NP적 속성을 가지고 있어서 '이다' 앞에 올 수 있는 것일까? 접속절의 특징에 따라서 'S-비종결어미-이다' 성립 가능성이 다른 것을 보면 전자를 지지하기는 어려울 듯하다. 그렇다면 일부 접속절의 NP적 속성을 살펴봐야 할 것이다.

접속과 내포 관련 연구들에서는 종속절의 탈문장화(desententialization)를 제안한 바 있다. 다른 절에 의존적인 절은 절의 속성을 상실하는데, 절의 속성을 잃어 감에 따라 내적으로나 분포적으로나 명사적 속성을 획득한다(Lehmann, 1988:193). 실제로 많은 언어에서 주절의 논항이 되는 보충절 그리고 목적과 같이 통합성 높은 관계에 있는 종속절은 주로 명사적 요소로 실현된다. 한국어는 접속어미가 결합되기 때문에 명사적 요소라고 할 수 없으나, 적어도 주절과의 의미적 통합성이 높은 일부 접속절은 약간의 명사적 속성을 띠고 있는 것은 아닐까 가정할 수 있다.

접속 구문 내에서 후행절과의 관계상 해당 절이 담당하던 의미를 그대로 나타내면서 분리되어 쓰이는 양상을 보이는 경우, 이를 명사적 속성으로 이해할 가능성도 있다. 일부 접속절은 실제로 분열문에서처럼 '이다' 앞에 오거나 다음 예에서 보듯 '의'와 결합하기도 한다.

(47) ㄱ. 톰이 어른이 되**어서의** 생활을 지은이 마크 트웨인이 지어…
ㄴ. 정상에 올라가**서의** 날씨와 산 밑에서의 날씨가 굉장히 다릅니다.

위는 "S-어서'의 N' 예로서, (47ㄱ)은 말뭉치에서 (47ㄴ)은 인터넷 검색에서 인용하였다. 시간적 배경을 나타내는 '-어서 접속절'은 결합되는 내용이 시기나 시점과 관련된 것으로 제한된다.[39] 따라서 분열된 성분으로나 쓰일 때나 '의'에 선행할 때도 그 내용이 매우 제한적이다. 이는 대략 '-을 때'와 등가의 의미인데, 위의 예에 적용해 보면 다음과 같다.

(48) ㄱ. 톰이 어른이 되어서의 생활
→ 톰이 어른이 되었을 때(의) 생활을 지은이 마크 트웨인이 지어…
ㄴ. 정상에 올라가서의 날씨
→ 정상에 올라갔을 때(의) 날씨와 산 밑에서의 날씨가 굉장히 다릅니다.

39) 서정수(1994)에서는 함께 어울려 시간적 한정 기능을 보이는 것으로 '어리다, 젊다, 크다, 늙다, 어둡다' 등의 형용사, '자라다, 저물다, 지다, 뜨다, 죽다, 살다, 나이 들다, 장가가다, 시집가다' 등의 동사나 동사구를 들었다. 대체로 인생의 어떤 시기, 시간의 변화나 자연의 변화 등과 관련되는 듯하다.

'-을 때'로 치환해 본 것은 'S-어서'가 시간을 나타내는 명사 표현과 의미적으로나 분포적으로 유사함을 보이기 위해서이다. 'S-어서'는 '의 N'에 선행하는 것도 가능하고 명사 나열에 의한 수식 구성을 만드는 것도 가능하다.[40] 이들은 예전부터 쓰여 와서 굳어진 표현이거나 단순한 예외로 볼 수 있을 것이다. 그러나 '의 N'에서의 쓰임, 분열된 성분으로서 '이다'와의 쓰임이 'S-접속어미'의 명사적 성격을 절대적으로 보장해 주지는 않아도, 적어도 하나의 덩어리로서 행동하는데 대한 방증이 될 수 있다.

언어 사용 시 완벽한 문장 대신 명사, 명사구, 부사, 부사구 등이 많이 쓰이는데, 이렇게 분리적으로 잘 쓰이면서 탈종속화와 같은 변화는 겪지 않는 단위들도 그와 같이 유사한 역할을 하는 것으로 보인다. 외견상 접속 구문에서 떨어져 나온 것처럼 보이지만, 전체 의미를 환기시키지 못하고 새로운 기능도 획득하지 않는 경우 탈종속화 범위에서 다루지 않는다. 그러나 이들도 분리적으로 사용되면서 일정한 기능을 하기도 한다는 점은 알 수 있다.

---

40) (47ㄴ)의 예는 TV 뉴스에서 인터뷰 대상자가 발화한 것을 기사문으로 옮긴 데서 발췌한 것이다. 실제의 발화는 '정상에 올라가서: 그 으 날씨'로 전사되고 '의'가 실은 제대로 실현되지 않았는데, 기사문에서는 '의 N' 구성으로 적혔다. 맥락이 부여되면 구어에서는 '어려서(의) 꿈은 가수였어요.', '형제들이 사이좋게 지내는 게 살아서(의) 소원이야.' 등의 발화도 통용될 것으로 보인다. 즉 'S-어서 N' 나열이 가능할 수 있다는 것이다.

4장
관습화된 생략 중심의 탈종속화

생략은 탈종속화를 촉발하는 주요 기제로서, 특정한 맥락을 기반으로 삼아 발생한다. 그중 가장 흔한 것은 주절에 오는, 의미상 일정한 특징을 공유한, 한정된 범위의 서술어가 빠지게 되는 일이다. 서술어는 딱 한 가지로만 한정되기도 하고, 공통성을 지닌 하나의 부류로 한정되기도 한다. 4.1에서는 '한정된 범위의 서술어 생략'이라는 공통점 아래 해당하는 사례들을 분석할 것인데, 귀결되는 기능이 유사한 것끼리 묶어서 살펴보도록 하겠다.

서술어 부분의 생략 중에는 특히 수사의문문을 기반으로 삼아 후행하는 의문형 서술부가 빠지는 일이 관습화되면서 탈종속절이 발달하는 경우가 있다. 보통 형식상 의문문이지만 대답을 요구하지 않을 때 수사의문문이라고 부르는데, 반어의문문과 같은 개념으로 쓰이는 일이 많다. 진술을 강조하는 기능이 주된 것으로 보이지만, 감탄을 비롯하여 확인이나 반박, 비난, 체념 등 다양한 화용적 의미를 나타낼 수 있다고 보고되었다. 뒤따르는 의문형 서술부 없이 선행절만 쓰일 수 있다는 점에서 한정된 서술어 생략과 유사한 측면이 있으나, 생략되는 서술부 내용을 구체적으로 복원하기가 쉽지 않다. 4.2에서는 '수사의문문 생략'이라는 공통점 아래 이러한 사례들을 살펴보도록 할 것이다.

4.1. 한정된 범위의 서술어 생략

4.1.1. -을 줄이야, -다니

'-을 줄이야'는 관형사형 어미 '-을', 의존명사 '줄' 그리고 보조사 '이야'로 구성되어 있다. 의존명사 '줄'에 관한 선행 연구는 많은 편이지만 보조사가 결합된 형식에 대한 언급은 거의 없었다. 본고는 '-을 줄이야'를 하나의 단위로 다루는데, 전체가 일정한 의미를 가진 채 쓰이는 사례들이 발견되기 때문이다.

정연주(2016)에서는 예로부터 인지 동사 부류(모르다, 알다)가 '줄'과 공기하는 것이 생산적이기는 했으나 현대국어 시기로 오면서 더욱 편중된 양상을 보이게 되었고, 그 결과 '줄'이 '인지/사유 내용'을 표시하는 기능을 뚜렷하게 갖게 되었음을 밝혔다. 특히 '모르다'보다 '알다'와 공기하는 빈도가 매우 높아졌으며, '알다'의 논항에 '줄'이 쓰였을 때 그 인지 내용이 사실보다는 비사실 내용을, 비사실 중에서도 주로 반사실 내용을 표시하는 비중이 높아졌다는 점을 보여 주었다. 그리고 이를 통해 화자들이 서술어가 생략된 '일요일엔 문을 닫는 줄'만 보고서도 반사실 상황으로 쉽게 이해하는 현상을 설명하였다.[41] '-는 줄

11) 여기에서 '일요일엔 문을 닫는 줄'은 '(나는) 문을 닫는 줄 알았는데 사실은 아니었다'를 뜻하다. 후행 서술이 없는 '-는 줄'의 쓰임은 최근에 쉽게 찾아볼 수 있는데, 구어체 문어에서 흔히 발견되었으나 어린 연령대 화자들은 점차 음성 발화에서도 사용하는

알다'가 주로 반사실 내용을 표시하는 데 쓰인다는 지식을 기반으로 삼아 '-는 줄'의 의미가 해석된다는 점에서 이를 탈종속화 측면에서 이해해 볼 수도 있다. 또 이 예를 참고하여 '-을 줄이야'도 인지 동사가 후행하는 'S-을 줄 알다/모르다'에서 명사절에 강조의 보조사가 붙어 쓰이던 것으로부터 기원했으리라는 추정이 가능하다. 'S-을 줄이야 알다/모르다'가 상위절 없이 쓰이게 되면서 '-을 줄이야'가 종결 기능을 얻게 되었다는 가설을 세울 수 있다.

'-을 줄이야'의 독립적 용법은 예전부터 나타났으나 주목을 받지는 못했다.[42] 이정훈(2006)에서는 다음과 같은 예를 보이며, '-을 줄' 뒤에는 서술어 복원이 가능하지만 '-을 줄이야' 뒤에는 복원이 어렵다고 했다. 그러면서 '-을 줄이야'가 후회나 의외의 감정을 드러내는 양태 표현으로 굳어진 듯하다고만 덧붙였다.

(49) 처가 재산 많다고 단죄하는 것은 신종 연좌제예요. 장가 잘 들었다고 부러움도 많이 받았는데, 이제 와서 돈 많은 장모님이 내 법복을 벗길 줄이야.

(이정훈, 2006:50)

그런데 위의 예를 해석해 보면, '몰랐지요, 알았나요?' 등을 복원하는 것은 다소 어색하기는 하지만 가능해 보인다. '-을 줄이야'가 '명사

듯하다.

사진만 보면 해외인 줄. 울 동네 산책하다가 찍은 건데 잘 나왔네.

42) 정연주(2016:84)에서 20세기 전반기 예로 '남들이 말하는 행운아 노병운이가 이 아침이 강다리에서 마지막 유서를 냄길 줄이야. 〈193x 유성기연극_저승에 맺는 사랑〉' 같은 사례가 있다고 기술했다.

절 내용에 대해 화자가 몰랐음'을 표현하는 것은 분명하다. 그러나 인지 여부 말고 예상을 했느냐 못 했느냐의 문제도 중요하게 관여된다. '몰랐지요, 알았나요?'의 복원이 약간 어색한 것은 서술어가 복원된 문장이 '-을 줄이야'로만 종결된 데서 드러나는 '예상하지 못함'의 의미를 뚜렷하게 드러내지 못해서, 두 예가 완전히 동일하다고 느껴지지 않기 때문이다. 수사의문문 형식의 '누가/어떻게 알았겠어요?' 정도라면 조금 더 자연스러운 복원 후보가 될 듯한데, 이는 강조를 통해 화자의 태도가 더 잘 전달되는 효과가 있기 때문으로 보인다.

후행 요소를 복원하기 어렵다는 점은 '-을 줄이야'가 '-을 줄이야 알다/모르다'로부터 단순히 생략된 것을 넘어, 특정한 의미를 가진 독립적 단위로 발달했다고 볼 만한 증거가 된다. 이러한 탈종속적 발달이 가능하다고 한다면, 어떤 맥락으로부터 나오게 된 것인지 생각해 볼 필요가 있다. 다음의 예를 보자.

(50) ㄱ. 저는 수영할 줄 몰라요.
ㄴ. 둘이 나이 차이 나는 건 알았지만 띠동갑일 줄 몰랐어.

의존명사 '줄'은 '-을' 관형사절과 결합하여 주로 (50ㄱ)과 같이 방법의 의미를 나타내거나, (50ㄴ)과 같이 형식적으로 명사 자리를 채우면서 추상적 인지 내용을 나타내는 기능을 한다. '-을 줄이야'는 이 중에서 형식적으로 명사 자리를 채우는 경우와만 관련된다. '줄'이 '-은 줄', '-는 줄' 같이 다른 관형절과도 당연히 결합할 수는 있지만, '-은 줄이야, -는 줄이야'와 같은 보조사 결합은 거의 나타나지 않고 이들이 한 단위로 쓰인다고 볼 수 없기 때문에 논의에서 제외했다.

말뭉치 검색 결과, '-을 줄이야'가 쓰인 예 중에서 뒤에 상위절 없이 나타나는 경우가 전체의 78%에 달하였다. 그만큼 단독으로 쓰이는 일이 많다는 것이다. 단순 생략으로 볼 가능성도 있지만, 그러기에는 상위절이 실현된 나머지 예들에서 유사성이 발견되었다. '몰랐다'가 쓰인 2개 예를 제외하면 모두 '누가/어찌/어떻게 알았나, 상상했나, 짐작했나, 생각했나' 등의 수사의문문이었다. 다음의 예와 같이 대부분이 화자의 인지 여부를 나타낸다는 점에서 공통적일 뿐만 아니라 몰랐다는 사실을 여러 방식으로 매우 강조하고 있었다.

(51) ㄱ. 아닌 말로 너와 내가 이런 몰골로 만나게 <u>될 줄이야 누가 상상이나 했겠니?</u>
ㄴ. 매일 TV에서 떠들어 대던 문제가 우리집 문제로 <u>바뀔 줄이야 어찌 알았던가.</u>

'-을 줄 모르다'와 '-을 줄이야 모르다'를 비교해 보면, 기본적으로는 교체되어 쓰일 수 있고, 보조사가 결합된 예에서는 감정의 강도가 강조된다는 정도의 차이만 있다. 다음의 예에서 (52ㄱ, ㄴ, ㄷ)과 (52ㄱ', ㄴ', ㄷ')를 비교하며 보도록 하자.

(52) ㄱ. 10년 묵은 주식이 대박 날 줄 몰랐어요.
ㄱ'. 10년 묵은 주식이 대박 날 줄이야 몰랐어요.
ㄴ. 그렇게 앙숙이던 두 사람이 사랑에 빠질 줄 몰랐어요.
ㄴ'. 그렇게 앙숙이던 두 사람이 사랑에 빠질 줄이야 몰랐어요.
ㄷ. 인간이 화성에 가게 될 줄 몰랐어요.

ㄷ'. 인간이 화성에 가게 될 줄이야 몰랐어요.

위의 예는 모두 자연스럽게 쓰일 수 있는 문장들이지만, 실제로 '-을 줄이야' 뒤에 (52ㄱ', ㄴ', ㄷ')처럼 '모르다'로만 쓰이는 경우는 매우 드물다. '-을 줄이야'에는 대부분 보조사 '이야'와 호응이 더 잘 되는 것으로 보이는 강조 표현들이 후행한다. '상상도 못하다, 꿈에도 생각 못하다' 등 몇 가지로 압축될 정도로 유사한 것들이 나타난다.

탈종속절로서의 [S-을 줄이야]는 '주어/화자가 인지하지 못함, 예상하지 못함'을 한껏 강조하는 문장에서 '모르다'류의 서술어가 생략된 채 쓰이는 경우가 반복, 축적되면서 전체 문장이 나타내던 '인지하거나 예상하지 못함'의 의미를 그 자체만으로도 충분히 표현할 수 있게 된 것으로 보인다. 말뭉치에서 추출한 다음의 예를 보자.

(53) ㄱ. 우리가 그 계략에 그대로 당할 줄은 몰랐어. 아니 알고는 있었지만 이렇게 빨리 **당할 줄이야.**

ㄴ. 세상에, 이 사진을 여기 와서도 **볼 줄이야.** 그런데 이 사진을 어떻게 구했을까?

ㄷ. 누군가를 팔에서 떼어놓는 게 이렇게 **힘들 줄이야.** 팔에서 놓아주는 것도 이렇게 힘든데, 영영 못 보게 되면 그때는 어떻게 하지.

(53ㄴ, ㄷ)과 같이 '-을 줄이야'로 종결된 문장 뒤에 새로운 독립된 문장이 자연스럽게 이어지는 것을 보면 이 단위를 탈종속절로서 더욱 인정할 만하다. [S-을 줄이야]에 오는 내용에는 서술어 제약이 없고

'-었-' 결합도 가능하지만 '-었을 줄이야'의 쓰임은 상대적으로 적은 편이다.[43]

[S-을 줄이야]가 무엇을 표현하는가에 대해서는 조금 더 설명이 필요하다. 탈종속화 이전의 구문이 주어/화자가 어떤 사태를 전혀 몰랐다는 사실을 진술하는 데 초점이 있다면, [S-을 줄이야]는 앎으로의 전환에서 오는 화자의 감정을 드러내는 데 초점이 있다. 앞선 연구에서 이것이 후회, 의외의 양태 표현으로 굳어진 듯하다는 언급이 있었는데, 일단 '후회'는 적합하지 못하다. 해당 사례를 검토했을 때 후회로 해석되는 예는 없었고, 부수적으로 그런 의미가 읽히더라도 아주 특정적인 개별 사례에 불과하다. '의외'는 적절한 기술이라고 볼 수 있다. 앎으로의 전환에서 화자가 느끼는 감정은 대개 예상하거나 기대하지 않은 데에 기인한 것이기 때문이다.

이는 문법범주로서 논의되고 있는 '의외성(mirativity)'의 속성과 유사한 측면이 있다. 의외성은 문장에 표현된 명제가 '뜻밖임', '신정보임'을 표시하는 문법범주로서, 화자의 기존 지식 체계 일부가 아니라 새로 알게 된 것임을 나타낸다. 또 화자의 준비되지 않은 마음 상태(unprepared mind), 놀람의 감정도 함께 나타낼 수 있다(박진호, 2011:7). [S-을 줄이야]는 '새로 앎, 뜻밖임, 놀람' 등을 두루 나타낸다. 그런데 의외성이 정보에 대한 화자의 지각과 깊이 연관되는 범주인 데 반해 [S-을 줄이야]는 '예상/기대 밖 사태에 대한 화자의 감정'을 표현하는 기능이 일차적이다.[44] 따라서 의외성 표지로 단정하기보다는 의외성

43) 42회 예 중에서 2회만 '-었을 줄이야'로 나타났다. 물론 '아무리 운동을 안 했어도 체력이 이 정도로 약해졌을 줄이야.', '베란다에 그렇게 많은 물건이 처박혀 있었을 줄이야.' 등과 같이 충분히 쓰일 수 있다.

의 의미 성분을 가지고 있다고 해석하는 것이 더 적절하겠다. [S-을 줄이야]가 나타내는 감정은 개별 사례에 따라 앞서 언급된 후회를 비롯하여 여러 가지가 될 수 있으나, 놀람이 주된 것으로 보인다. 기존 종결어미 체계와 비교하자면 이는 감탄형 어미와 유사한 기능을 한다고 볼 만하다.

[S-을 줄이야]는 '관형사형 어미#의존명사+보조사'의 다소 낯선 구성을 보인다. 그러나 생략된 후행 요소의 복원이 상당히 어색해질 정도로 탈종속화를 겪었고, 그 결과 하나의 양태 표현으로서 독립적으로 쓰일 수 있게 되었다. 물론 여전히 어떤 경계에 있는 모습을 보이기는 한다. 서술어가 뒤따르는 예가 적은 편이기는 하지만, 구체적이고 정확한 복원이 어렵다 뿐이지 어느 정도의 예상과 해석은 가능하다. 다음은 개인 블로그 글에서 발췌한 예로서 비교적 최근의 쓰임을 보여준다.

(54) ㄱ. 국화축제에 다녀왔어요. 국화가 이렇게 **이쁠 줄이야.** 미처 몰랐네요.
ㄴ. 와 이걸 보게 **될 줄이야.** 정말 상상도 못했는데 완전 기분 좋았어요.
ㄷ. 내가 이렇게나 수영에 **열정적일 줄이야.** 스스로도 놀랍다.

44) 의외성 범주의 후보로서 종종 언급되는 종결어미 '-구나, -네'와 비교해 보면 모두 '새로 앎'의 속성은 공유하고 있으나, 화자의 감탄이 가장 명확하게 드러나는 것은 아래 예의 ㄱ과 같이 '-을 줄이야'라는 점을 알 수 있다.
ㄱ. (배달 음식이나 시킬 줄 알았는데) 네가 직접 요리를 만들어 줄 줄이야.
ㄴ. (배달 음식이나 시킬 줄 알았는데) 네가 직접 요리를 만들어 주는구나.
ㄷ. (배달 음식이나 시킬 줄 알았는데) 네가 직접 요리를 만들어 주네.

화자들은 [S-을 줄이야]를 독립적 단위로 인식하고 사용하는 듯하지만, (54ㄱ, ㄴ)과 같이 '모르다'류 서술어가 바로 뒤에 이어지기도 하고 (54ㄷ)과 같이 화자의 감정을 담은 내용이 함께 나타나기도 한다. 구어 발화에서도 [S-을 줄이야] 뒤에는 보통 휴지가 나타나지만, 관련된 내용이 바로 뒤따르는 일이 적지 않다. 이는 탈종속화 과정에 있는 [S-을 줄이야]의 양면적 특성이 반영된 것으로 볼 수 있다.

이어서 '-다니'에 대하여 살펴보도록 하자. 이는 인용 구문의 '-다(고) 하니'에서 문법화된 형식으로서, 접속 기능뿐만 아니라 종결 기능도 인정되어 이미 사전에서 종결어미로도 기술되고 있다. 종결의 '-다니'에 대하여 이금희(2005)는 '-다 하니'가 먼저 축약된 후 감탄을 나타내는 후행절이 생략되면서 형성되었다고 했다. 아래 예에서 (55ㄱ, ㄴ)은 '-다니'가 감탄의 종결 기능을 하는 경우를 보여 주고, 이에 대응하여 (55ㄱ', ㄴ')은 생략되었을 법한 후행절을 복원함과 동시에 원래의 인용문 형식으로 돌아갈 수 있는지를 보여 준다.

(55) ㄱ. 우리가 이렇게 가까이 산다니! 정말 몰랐어.
ㄱ'. 우리가 이렇게 가까이 산다니(산다 하니) 너무 기쁘구나. 정말 몰랐다.
ㄴ. 우리가 이렇게 가까이 살다니! 정말 몰랐어.
ㄴ'. *우리가 이렇게 가까이 살다니(살다 하니) 너무 기쁘구나. 정말 몰랐다.

(이금희, 2005:146-147)

(55ㄱ)과 (55ㄴ)의 '-다니'는 서로 차이가 있는데, 후자는 '살다 하

니'에서 보듯 '-다 하니'로의 환원이 가능하지 않다. 이금희(2005)는 두 '-다니'의 형성 과정이 다소 달라서, 즉 (55ㄴ)의 '-다니'는 시제 선어말어미 없이 명제문만을 인용하는 형식에서 이루어진 융합을 통해 만들어졌기 때문에 차이가 난다고 했다. 그 결과 감탄 대상에 차이가 나타나는데, (55ㄱ)은 발화 내용을 (55ㄴ)은 명제 내용에 대한 감탄을 표현한다.

이 글에서 주목하는 것은 'S-다니'가 최종적으로 후행절 생략을 통해 만들어졌다는 점이다. 어떤 맥락에서 'S1-다니 S2'의 후행절이 생략되는지 검토할 필요가 있다. 구어 말뭉치에서 검색된 사례 중 약 90%에 이르는 다수는 접속이 아닌 종결 용법을 보였는데, 그 예들을 보면 감탄보다는 상대방 발화와 관련된 내용을 되묻는 경우가 더 많았다. 문어 말뭉치를 확인한 결과 전체 사례의 약 53%가 종결 위치에 쓰였고, 그중 약 25%가 되묻는 발화로, 나머지 75%가 감탄으로 해석되었다. 문어와 달리 구어 말뭉치에서 감탄의 예가 매우 적게 나타난 것은 사용역의 특성으로 보인다. 구어 대화에서는 일단 종결어미를 통해 감탄을 실현하는 일이 드물고, 'S-다니'가 청자를 고려하지 않는 독백처럼 쓰이는 경향이 있기도 하기 때문이다.

지금까지의 연구에서 '-다니'의 종결 기능을 어떻게 기술했는지 보면 다음과 같다. 표현은 약간씩 달라도 믿을 수 없다거나 예상하지 못했다거나 하는 등 화자의 어떤 반응과 관련된다는 점을 공통되게 지적하고 있다.

(56) ㄱ. 앞선 문장에 대한 부정적인 반응을 수사적으로 물음 (한길, 1991)

ㄴ. 의심스럽거나 뜻밖의 사실로 느껴져 놀라서 말함, 의심스럽거나 뜻밖의 사실로 느껴져 믿을 수 없다는 듯이 감탄조로 말함 (이희자·이종희, 2001)

ㄷ. 상대방 발화에 대한 즉각적인 반문, 상대방 발화 혹은 상황에 대한 화자의 의외의 감정을 혼잣말로 표현 (박나리, 2015)

'S-다니'의 종결 기능은 크게 '확인'과 '감탄' 두 가지로 나누어 볼 수 있다. 확인 기능은 앞 발화 내용의 일부를 복제하여 되묻는 형식으로 나타나는데, 기본적으로는 상대방 발화를 제대로 듣지 못했거나 들은 내용이 맞는지 알고 싶을 때 쓰인다. 단순 확인 외에 적절한 억양과 함께 실현되면 부정 평가와 같은 양태적 의미를 수반할 수도 있다. 확인 기능은 대화상 앞 발화가 있어서 그것을 반복하는 상황에서만 가능하다는 특징이 있다. 감탄 기능은 '-다니 접속 구문'과 관련되는데, 'S1-다니 S2'가 쓰이는 맥락 중에서 선행절은 근거를 나타내고 후행절에는 그에 대한 평가를 담은 내용이 오는 경우가 있다. 구체적인 내용은 제각각이지만 이때 후행절의 내용은 대개 주관적인 화자의 태도나 감정을 담고 있고, 선행 연구에서 언급된 바와 같이 '놀람, 뜻밖임, 의심' 등이 주를 이룬다.

다음의 예에서 (57ㄱ)은 발화 내용에 대해, (57ㄴ, ㄷ)은 명제 내용에 대해 평가하는 후행절(밑줄 친 부분)을 볼 수 있다. (57ㄱ)은 선행절이 '지낸다고 하니'로 환원이 가능하고 나머지는 불가능하다. (57ㄴ, ㄷ)은 선행절에 명제 내용이 오고 후행절에 화자의 태도나 감정이 표현되고 있는데, 바로 이와 같은 맥락에서 후행절 생략이 잘 일어난다.

(57) ㄱ. 잘 지낸**다니**(=지낸다고 하니) <u>다행이지 뭐.</u>

ㄴ. 이런 데서 만나**다니** <u>정말 뜻밖인걸.</u>

ㄷ. 세계적인 선수들이 뛰는 모습을 눈앞에서 직접 볼 수 있**다니** <u>꿈만 같다.</u>

위와 같은 예에서 후행절에 주로 나타나는 것은 '믿을 수 없다, 뜻밖이다, 말이 되지 않다, 신기하다, 놀랍다, 꿈만 같다' 등과 같이 '놀람, 뜻밖임'과 관련된 한 부류, '섭섭하다, 속상하다, 끔찍하다, 한심하다, 기가 막히다' 등과 같이 부정적 평가와 관련된 한 부류 이렇게 둘로 정리된다. 종결의 'S-다니'는 이러한 후행절 내용의 생략이 관습화되면서 그 자체로 해당 의미를 아울러 나타내는 감탄 기능을 얻게 되었다고 할 수 있다. 이는 [S-을 줄이야]와 마찬가지로 탈종속적 발달을 거쳤다고 이해할 수 있는데, 이미 종결어미로도 인정될 만큼 독립적 단위로 더 정착되었다는 점에서만 다를 뿐이다.

(58) ㄱ. <u>불쌍한 것이 그렇게 죽**다니!**</u> 아이고 이 일을 어째.

ㄴ. 근데 이번 사학년 우리 사 점 사 사 사는 뭐야 도대체. <u>그런 우울한 점수를 맞**다니.**</u>

ㄷ. 영변이 지방인지 저도 이번에 처음 알았어요. 영변에 약산이라는 산이 있는데 그 산이 진달래꽃으로 유명하다고 하더군요. <u>내년이면 서른인데 처음 알았**다니.**</u>

(58)은 감탄의 [S-다니]가 쓰인 예이다. 후행절을 환기하기가 쉽지 않고 해당절만으로도 충분히 양태적 의미가 표현되고 있음을 알 수

있다. 이는 'S1-다니 S2' 접속 구문에서 놀람, 뜻밖임 혹은 부정적 평가를 담은 내용이 후행절에 쓰일 때 생략이 반복, 축적되면서 탈종속화가 일어난 결과라고 할 수 있다.

앞서 [S-을 줄이야]가 의외성의 의미 성분을 가지지만 감탄 표현이 더 주된 기능이라고 설명했다. [S-다니] 역시 유사한 측면이 있다. 이금희(2005)는 양태 어미로 알려진 '-구나', '-네'가 어떤 내용을 발화 직전에 새롭게 인식했을 때 쓰는 표현이라면 '-다니'는 다른 사람의 말이나 새로 알게 된 사실이 이전에 화자가 생각했던 것과는 다른, 예상외의 사실일 때 쓰는 표현이라고 했다. '-다니'를 의외성 표지로 본 논의가 있기도 하다.[45] 탈종속절 [S-다니]가 나타내는 의외성 관련 의미는 '놀람, 뜻밖임'의 후행절이 생략되면서 얻어진 것이다. [S-을 줄이야]처럼 그러한 의미 성분을 갖고 있기는 하지만, 감탄 기능이 주가 된다고 할 수 있다.

다음은 동일한 내용에 대해 '-을 줄이야, -다니, -구나, -네'의 예를 함께 보임으로써 비교를 시도한 것이다.

(59) (맨날 얼굴 보면서도 그동안 잘 몰랐는데)
ㄱ. 우리가 이렇게 가까이 살 줄이야.
ㄴ. 우리가 이렇게 가까이 살다니.
ㄷ. 우리가 이렇게 가까이 사는구나.

---

45) 진관초(2016)은 '-다니'가 인용 구문에서 유래하여 보고 증거성 표지를 거쳐 의외성 표지가 되는 문법화 과정을 겪었다고 설명했다. 이는 유형론 연구에서 제시된 '화자의 직접적인 정보 결여 → 화자의 비참여성 및 비통제성 → 준비되지 않은 마음과 새로운 지식 → 의외성 해석'의 경로와 같다고 한다.

ㄹ. 우리가 이렇게 가까이 사네.

이들 사이의 미세한 차이를 논하는 것은 차치하고, '-을 줄이야'가 쓰인 (59ㄱ)과 '-다니'가 쓰인 (59ㄴ)이 (59ㄷ, ㄹ)에 비해 화자의 감탄이 잘 드러난다는 점은 분명히 확인할 수 있다. [S-을 줄이야]와 [S-다니]는 발달 정도의 차이는 있으나, 탈종속화를 겪어 감탄 표현 단위가 되었다는 점에서 유사하다. 덧붙이자면, 의외성 관련 의미들, 즉 '신정보, 뜻밖임, 놀람' 등은 유형론 연구에서 탈종속절의 기능으로 자주 언급되는 것들이다. [S-을 줄이야]와 [S-다니]도 그 한 예가 될 수 있다.

4.1.2. -었으면, -기를/-길

'-으면 조건 접속절'은 참/거짓 여부가 결정되지 않은 현실 상황부터 비사실적이거나 반사실적인 상황까지 폭넓은 내용을 담을 수 있다. 그런데 다음과 같은 예에서 'S-으면'은 조건이 아니라 다른 해석이 가능해 보인다.

(60) ㄱ. 그 시간에 지하철을 타고 갔으면, 음. 그런 생각이 들 정도로 택시가 안 잡히잖아,

ㄴ. 다음 주에 놀리가기로 한 거 있잖아, 이번 주에, 그러니까, 그걸 생각하면 지금 비가 많이 더 내려 줬으면. 다음 주에 오지 말아야지.

(60ㄱ, ㄴ)은 구어 말뭉치에서 인용한 예이다. 조건 접속 구문의 후

행절이 나타나지 않은 '갔으면, 내려 줬으면'은 '화자의 바람'으로 해석될 수 있고, 이때 '-었-'은 과거를 뜻하지 않는다. 물론 (60ㄱ)의 경우는 과거 그 시점에 택시를 타는 선택이 아니라 지하철을 타는 선택을 했다면 다른 결과가 있었을 것이라는 식의 '조건-결과' 해석이 가능하고, 단지 결과를 나타내는 후행절이 생략된 것으로 볼 만도 하다. 그런데 (60ㄴ)은 '조건-결과'에서 후행절이 생략되었다고 보기는 어렵고, 보다 직관적으로 바람의 의미가 해석된다. 현재를 가리키는 '지금'이 한 절에서 쓰인 것을 볼 때 '-었-'이 과거를 지시하지 않는다는 사실도 더 분명히 알 수 있다. 서론에서 이미 말했듯이 '-었으면'은 '-었-'과 '-으면'의 단순 결합이 아니라 '선어말어미+접속어미'가 하나의 단위로서 종결 위치에 쓰이면서 일정한 기능을 한다. 이것이 조건 혹은 가정이 아닌 화자의 바람을 나타낼 수 있다는 점은 이미 지적된 바 있고(유현경, 2003; 문숙영, 2009), 탈종속절로 볼 가능성이 제안되기도 했다(문숙영, 2015).

선행절이 'S-었으면'이면서 접속 구문 전체의 내용이 화자의 바람과 관련되는 예를 구어 말뭉치에서 검색한 결과, '-으면 접속 구문' 전체의 약 2.5%가 이에 해당함을 확인했다. 사례들을 보면 후행절에 서술어 '좋다'가 압도적으로 많이 나타나는데, 대부분 '좋겠다' 형식이었다.[46] 'S-었으면'의 탈종속화를 논한 문숙영(2015)는 후행절이 없을 때 복원 후보로서 '좋다'를 꼽을 수 있으나 어미의 제약이 있다고 보았다. 가령 '어제 마트에서 샀으면 좋을 텐데.'는 'S-었으면 좋다'이지만 현재와 반대되는 과거에 대한 가정을 나타낸다. 'S-었으면 좋겠다'에

46) 전체 155회 중 135회가 '-었으면 좋겠다'로 나타났다.

서는 그렇지 않기 때문에 '좋겠다'가 생략된 것으로 볼 수 있다고 했다. 탈종속화 측면에서 정리해 보자면, [S-었으면 좋겠다]가 하나의 구문으로서 존재하고 이를 기반으로 삼아 예측이 쉬운 '좋겠다'의 생략이 반복되면서 탈종속절 [S-었으면]이 발달했다고 할 수 있다.[47]

본래 [S-었으면 좋겠다]는 조건 접속 구문의 한 실례로서, 선행절은 비사실성 조건을 나타내고 후행절은 조건 실현에 대한 화자의 긍정적 태도를 나타낸다. 이들은 자주 함께 쓰이면서 'S가 이루어지기를 주어/화자가 바람'을 뜻하는 고정된 덩어리 표현, 즉 구문이 되었고, 다시 탈종속화를 겪게 된 것이다. 후행절 없이 쓰이는 일이 반복되다 보면 접속문 전체의 의미를 'S-었으면'이 나타낼 수 있게 된다. 이때 'S-었으면'과 '좋겠다'의 관계는 2.2에서 언급했듯이 종속절과 주절이 각각 명제 내용과 양태 의미를 나타내는 것으로 인식되는 양상을 보인다. 이러한 과정을 다음과 같이 정리해 볼 수 있다.

(61) [S1-으면{비사실성 조건} S2{기대되는 결과}]

① 비사실성 조건 + 결과 + 조건 실현에 대한 화자의 긍정적 태도

→ ② 비사실성 조건 + 화자의 긍정적 태도

→ ③ 비사실성 조건

---

47) [S-었으면 좋겠다]는 아래 예와 같이 선행절의 축약이 잘 발생하지만 축약된 형식은 탈종속화를 겪지 않는 듯하다. 'S-었음'만으로 화자의 바람을 나타내는 종결 용법은 찾아볼 수 없다.

ㄱ. 일단은 그 한 번 정해진 대로, 계속 했음 좋겠는데.

ㄴ. 만약 결혼해서 아이를 낳는다면 첫째는 꼭 딸이었음 좋겠다.

ㄷ. 대학은 공부를 원하는 아이들만 갔음 좋겠어요. 외국 나라들처럼 졸업 후 일이 년 유예 두고 적성 찾다가 진로 찾아가는 것으로 사회 인식이 바뀌면…

[내가 돈을 많이 벌었으면 엄마가 고생을 안 할 텐데.]
① 내가 돈을 많이 벌었으면 + 엄마가 고생을 안 할 테니 + (그렇게 되면) 좋겠어.
→ ② 내가 돈을 많이 벌었으면 + 좋겠어.
→ ③ (내가) 돈을 많이 벌었으면.

①의 과정은 실제로 그렇게 사용된다기보다는 '조건 - 결과'의 접속 구문으로부터 'S - 었으면 좋겠다' 구문이 생성되는 중간 단계를 보여 준다. 탈종속화는 ②를 기원 구문으로 해서 ③으로의 발달이 일어나는 것이다.

그렇다면 '내가 돈을 많이 벌었으면 좋겠어'와 '돈을 많이 벌었으면' 사이에, 즉 접속문과 탈종속절 사이에는 기능상 차이가 존재할까? [S - 었으면 좋겠다]는 일단 주어 인칭 제약이 없고 상관적 장면에서 청자를 향해 사용될 수 있지만 [S - 었으면]은 1인칭 주어만 가능하고 청자를 고려하지 않은, 독백처럼 쓰이는 것이 대부분이다(문숙영, 2015:20). 다음의 예를 보자.

(62) ㄱ. 나 내일 되게 피곤한데 좀 일찍 잤**으면 좋겠는데** 이것 좀 끄면 안 될까.
ㄴ. 야, 니가 나 좀 도와**줬으면 좋겠어.**
ㄷ. 나도 친구들처럼 새 핸드폰으로 바꿨**으면.**

(62ㄱ, ㄴ)은 대화상에서 청자를 향해 자연스럽게 쓰이지만, (62ㄷ)은 독백으로 해석되거나 청자가 있더라도 그에게 화자가 전달하려는

의도를 가진 발화는 아닌 듯하다. [S-었으면]은 탈종속화를 겪으면서 화자의 바람을 표현하되, 기능이 다소 특수화되었다고 볼 수 있다.[48)]

독백으로서의 특징은 인용 구문에서 내적 화법으로 쓰일 때 잘 드러난다. 다음은 문어 말뭉치에서 인용한 예들이다. [S-었으면]은 마음 속 생각이 화자의 소망과 연관될 때 그것을 인용하는 데 종종 쓰인다.

(63) ㄱ. '이때 사람이 와주었으면' 생각하면서 지갑을 꺼내 주었다.
ㄴ. '그저 딸이 시집 잘 가서 잘 살아 주었으면' 하고 바랄 뿐이다.

말뭉치를 보면, [S-었으면 좋겠다]와 매우 유사하게 쓰이는 'S-었으면 하다'나 'S-었으면 싶다'가 적지 않게 발견된다. 아래 예를 보자. '하다, 싶다'를 '좋겠다'로 충분히 바꿀 수 있다.

(64) ㄱ. 솔직히, 내 미래 부인도 일이 있었으면 하고 그래야 서로 어려우면, 감싸 줄 수 있지
ㄴ. 반지는 니가 가지고 있었으면 해. 시간이 지나면 마음이 바뀔지도 모르잖아?
ㄷ. 빨리 다들 가줬으면 싶은데, 어휴, 술들은 왜 그렇게 좋아하는지.

48) 박재연(2000)에서는 '-었으면'을 '기원'의 독백문 종결어미로 보았다. 문숙영(2009:256)에서는 '-었으면'이 내적 화법의 종결어미로 굳어져 쓰인다고 했다. 개별 예마다 약간의 차이는 있지만 탈종속절 [S-었으면]이 '청자를 고려하지 않거나 덜 고려하는' 특징을 보인다고 볼 수 있다.

이들과의 관계를 통해 [S-었으면]의 탈종속화가 더 지지될 수 있을 듯하다. 'S-었으면 좋겠다'가 화자의 바람을 표현하는 단위로 점차 굳어지고 선행절만으로 전체 의미를 드러낼 수 있게 되면서, '좋겠다'는 예측 가능한 요소로서 잉여적 성격을 띠게 된다. 그 자리를 '하다'가 대체하면서 'S-었으면 하다'도 자연스럽게 쓰이게 되었다고 볼 수 있다. '싶다'는 '-나 싶다, -은가 싶다, -을까 싶다' 등의 경우와 비슷해 보인다. '-나, -은가, -을까' 등은 상대방에게 질문할 때 쓰이는 한편 '-었으면'과 유사하게 내적 의문이나 생각, 추측 내용을 인용할 수 있고 독백 성격을 지닌 종결어미들이다.[49] [S-었으면]도 이들과 유사한 성격이 있어서 'S-었으면 싶다'로 쓰일 수 있다. 아래 (65)를 보면, '-었으면 좋겠다'가 아니라 '-으면 좋겠다'가 쓰일 때는 후행절 자리에 '하다', '싶다'가 오는 것이 불가능함을 알 수 있다.

(65) 프린트만 가지고 있는 사람은 옆 사람 책을 같이 보면 {좋겠어요/*해요/*싶어요}.

이는 'S-었으면 하다', 'S-었으면 싶다'가 화자의 바람을 의미하는 [S-었으면]의 발달과 관련이 깊음을 시사한다. 'S-으면 좋겠다' 역시 빈번하게 나타나는 패턴이지만 하나의 단위로서 새로운 기능을 보이지는 않는다. '하다', '싶다'가 쓰이려면 [S-었으면 좋겠다]가 기반이

---

49) 다음의 예는 '상대를 향한 질문'이 아닌 내적 인용의 '-나, -은가, -을까'와 '싶다'가 함께 쓰이는 것을 보여 준다.

ㄱ. 안색이 안 좋길래 엄청 아팠나 싶었지.

ㄴ. 우리 애만 사교육을 받지 않아서 부족한가 싶고.

ㄷ. 같이 저녁 먹을까 싶어서 연락했어.

되어야 한다. 'S-었으면'이 그 자체로 '바람'을 나타낼 수 있어야 '하다', '싶다'가 후행절 자리를 채우는 것이 설명된다.

[S-었으면 좋겠다] 구문과 이를 기반으로 삼아서 탈종속화된 종결 형식 [S-었으면]이 존재한다. 그리고 '좋겠다'가 차지하고 있던 자리에 '하다, 싶다' 등이 채워짐으로써 거의 비슷한 의미를 지닌 세 유형이 공존하고 있다. 이들은 각자의 영역을 적절하게 차지하고 역할을 나누어서 하는 듯하다. 가령 관형절로서 후행 명사를 수식할 때에는 '저를 좀 도와줬으면 좋겠는 바람이 있어서요.'처럼 사용하는 것이 가능하지만, 실제로는 잘 쓰이지 않는다. 이럴 때는 아래 (66ㄱ, ㄴ)과 같이 주로 'S-었으면 하다'가 많이 쓰인다. '싶다'형도 유사하게 쓰이지만 '하다'형보다는 빈도가 낮다.

(66) ㄱ. 좀 좋은 경기를 펼쳤으**면 하는** 바람입니다.
ㄴ. 자제를 해 줬**으면 하는** 생각이 많이 들더라구요 진짜.
ㄷ. 이번에 명확하게 이해를 했**으면 싶은** 부분이 있습니다.

이제 이어서 '-기를'과 그 축약형 '-길'에 대하여 살펴볼 것이다. 이들은 문장의 한 성분에 불과해 보이지만 [S-었으면]과 유사하게 문말에서 화자의 바람을 표현할 수 있다. 예를 하나 들자면, 앞뒤 맥락이 제시되지 않은 '집에 빨리 오길'만 봤다고 했을 때 사용자들의 직관적 해석은 어떠할까? 아래에서 두 가지 가능성을 제시하였다.

(67) ㄱ. 밖에 비 오기 시작하네. 집에 빨리 오**길 잘했어.**
ㄴ. 밤이 너무 늦었다. 집에 빨리 오**길 바란다.**

다수가 (67ㄱ)보다는 (67ㄴ)을 직관적으로 더 먼저 떠올리게 될 것이다. 이로써 사용자들에게 '-길'이 '-길 바라다'와 연결되는 어떤 지식이 있다고 추정해 볼 수 있다. 문숙영(2015:27-30)에서는 소망 서술어(바라다, 빌다, 원하다, 희망하다 등) 앞에 오는 '명사절 + 조사' 구성의 'S-기를'이 단독으로 쓰이는 경우가 있음을 지적하면서 이를 탈종속화로 설명하고자 했다. 필자도 이에 동의하면서 '-기를'뿐만 아니라 그 축약형 '-길'이 모두 후행 서술어의 관습화된 생략 중심의 탈종속화를 겪은 형식이라고 본다.

말뭉치에서 '-기를 VP'와 축약형 '-길 VP'가 쓰인 예를 검토한 결과, '-기를 VP'가 '-길 VP'보다 2배 이상 많이 쓰였다. 그런데 '-기를 VP' 중에서 소망 서술어가 후행하는 것은 전체의 27%이고 '-길 VP' 중에서 소망 서술어가 후행하는 것은 전체의 69%에 달했다. '-기를'의 경우도 적지 않은 비율이지만 '-길'의 경우는 '-길 + 소망 서술어' 결합이 더욱 빈번하여 마치 하나의 단위처럼 인식될 수 있어 보인다. 후행하는 서술어로는 '바라다'가 압도적으로 다수를 차지하고, 그 외 몇몇 예에서 '원하다, 축원하다' 등이 나타났다. 따라서 기원이 되는 구문의 형식을 편의상 '-기를/-길 바라다'로 기술하도록 하겠다.

말뭉치 검토 결과를 통해 일단 [S-기를/-길 바라다]가 주어 혹은 화자의 소망을 나타내는 구문으로 볼 만함을 확인했다. 이는 'S-기를/-길'의 탈종속화에서 중요한 배경이 된다. 이전에도 '-기를'이 종결어미로서 쓰일 수 있다는 점이 지적된 바는 있으나(허경행, 2010: 162-163), '-기를' 뒤에 기원이나 바람을 나타내는 서술어가 나타나면 그것이 삭제될 수 있다는 정도로만 단순히 기술하고 있다. 이는 보다 명확하게 보충 설명될 필요가 있는데, 'S-기를/-길 바라다'가 소망 표현 구문으로서 굳어져서 쓰이고 있다는 점이 전제되어야 하고, '-기를'의 후행 서술어가 생략된다고 해서 모두 종결 기능을 하는 것은 아니라는 점도 고려되어야 한다. 다음의 예를 보자.

(68) ㄱ. 아내는 무슨 이야기를 해 주기를 원합니다. → 무슨 이야기를 해 주길.
ㄴ. 어른들은 자식이 나이가 들면은 빨리 시집 장가가기를 바라나 봐. → 빨리 시집 장가가기를.
ㄷ. 그렇게 협조를 해 주길 바라구요. → 그렇게 협조를 해 주길.
ㄹ. 은혜의 시간이 되시길 바랍니다. → 은혜의 시간이 되시길.

'S-기를/-길 바라다'는 위의 (68ㄱ, ㄴ)과 같이 주어의 소망을 나타낼 수도 (68ㄷ, ㄹ)과 같이 화자의 소망을 나타낼 수도 있다. 화살표의 오른쪽과 같이 후행 서술어 생략이 모두 가능하지만, (68ㄱ, ㄴ)은 주어가 바라는 것이 아닌 화자가 바라는 것을 나타나게 되므로 생략 전후 의미가 같지 않게 된다. 탈종속절 [S-기를/-길]은 화자가 자신의 바람만을 표현하는 것이 특징이다. 따라서 화자가 바람을 나타내는 맥락이 아니라면 서술어 생략이 곧 종결 기능으로 연결되는 것은 불가능하다.

또 다른 특징으로는 종결의 'S-기를/-길'이 구어 말뭉치에서는 발견되지 않았고, 문어 말뭉치에서만 발견되었다는 점을 들 수 있다. 이는 탈종속화가 구어 상황과 깊이 관련된다는 사실과 배치된다. 실제로 'S-기를/-길'은 편지글, 인터넷 채팅이나 댓글 등 비대면 대화에서 문자로서 실현된 예를 쉽게 찾아볼 수 있고, 대화 맥락이 아니더라도 주로 수필 형식의 글에서 일정한 문체적 효과를 기대할 때 이따금 사용하는 것으로 관찰된다.[50] 사용역 측면에서 보자면 탈종속화의 특성과 어긋나는 것 같기도 하다. 그러나 편지, 채팅, 댓글 등은 문자 매체이지만 구어적 특성이 강하다. 구어적 표현을 많이 사용하고, 눈에는 보이지 않으나 청자를 의식하고 배경 지식을 서로 공유하고 있다고 가정하기도 한다. 이러한 상황에서, 가령 화자는 [S-기를/-길 바라다] 소망 구문에 대한 지식을 바탕으로 삼아 '감기 빨리 낫길 바라/바랄게/바란다' 등 대신에 뒷부분 없이 '감기 빨리 낫길'만으로 자신의 바람을 나타낼 수 있고, 그것이 더 효과적으로 의도를 표현하는 방법이 될 수 있다. 이러한 실례가 반복, 축적되면서 점차 매번 후행 서술어를 환기하지 않아도 [S-기를/-길]은 그 자체로 화자의 바람과 연합된 독립적 단위로, 즉 전체 구문 [S-기를/-길 바라다]의 의미를 부분만으로도 나타낼 수 있는 탈종속절로 발달하게 된 것이다. 이는 앞서 [S-었으면]과 같이 선행절이 명제 내용을, 후행 서술어가 양태 의미를 나타내는 것으로 인식될 만하다.

그런데 앞서 지적한 대로 전체 구문과 탈종속절 간 기능이 완전히 동일하지는 않다. 일단 [S-기를/-길]은 화자의 소망만을 표현할 수 있고, 주로 자신이 아닌 상대방이나 외부의 상황과 관련하여 이루어지기를 바라는 사태를 나타낼 때 사용된다.[51] 따라서 일종의 '기원

50) 다양한 매체를 통한 문자 대화에서 쉽게 찾아볼 수 있다.
집 근처 도로 신호등이 떨어졌어요. - 에고, 사람이 안 다쳤기를.

51) '시험지는 방금 제출했어요. 제발 100점 맞길.'과 같이 자신과 관련된 소망을 나타내는 것도 가능하지만 다수의 예가 독자/청자와 관련된 내용을 보여 준다. 화자의 소망 표현

(optatives)' 표현으로서 쓰이는 일이 많은데, 이는 긍정적 내용을 바라는 축복과 부정적 내용을 바라는 저주를 아우른다. [S-기를/-길]은 대체로 긍정적이고 추상적인 내용이 결합하는 경우가 많지만, 부정적 내용 역시 결합이 가능하다. 사실 의미적으로나 화용적으로 제약 없이 열려 있으나, 애초에 [S-기를/-길 바라다]가 부정적 결과보다는 긍정적 혹은 중립적 결과에 대한 바람을 담은 경우가 더 많아서 비대칭성이 느껴지는 듯하다.

(69) ㄱ. 앞으로도 항상 건강하시**길**.
ㄴ. 이 영웅들에게 하나님의 가호가 있**기를**!
ㄷ. 내가 고통받은 만큼 벌 받**길**.
ㄹ. 방구석 여포들아 뭐든 하면 쉬울 거 같지? 자신의 인생을 뒤돌아보길. 왜 키보드워리어밖에 안됐는지 반성하**기를**.

위의 (69ㄱ, ㄴ)은 긍정적 결과에 대한 기원을, (69ㄷ)은 부정적 결과에 대한 기원을 상대방에게 전달하는 경우이다. 화행 측면에서 보면 전자는 축원 혹은 응원 기능과, 후자는 저주나 악담 기능과 관련된다. (69ㄹ)은 인터넷 댓글에서 인용한 예로서, 중립적 내용을 담고 있으나 결과적으로 충고에 가깝다.

화자의 소망을 나타낸다는 점에서 [S-기를/-길]은 [S-었으면]과 마찬가지로 일종의 양태 표현으로 볼 수 있다. 둘을 비교하자면, 기본적으로 화자의 소망을 나타내기에 청자를 덜 고려하는 듯한 특징을

이라는 점에서 양태 의미가 중심적이지만, 화행 의미를 부가적으로 수반하기도 한다고 볼 수 있다.

보인다는 점에서 유사하다. 하지만 상대적으로 [S-기를/-길]이 주로 상대방이나 외부의 상황과 관련하여 많이 사용되고, 그 결과 '기원, 충고, 권유' 등의 화행 의미를 부가적으로 수행하는 경향이 더 강하다.

(70) ㄱ. 거기 경치가 너무 좋아. 경주 가면 꼭 한 번 들르길.
ㄴ. 거기 경치가 너무 좋아. 경주 가면 꼭 한 번 들렀으면.

위의 두 예를 보면, (70ㄱ)에서는 들르는 행위의 주체가 화자보다는 청자로 읽히는 편이 자연스럽고 그에 따라 권유 의미가 비교적 잘 해석되는 반면 (70ㄴ)에서는 행위 주체가 어느 하나로 편중되지 않는다. 청자로 읽히는 것은 매우 어색하고, 화자 자신이 들르는 행위의 주체가 되어야만 자연스럽다. (70ㄱ)이 주로 청자에 대한 화자의 소망을 표현하는 데 반해 (70ㄴ)은 화자 자신과 관련된 소망을 표현한다고 할 수 있다. 이로써 [S-기를/-길]과 비교할 때 [S-었으면]은 청자를 고려하는 정도가 더 낮고 화자 자신의 마음속 생각을 표현하는 데에 초점이 있는 탈종속절이라고 볼 만하다.

4.1.3. -는지, -을지

'-는지'는 동사구 내포어미, 접속어미로 쓰일 뿐만 아니라 종결 기능을 하는 것으로도 보고된다. 종결어미 '-는지'의 기원에 대해서는 접속 구문에서 후행절 생략 혹은 내포 구문에서의 상위절 생략 두 가지 후보가 있다. 이지영(2008ㄴ)에서는 내포어미로만 쓰이던 '-는지'가 근대국어 이후 접속과 종결로 쓰임이 확대되어 가는 양상을 밝혔다. 정혜선(2014)는 18세기의 도치 사례를 들어 종결어미 '-는지'는 '-는지 알다/모르다' 구문에서 기원한 것으로 파악했다. 이금희(2016)은 접속어미의 종결어미화가 아니라 '-는지 모르다'에서 서술어 '모르다'가 생략되면서 종결어미가 생성된 것으로 보았다. 접속절을 이끄는 '-는지'는 추측, 원인이나 근거 등을 나타내는데, 종결 기능을 하는 경우 그러한 의미를 전혀 찾을 수 없기 때문이다. 정리하자면, '-는지'의 변화는 주로 상위절에 '알다/모르다'가 오는 내포 용법에서 16세기가 되면서 점차 접속 용법이 나타나고 19세기 이후 종결 용법이 나타나는 것으로 진행된다.[52]

'-는지'의 종결 용법은 보통 '막연한 의문'을 나타낸다고 기술되어 왔다. '막연함'은 화자가 의문을 품은 내용을 담고 있으면서도 간접의문의 특성상 그것이 명확해 보이지 않기 때문에 나온 해석일 것이다. 이금희(2016)은 'S-는지'의 종결 기능을 '의문, 자문(自問), 탄식'이라고 보고, 상대방에게 완곡하게 질문하는 상황에서만 종결어미화한 것으로 볼 수 있고, 자문하거나 감탄할 때 쓰이는 것은 완전히 문법화되었다고 보기는 어렵다고 했다. 종결 위치에 쓰이기는 하지만 뒷부분이 생략된 느낌이 분명히 들기 때문이다.[53] 이는 탈종속화 측면에서 보면

---

52) 아래와 같이 선행 연구의 예를 참고할 수 있다. ㄱ은 내포(15세기), ㄴ은 접속(17세기), ㄷ은 종결(19세기) 용법을 보여 준다.

ㄱ. 우리 물둘흔 勝智를 일허 업게 ᄒᆞ야 迷惑ᄒᆞ야 써디건 디 현맛 劫을 **디난디** 모ᄅᆞ리로소니 〈월인석보 14:9a〉 (이지영, 2008:116)

ㄴ. 하놀이 므슴 허물을 보오**신디** 이런 셜운 일을 보게 ᄒᆞ시니 〈계축일기 상 37b〉 (정혜선, 2014:178)

ㄷ. 규인 디답이 그디가 이전에는 놈ᄭᅮ두 잘 살더니 지금은 엇시 못 **사는지요** ? 사름 말이 내가 다힝히 샹놈되지 안코 사부의 ᄌᆞ식되여 디테며 〈독립신문 1897.1.30 잡보〉 (이금희, 2016:46)

더 명확하게 설명할 수 있다. 종결 위치에서의 'S-는지'는 두 가지 방향의 탈종속적 발달을 보이는데, 의문 기능과 감탄 기능으로 나눌 수 있다.

먼저 '-는지'가 이끄는 내포절은 화자가 의문을 품은 '비사실 내용'을 담고 있다. 화자는 인지 상태와 관련된 서술어, 주로 '모르다'를 종종 생략함으로써 독백처럼 자신의 의문을 표현할 수 있다. 다음의 예를 보자.

(71) 교직에서 은퇴하시고 어디서 살고 계시는지 {몰라/알지 못해/궁금해…}.
→ (옛 은사님을 떠올리며) 교직에서 은퇴하시고 어디서 살고 계시는지.

후행 서술어가 있는 구문을 기반으로 삼아, 뒷부분이 발화되지 않고 쓰이면서 독백 성격이 강한 의문 형식 [S-는지]가 발달할 여지가 생긴다. (71)에서의 '모르다'는 화자의 인지 상태를 가리키는 것으로서 화자가 선행 명제에 대해 정보가 없어서 의문을 품는 경우이다. 선행 연구에서는 이를 '자문'으로 구분하기도 했는데, 자기 자신에게 묻는 식으로 해석되는 것은 청자에게 정보를 요구하는 질문보다는 화자의 정보 결여 상태를 표현하는 것이 주된 기능이기 때문이라고 할 수 있다. 게다가 [S-는지]는 단순한 정보 결여 외에 이해하거나 인정하기 어려운 상황에 기인한 의문을 나타내는 경우도 꽤 많다. 이때 자연스

53) 전후민(2015:29) 역시 '육개장이 얼마나 매운지.'와 같은 예가 감탄을 나타내지만 여전히 후행 요소가 생략된 듯한 느낌이 든다고 했다.

럽게 화자의 부정적 태도나 감정이 수반되기도 한다.

(72) ㄱ. 바닷바람이 막 불어오는데 바다 냄새 때문에 어떤 여자애는 울렁거린대요. 아 바다 냄새가 울렁거리는데 어떻게 해사를 왔**는지**, 저는 그런 것 따위는 없었는데,

ㄴ. 에프십오 고물 전투기 그건 또 왜 사 오**는지**, 아 진짜. 군대든 뭐든, 불만이 많아,

ㄷ. 웬 놈의 또 소문은 또 그렇게 많이 도**는지**. 뭐 애가 어땠더라 애가 몰래 뭐 음식을 먹었더라 뭐 반찬을 몰래 먹었더라

(71), (72)의 예를 볼 때, 정보 획득에 초점을 맞춘 질문이 아니라는 점, 따라서 청자에게 요구하는 바가 별로 없고 오히려 의문을 품은 화자 자신의 상태가 잘 드러나는 경향이 있다는 것이 이 '막연한 의문'의 특징임을 알 수 있다. 그렇다면 [S-는지]는 상대방에게 직접 질문하는 데에는 잘 사용되지 않는 것일까? 실제로 이러한 예는 말뭉치에서 상대적으로 매우 적게 발견되었다. 그러나 사용이 불가능한 것은 아니며, 특히 완곡한 질문을 할 때 일정한 기능을 한다.

(73) ㄱ. P1: 그놈, 집에 있지요?
P2: 왜 그러시**는지**?

ㄴ. P1: XXX에 대해 섭섭한 감정은 없으**신지요**.
P2: 내가 동생을 잘 알아요. 섭섭한 마음은 전혀 없습니다.

ㄷ. P1: 어떻게 이런 시골까지 이사를 오시게 됐**는지요**?
P2: 아, 그러니까, 그것이, 음, 말을 하자면 글을 쓰려고요.

위의 (73)에서 보듯 말끝을 흐리는 듯한 질문에 쓰이는 [S-는지]는 간접성을 나타내는 기능을 한다고 볼 수 있고, 이는 소극적 공손 전략이 될 수 있다. 보통 청자가 화자와 같은 등급일 때보다는 높임의 대상일 때 사용되고, (73ㄴ, ㄷ)과 같이 '요' 결합이 가능하기도 하다.

다음으로 감탄 기능을 살펴보도록 하겠다. 이는 내포 구문에서 유래하기는 했으나, 정확히는 '얼마나 ~ -는지 모르다'와 같이 '정도가 대단함'을 표현하는 구문이 있고, 이로부터 나온 것으로 보인다. 즉 아래 (74ㄱ)과 같은 예를 기반으로 삼아 후행 서술어 '모르다'가 없이 사용됨으로써 (74ㄴ, ㄷ)과 같은 종결 기능이 가능해지는 것이다. 전자가 사태의 정도가 대단함을 화자가 '진술'을 하는 데 초점이 맞추어져 있다면, 후행 서술어가 없는 [얼마나 ~ -는지]는 사태에 대한 화자의 주관적 느낌이 더 강조된다.

(74) ㄱ. 기차역까지 가는데두 얼마나 추운**지** 몰라 막.
ㄴ. 애들이 공부두 못하고, 말은 또 애들이 얼마나 욕을 잘하**는지,** 그래서, 딱 겉보기에도 차이가 나니까,
ㄷ. 어쩜 그렇게 삼류 깡패 연기를, 어찌나 그렇게 잘하**는지** 너무 리얼하게.

Mithun(2016)은 감탄문이 의문문, 평서문으로부터 탈종속화를 거쳐 만들어질 수 있다고 했다. 의문문과 관련된 한 예를 보자면, 영어의 'How good is it?'이 'I don't know [how good it is].'와 같이 내포 구문으로 확장되고, 이는 'Look at [how good it is]!, It is surprising [how good it is]!' 식으로 일반화될 수 있다. 그리고 마지

막으로 탈종속화를 겪을 수 있는데, 구문 전체와 연관된 의미는 그대로 남으면서 'How good it is!'가 정도가 대단하다거나 그 정도일 줄 예상하지 못했다거나 하는 등의 의미를 나타내게 된다. 이는 여러 언어에서 보이는 감탄문과 의문문 간 유사성을 설명하는 한 방법이 될 수 있다. [얼마나 ~ -는지 모르다]에서 후행 서술어의 생략이 관습화되면서 생성된 [얼마나 ~ -는지] 역시 이와 유사한 양상을 보이는 듯하다. 가령 '얼마나 추운지 모르다'에서 '모르다'의 생략이 반복되면서 '얼마나 추운지!'가 '정도가 심한 데 대한 감탄 표현'으로 쓰이게 되는 식이다.

'-는지'가 관여된 탈종속화는 세 가지로 정리될 수 있다. 첫 번째는 마음속에 품은 의문을 드러내어 표현하는 기능으로서, 정보가 결여된 데 대한 의문뿐만 아니라 이해하거나 인정하기 어려운 상황에 대한 의문을 나타내는 데 많이 쓰인다. 청자에게 정보를 요구하기보다는 화자의 의문 자체를 드러내는 데 더 초점이 맞추어져 있고, 독백 성격이 강하다. '모르다'로 거의 제한되기는 하나 후행 서술어의 복원이 어렵지 않게 가능한 편인데, 다만 '모르다'의 역할이 잉여적이기는 하다. 두 번째는 상대방에게 완곡하게 질문하는 기능으로, 말끝을 흐림으로써 공손성을 획득하는 책략이 동기가 된 듯하다. 후행 요소의 복원이 불가능하다는 점, '요' 결합 여부에 따라 청자 높임이 구분된다는 점에서 첫 번째에 비해 진전된 단계의 탈종속절로 볼 수 있다. 이는 모두 'S-는지 모르다'로부터 유래하였다.

의문 기능과 관련된 앞의 두 유형과 달리 세 번째는 감탄 기능과 관련된다. [얼마나 ~ -는지 모르다]에서 후행 서술어가 반복적으로 생략되면서, [얼마나 ~ -는지]가 화자의 감탄을 표현하는 것이다. 첫 번째와 마찬가지로 '모르다' 복원이 어렵지 않게 가능하지만, 탈종속절은 화자의 주관적 느낌을 더 분명하게 드러낸다는 점에서 차이가 있다.

지금까지의 '-는지' 논의를 바탕으로 삼아 이제 '-을지'에 대하여 살펴보자. '-을지'는 '-는지'와 유사한 발달 경로를 거쳐 온 것으로 보인다. 중세국어에서는 내포절을 이끄는 데만 쓰이다가 근대국어 이후 접속 용법을 보이는 예가 많아지며, '-는지'와 비교했을 때 종결성이 두드러지는 예가 조금 더 이른 시기에 나타난다(이지영, 2008ㄴ: 132).[54)]

구어 말뭉치를 검토해 보면, 'S-을지'에 '모르다'가 후행하는 사례가 압도적으로 많다. 그 외에는 '고민되다, 난감하다, 당황스럽다, 막막하다, 의심스럽다, 조심스럽다' 등이 나타났다. '-을지'가 이끄는 선행절에는 '미정, 비실현 사태'가 오고 후행절에서는 그에 대한 화자의 인지 상태, 대개는 알지 못함을 표현하는 것이 일반적이다. 때로는 이러한 인지 상태와 관련된 화자의 감정을 나타내는 내용의 서술어가 오기도 한다.

(75) ㄱ. 이런 말 해도 기분 안 나**쁠지** 모르겠지만, 내 조카 많이 닮은 거 같애요

ㄴ. 말도 안 듣고 그런 애들, 그런 애들까지 다 이뻐할 수 있**을지**, 의심스러워

54) 이지영(2008ㄴ:133)은 동일한 예문이 시기를 달리하여 언해된 것을 비교해 보였다. 17세기의 '-을디'가 18세기 초와 말에 종결의 '-을가'로 달리 언해된 것을 통해 해당 맥락이 종결성이 매우 강한 것이었음을 알 수 있다고 한다.

ㄷ. 어떻게 해야 **될지** 뭐 당황스러워 가지고 그냥 줄줄줄줄 읽었잖아요.

'S-을지 모르다' 중에는 단순한 인지 여부가 아니라 사태를 추측하는 데 있어 확신이 별로 없거나 적음을 표현하는 경우도 있다. 위의 (75ㄱ)은 그러한 '모르다'가 후행하는 예이다. (75ㄴ, ㄷ)은 화자의 감정을 나타내는 서술어(의심스럽다, 당황스럽다)가 후행하는 것을 보여 준다. 선행절에는 모두 미정, 비실현 사태를 담은 내용이 온다.

'S-을지'는 후행 서술어가 없이 쓰이기도 하는데, 보통 알 수 없는 미래에 대한 화자의 의문을 나타낸다. 그런데 이 의문의 실제는 '아득함, 답답함, 혼란스러움' 등 추측이 쉽지 않을 때 오는 감정적 반응과 관련되어 있고, 'S-을지'는 이를 부호화하지 않으면서도 표현할 수 있다는 점에서 구별된 기능을 한다. '모르다'를 비롯한 후행 서술어가 생략되면서 청자에게는 추론해야 할 영역이 생겨나는데, 청자는 'S-을지'에서 주로 화자의 마음 상태를 해석하게 된다. 그 결과 해당 형식이 아래 예와 같이 화자의 감정을 표현하는 탈종속절로 발달하게 되는 것이다.

(76) ㄱ. 아이가 2살이에요. 언제쯤 편한 외출이 가능**할지.**

ㄴ. 이번 추석은 마음이 너무 무겁네요. 허리가 아파서 갈 수 **있을지.** 가도 아무것도 할 수가 없을 거 같아 죄송한 마음뿐이네요.

ㄷ. 지금 내일도 중도 앞에서 1인 시위도 한다고 한 시간 예약이 잡혀 있는데, XX 쪽 팔려서 어떻게 **할지,**

위의 (76)에서 후행 서술어는 '모르겠다' 정도로 복원할 수 있는데, 여전히 생략된 요소가 쉽게 환기되는 편이다. 그러나 생략 전후의 의미가 완전히 동일하다고 볼 수는 없다. 탈종속절 [S-을지]가 무지, 낮은 확신, 추측이 어려움 등에 동반되는 화자의 마음 상태를 나타내는 것으로 기능이 더 특수화된 경향을 보인다. 예를 들어 (76ㄴ)은 '아파서 귀성이 불가능할 수도 있다는 추측으로 인한 염려'가 드러난다.

[S-을지]는 [S-는지]에 비해 면대면 상황에서 대답을 요구할 때 더욱 잘 쓰이지 않는 듯하다. 드물기는 하지만 대화에서 [S-을지]가 사용된다면, 대개 윗사람에게 그리고 상당히 조심스러운 태도로 질문을 할 때 나타나는데, 이 또한 소극적 공손 전략이 될 수도 있다. 다음의 예를 보자.

(77) P1: 사이즈 어떤 걸로 주문해야 **할지요?**
P2: 저희는 정사이즈를 권해 드리고 있습니다.

그간 '막연한 의문'이라는 설명 아래 하나로 대강 묶여 있었던 '-는지', '-을지'의 종결 용법은 일단 화자의 의문을 나타내는 데 초점이 있고 청자에게 정보를 요구하는 기능은 매우 약하다는 공통점이 있다. [S-는지]는 정보 결여로 인한 의문뿐만 아니라 기정 사태를 이해하거나 인정하기 어려운 상황에서 유발된 화자의 태도나 감정을 나타내는 데도 적지 않게 쓰인다. [S-을지]는 미정, 비실현 사태를 대하는 화자의 마음 상태를 드러낼 수 있다. 아래 예는 이러한 두 탈종속절의 쓰임을 잘 보여 준다.

(78) 자기 자식도 느린 아이면서 왜 다른 아이의 험담을 하**는지.** 내 아이보고는 뒤에서 어떤 말을 했**을지.** 진짜 별 웃기는 사람들이 많아요.

화자의 의문을 나타내는 양태 표현 탈종속절 [S-는지], [S-을지]는 독백 성격이 강한 편이라고 했는데, 이와 관련하여 덧붙일 부분이 있다. 이전 절에서 [S-었으면]이 내적 의문이나 생각, 추측 내용을 인용할 수 있는 '-나, -은가, -을까'와 유사하게 'S-었으면 싶다'로 쓰일 수 있음을 보였다. 그와 마찬가지로 'S-는지 싶다, S-을지 싶다'가 사용되는 예가 발견된다. [S-는지], [S-을지] 역시 의문과 관련된 종결 형식으로서 '-나, -은가, -을까'와 유사한 행동을 보이는 것으로 이해할 수 있다.

(79) ㄱ. 호이안 입장료 내야 하나요? 박물관 같은 곳은 둘러볼 생각 없고 식당이랑 거리 구경만 할 건데도 내야 하**는지 싶어서요.**
ㄴ. 시내가 복잡한데, 택시 잡아서 다니기 괜찮**을지 싶고.**

'-는지', '-을지' 관련 탈종속절은 상대적으로 맥락과 관계가 깊어서 여전히 생략된 느낌이 다소 남아 있으나, 종결 단위로서 자연스럽게 쓰이고 있다. 모두 후행 서술어 '모르다' 생략을 거쳤는데, 기반이 된 맥락이 약간씩 달라 차이가 생겼다고 볼 수 있다. 분석한 내용을 정리하면 각각 [표 8], [표 9]와 같다. 의문의 '-는지'와 '-을지'는 모두 두 가지의 탈종속절로 발달하는데, 번호를 달리하여 구부하였다.

[표 8] '-는지'의 탈종속화

-는지	의문	[S-는지]1	• 정보 결여로 인한 의문 (예) 교직에서 은퇴하시고 어디서 살고 계시는지. • 이해, 수용 불가로 인한 의문 (예) 바다 냄새가 울렁거리는데 어떻게 해사를 왔는지.
		[S-는지]2	• 완곡한 질문 (예) 어떻게 이런 시골까지 이사를 오시게 됐는지요?
	감탄	[얼마나 ~ -는지]	• 정도가 대단한 데 대한 감탄 (예) 얼마나 추운지!

[표 9] '-을지'의 탈종속화

-을지	의문	[S-을지]1	• 예측 불가로 인한 의문 (+화자의 감정) (예) 언제쯤 편한 외출이 가능할지.
		[S-을지]2	• 완곡한 질문 (예) 사이즈는 어떤 걸로 주문해야 할지요?

4.1.4. -는/을 수밖에, -을 리가

'-는/을 수밖에 없다', '-을 리가 없다'는 가능성을 표현하는 하나의 단위로 다루어지고 있다(남신혜, 2016). 전자는 '공부를 안 했으니 성적이 나쁠 수밖에 없어'와 같이 '(제시된 명제 외에) 다른 가능성이 없음'을 나타내고, 후자는 '차가 엄청 밀리는데 벌써 도착했을 리가 없어'와 같이 '(제시된 명제와 같이) 그럴 가능성이 없음'을 나타낸다. 그런데 후행 서술어 '없다'가 생략된 채 종결 기능을 하는 것처럼 보이는 예들이 존재하고, 특히 '-는/을 수밖에'는 더욱 그러한 경향이 보인다. 일단 '-는/을 수밖에 없다'와 함께 '-을 리가 없다'까지 살펴보는 것은 둘

다 어떤 사태에 대한 화자의 가능성 추정 및 확신 정도와 관련되면서 '없다' 없이 의존명사와 조사 결합 형식만으로 종결 기능을 한다는 공통점 때문이다.

먼저 '-는/을 수밖에'에 대하여 보면, 문숙영(2015:31-34)는 이를 후행 서술어가 생략되었다는 점에서 탈종속화 관점에서 검토할 수 있다고 했다. 실제로 '없다'가 없는 'S-는/을 수밖에'는 구어뿐만 아니라 문어에서도 종종 사용된다.

(80) ㄱ. 몸에 힘이 없으니 의욕도 없고, 다른 아이들이 재미있게 도전하는 일에도 흥미가 없을 수밖에요.

ㄴ. 저희는 지역노조협의회에서 일하고 있습니다. 서로 인사는 안 했어도 집회 같은 데서 자주 만났으니 얼굴을 알 수밖에요.

ㄷ. 머릿속에서의 생각은 한정될 수밖에. 기껏해야 두 문장 정도 기억하지 뭐 얼마나 천재라고 자기가 어 다 이렇게 구성돼 가지고 나오겠어요?

'-는/을 수밖에' 뒤의 '없다'는 매우 예상 가능한 배열이기 때문에 실제 사용에서 '없다'가 단지 수의적으로 생략되는 것으로 보일 수도 있다. 평서형으로 한정되기는 하나 '없다'의 복원이 어렵지 않게 이루어진다.[55] 예를 들어, 위의 (80ㄴ)에서 '없다'를 복원하면 '서로 인사는 안 했어도 집회 같은 데서 자주 만났으니 얼굴을 알 수밖에 없지요'가

55) '-는/을 수밖에 없다' 구문에서 형용사 '없다'의 특성상 명령형과 청유형은 본래 불가능하다. 의문형 역시 매우 어색하고, 실제로는 강조적 진술로 해석되는 확인의문문만 쓰일 수 있다. 가령 '남이랑 비교하면 늘 불행할 수밖에 *없습니까?'는 불가능하고, '남이랑 비교하면 늘 불행할 수밖에 없지 않습니까?'는 쓰일 수 있다.

될 텐데, 복원 전과 후 사이에 차이가 크게 느껴지지 않는다.

그런데 아래의 예는 약간 다르다. '-는/을 수밖에'로 끝나는 절 앞에는 '없다'에 상응할 내용을 지닌 문장이 오는 경우가 종종 있는데, (81)은 그러한 예들을 보여 준다. 만약 생략된 '없다'가 복원된다면 동일한 말이 반복되는 느낌 때문에 다소 어색해질 것이다.

(81) ㄱ. 모르겠으면 할 수 없다. 앞에서 다시 찾는 수밖에.
ㄴ. 인간은 혼자 살 수가 없잖아. 일과 사랑을 통한 다른 사람과의 관계성 속에서 존재의 의미를 찾을 수밖에.
ㄷ. 속을 버무리다가 아차 생강이 빠졌다, 늘 이런 식이지요. 손은 고춧가루로 이미 범벅이 되어 있는데 말입니다. 그래도 어쩔 수 없습니다. 손을 씻고 다시 슈퍼에 다녀올 수밖에요.

'-는/을 수밖에'의 탈종속화는 '없다'가 비교적 쉽게 복원되고 복원 전후 내용에 큰 차이가 없는 경우부터 미세한 기능 차이를 보이는 경우까지 걸쳐 있다. 사용자들은 기원 구문인 '-는/을 수밖에 없다'에 대한 지식을 바탕으로 삼아, 예측이 쉬운 '없다'가 없이도 유사한 의미로 의사소통을 할 수 있다. 그런데 후행 서술어가 없이 쓰인 경우, 원래의 구문이 표현하던 것보다 단언성을 약화하거나 화자의 다른 부수적 태도, 이를테면 수용, 체념 등을 드러내는 효과가 있는 듯하다.[56)]

---

56) 문숙영(2015:32)는 '-는/을 수밖에' 사용이 사태의 불가피성이나 당위성에 대한 단언 정도를 약화시킴으로써 체면위협 정도를 낮춘다고 보았다. 체면위협 정도를 떨어뜨리는 것은 탈종속절의 기능 중 하나이다.

아래 (82)에서 '없다'를 복원한다면 기본적 의미는 동일하다고 해도, 화자가 명제 내용에 대해 어쩔 수 없이 수용하거나 체념하는 등의 태도는 드러나지 않을 것이다.

(82) ㄱ. P1: 아직 기다리고 있는 거야?
P2: 연락이 없습니다. <u>계속 기다리는 수밖에요.</u>
ㄴ. P1: 언제부터 이렇게 일일이 사람들을 검문했습니까?
P2: 며칠 되지 않았어요. <u>위에서 하라고 하니 할 수밖에요.</u>

다음으로 '-을 리가 없다'를 보자. 이는 가능성 없음에 대한 화자의 확신을 표현한다. 남신혜(2016:415-416)은 화자가 인식하는 가능성 정도 측면에서 '-을 리가 없다'가 '-는/을 수밖에 없다'와 대척점에 있다고, 즉 각 구문이 척도의 양극단에 있다고 지적했다. 그리고 '저 사람이 가수래요. - 그럴 리가요? 저렇게 노래를 못하는데요?'와 같은 예를 들면서 후행 서술어가 생략된 '-을 리가'로 쓰이는 경우는 단지 구어에서의 특징으로 보았다. '-을 리가 없다'는 형식이 다소 유동적인데, 조사 없이 '-을 리 없다'도 많이 쓰이고 '-을 리는 없다'나 '-을 리도 없다'도 가능하다. 그중 '없다'가 없이도 종결 기능이 가능해 보이는 것은 '-을 리가 없다'뿐이다. 이로써 탈종속화를 겪는 것은 덩어리 구서이 종속적 요소 전체임을 다시금 확인할 수 있다.

실제로 말뭉치에서는 '그럴 리가요' 3회를 제외하면 구어나 문어 모두 '없다'가 없이 쓰인 예를 찾지 못하였다. '그럴 리가, 그럴 리가요'는 고정된 형식의 빈승 표현처럼 쓰이는 일이 꽤 있다. 말뭉치에서는 발견되지 않았으나, '없다'가 생략된 쓰임은 실제 상황에서 충분히 사용

가능해 보인다. 인터넷 검색에서는 적지 않게 찾아볼 수 있는데, 음성 발화보다는 구어적 문어에서 주로 쓰인다.

(83) ㄱ. 무상으로 지원받는 실정인데 돈이 있을 리가요.
ㄴ. 차돌박이가 들어간 국밥이 맛이 없을 리가요. 역시 국물은 고깃국물이 최고 아닙니까!
ㄷ. P1: 저 혹시 어제 텔레비전에 나오시지 않았나요? 지역 광고 같은 데요.
P2: 그럴 리가요. 사람을 잘못 본 거 아닌가요?

탈종속절 [S-는/을 수밖에], [S-을 리가]는 각각 '하나의 가능성만 있음', '가능성이 전혀 없음'에 대한 확신을 나타내는 구문에서 후행하는 '없다'가 없이 쓰이면서 발달하였다. 기원 구문은 가능성에 대해 직설적이고 단언적으로 표현하는 특성이 있다. '없다'는 매우 예측 가능한 요소로서 생략이 쉽게 가능하고, 얼핏 전체 구문과 탈종속절 간 의미 차이는 별로 없어 보이기도 한다. 그렇다면 다시 탈종속화 전후의 차이에 대해 생각해 보자.

아래 (84ㄱ, ㄴ)과 같이 '없다'가 없는 예와 (84ㄱ', ㄴ')과 같이 '없다'가 있는 예를 서로 비교해 보면, [S-는/을 수밖에]는 앞서 밝힌 대로 단언성을 약화하는 일종의 간접 표현이면서 동시에 수용, 체념과 같은 태도를 수반할 수도 있다. 이는 'S-을 리가 없다'의 탈종속화에도 마찬가지로 적용된다. '없다'가 빠지면 '가능성 없음'에 대한 화자의 확신이 다소 약화되는 것으로 보인다.

(84) ㄱ. 니가 잘못했으니까 전부 책임지는 **수밖에.**

ㄱ′. 니가 잘못했으니까 전부 책임지는 **수밖에 없어/없지.**

ㄴ. 시간이 늦어서 지하철이 끊겼어요. 그냥 택시를 타고 가는 **수밖에요.**

ㄴ′. 시간이 늦어서 지하철이 끊겼어요. 그냥 택시를 타고 가는 **수밖에 없어요/없지요.**

또 (85ㄱ, ㄴ)과 (85ㄱ′, ㄴ′)을 서로 비교해 보면, 본래 '-을 리가 없다'는 확신 있는 추정을 나타내지만, 탈종속절이 쓰이면 그 정도성이 떨어지는 것이 느껴진다.

(85) ㄱ. 내가 몇 번이나 확인을 했는데. 화장실에 폰을 두고 왔**을 리가.**

ㄱ′. 내가 몇 번이나 확인을 했는데. 화장실에 폰을 두고 왔**을 리가 없어.**

ㄴ. 그 착한 사람이 아내를 두고 바람을 피웠**을 리가요.**

ㄴ′. 그 착한 사람이 아내를 두고 바람을 피웠**을 리가 없어요.**

비교적 약한 확신을 나타내는 '설마'와의 공기를 보면, 탈종속절이 쓰인 경우에 조금 더 자연스럽게 어울리는 것을 볼 수 있다.

(86) ㄱ. 설마 화장실에 폰을 두고 왔**을 리가.**

ㄱ′. 설마 화장실에 폰을 두고 왔**을 리가 없어.**

ㄴ. 설마 바람을 피웠**을 리가.**

ㄴ′. 설마 바람을 피웠**을 리가 없어요.**

[S-는/을 수밖에], [S-을 리가]는 기원이 되는 구문 자체가 가능성 표현이었기 때문에 양태적 의미를 새로 얻었다고 할 수 없다. 화자가 후행 서술어 없이 사용함으로써 추론적으로 획득되는 의미는 해당 명제에 대한 단언성, 확신 정도를 얼마간이나마 경감시키는 것인데, 이는 간접 표현 기능과 상통하는 부분이다. 한편 탈종속절을 통해 수용이나 체념의 태도를 수반할 수 있는 것은 또 다른 양태적 의미가 생겨날 수도 있음을 시사하기도 한다.

4.1.5. -든지

'-든지'는 선택항을 나열하는 어미로서, 보통은 두 개의 항이 이어지는 'S1-든지 S2-든지 하다'가 기본 형식으로 기술되어 왔다. 'S1-든지 S2-든지' 전체가 상위절에 내포되는 구조인데, 상위절에는 '하다'가 주로 나타나지만 '그러다' 혹은 명시적 서술어도 나타날 수 있다.[57] 정확히는 'S1-든지 S2-든지 … Sn-든지 최종절' 형식이다. 상위절은 모든 선택항이 연결된 후 마지막에 오기 때문에 최종절이라고 부를 수도 있다.

구어 말뭉치에서 검색된 '-든지'의 예 가운데 약 62%가 선택 나열을 나타내는 구문이었고, 나머지 38%는 의사(擬似) 선택 구문이었다.[58]

---

57) 접속 관련 선행 연구에서는 여러 접속절이 되풀이되면서 각 절에 모두 어미가 결합된 형식이 다시 주절과 이어지는 현상에 대해 '내포 접속문'이라는 범주로 규정했다(권재일 1985 등). 서정수(1994)는 '-든지' 구문이 하위 내포문이 되는 것은 앞뒤 절에 반복되어 나타나기 때문에 전체 문장을 끝맺기 위한 상위절이 필요하게 되는 것이라고 설명했다. 윤평현(2005)는 상위절 '하다'에 내포된 문장의 일부만이 '-든지'가 이끄는 접속문이라고 하였다.

58) 윤평현(2005)는 두 선택항 가운데 어느 것을 택해도 결과는 마찬가지임을 나타내는 소극적 선택을 의사 선택으로 구별할 수 있다고 했다. 이는 보통 어떤 것을 골라도

'-든지 선택 구문'을 검토한 결과 실제 사용에서는 여러 변주가 있다는 점을 알 수 있었다. 선택항이 하나 이상 출현하지 않거나 선택항 사이에 다른 발화가 끼어들거나 아예 '-든지'로만 발화가 종결되는 등 다양한 양상이 보였다. 상위절 유무로 보면 전체의 74%가 상위절이 있었고, 나머지 26%는 상위절 없이 '-든지'로만 발화가 종결되고 있었다. 이는 단지 구어에서의 특징일 수도 있다. 선택 구문임에도 불구하고 선택항을 하나 이상 발화하지 않은 경우가 많았는데, 나머지 선택항을 발화하려다가 계획을 바꾸거나 말차례를 뺏기거나 또는 상대방과 공유된 정보라서 일부러 발화하지 않거나 하는 등의 이유가 있을 수 있다.

비교를 위해 문어 말뭉치에서 '-든지' 예를 검토해 보았다. 선택 구문 대 의사 선택 구문 비율은 63% 대 37% 정도로서 구어와 거의 비슷했다. 상위절 유무를 보면 차이가 있었는데, 상위절까지 나타난 예가 약 90%였고 나머지 10% 정도가 상위절 없이 쓰였다. 구어에 비하면 적은 비율이지만, 종결 용법이 관찰되기 때문에 구어와 문어의 예 모두를 참고하여 탈종속화 측면에서 이들을 고찰해 볼 것이다.

먼저 말뭉치 모두에서 공통적으로 관찰되는 '-든지 선택 구문'의 특징을 정리해 보도록 하겠다. 첫 번째는 다른 절과 이어지지도 않고 상위절도 생략되어 'S1-든지 S2-든지'로만 종결되는 예가 많다는 점이다.

상관없음을 나타내기 때문에 전칭(全稱)의 뜻으로도 쓰인다. '얼마든지, 뭐든지, 누구든지'와 같은 고정 표현은 분석된 '-든지' 사례에서 제외되었다. 따라서 사실상 의사 선택적 용법은 훨씬 더 광범위하다고 볼 수 있다.

(87) ㄱ. 앉든지, 들어가 주무시든지.

ㄴ. 나머지는 저녁에 와서 하든지 토요일날 와서 하든지.

(87ㄱ, ㄴ)은 상위절은 없지만, 보통 둘 중 하나를 선택하라는 의미로 쉽게 해석된다. '선택 가능한 항의 나열 + 서술어' 구조가 하나의 덩어리처럼 '제시된 것 중 하나를 택함'이라는 의미를 나타내면서 예상 가능한 서술어 부분은 '하다'가 주로 채우게 되고, 그조차도 생략이 자주 일어난다는 시나리오를 가정해 볼 수 있다. 상위절 없이도 청자가 비교적 쉽게 해석이 가능한 것은 선택항의 나열 뒤에 이어질 서술어가 보통 '선택, 결정, 결단' 등과 관련된다고 추론할 수 있기 때문이다. 이와 같은 과정은 전형적인 탈종속화 과정으로 이해할 수 있다. '하다'를 비롯한 상위절이 없이 선택항만 나열하고 '-든지'로 종결하는 것은 '선택 제안'의 의미를 나타낸다. 후행 요소는 복원될 수도 있으나, 의미 차이가 있다. 구체적인 상위절이 동반될수록 단순한 제안보다는 제안의 수용을 강요하는 듯한 의미로 해석된다.[59)]

두 번째 특징은 마지막 선택항에는 '-든지'가 붙지 않는 형식이 많이 쓰인다는 점이다. 이와 관련하여 주지연(2015)에서는 '-든지'가 최종항 무표지 구성과 전항 표지 구성 모두가 가능하다고 분류한 바가 있기도 하다. 다음의 예를 보자.

---

59) 상위절이 구체적으로 나타난 예를 보면 다음과 같은데, 강제성 부과로 해석되기가 쉽다.

ㄱ. 오늘 이 자리에서 노조를 포기한다는 각서를 쓰든지, 사표를 쓰든지 둘 중 하나를 선택해!

ㄴ. 이 에밀 택하든지 통님일 택하든지 양단간에 결정을 내리라.

(88) ㄱ. 곧바로 전화를 걸든지 아니면 상계 1동 파출소를 찾으세요.
ㄴ. 세 명 중 한 선수가 공격 포인트를 기록하든지 득점까지 연결됐으면 하는 바람이죠.
ㄷ. 뒤에는 낙서를 하시든지 이면지로 활용하시고,

윤평현(2005:48-50)에서는 '-거나 하다'는 축약이 가능하여 '사람을 비웃거나 놀리거나 하지 말아라.'가 '사람을 비웃거나 놀리지 말아라.'로 될 수 있지만, '-든지 하다'는 축약되면 부자연스러운 문장이 된다고 했다.[60] 그러나 축약된 문장은 크게 부자연스럽지 않고 실제로 (88)과 같은 예들이 많이 쓰이고 있다. 이때 최종 선택항의 서술어는 상위절이 했던 종결 기능까지 그대로 하게 된다.

그렇다면 이것이 단순 변이 형식인지 다소나마 어떤 의미 차이를 갖는지 보자. 두 작성례를 통해 비교해 보면 다음과 같다.

(89) ㄱ. 추우면 옷을 더 껴입든지 히터를 틀어.
ㄴ. 추우면 옷을 더 껴입든지 히터를 틀든지 해.

최종 선택항이 무표지된 (89ㄱ)은 둘 중 하나를 택하라는 뜻이 강하게 해석되는 데 반해 (89ㄴ)은 두 가지 선택항 중 하나를 택할 수 있으나 그 외의 선택도 가능하다고 해석된다. 이에 대해 '-든지'가 문면에

60) 다음의 예문들을 들어 설명했는데, 필자의 직관으로는 '??' 표시된 축약된 문장이 부자연스럽다고 판단되지 않는다.
ㄱ. 돌이가 오든지 순이가 가든지 할 것이다. / ??돌이가 오든지 순이가 갈 것이다.
ㄴ. 너는 밥을 먹든지 우유를 마시든지 해라. / ??너는 밥을 먹든지 우유를 마셔라.

드러난 것뿐 아니라 문장 밖의 것까지 선택할 수 있는 '개방 선택' 의미가 있다고 보거나(윤평현, 2005:66-70), 병렬 표지가 최종항까지 붙으면 배타성이 배제되는 것이라는 설명이 있었다(주지연, 2015:132-133). (89ㄱ)에 비해 (89ㄴ)과 같이 'S1-든지 S2-든지 하다'를 사용하는 것은 다른 선택의 길도 조금은 열어 놓음으로써 배타성을 없애는 효과가 있는 듯하다.

세 번째 특징은 'S-든지 하다' 형식으로 선택항이 하나만 제시되는 예가 쓰인다는 점이다. 주로 구어에서 많이 쓰이기는 하지만 문어에서도 꽤 발견된다.

(90) ㄱ. 약주를 많이 드셔도 수면을 취하시든지 해서 아무 일도 없이 지나면 괜찮은데

ㄴ. 술 취했으면 곱게 집에 가서 자빠져 자든지 할 것이지, 비싼 약병은 왜 깨구 지랄이야 이놈아.

ㄷ. 좀 이따가 뭐 골뱅이무침 시키든지 그러자.

이에 대해 선행 연구에서는 여러 선택항이 있는 데서 하나가 생략된 것으로 보았다(윤평현, 2005; 목지선, 2017). 예를 들어, '내일 너한테 돈을 주든지 할 테니까 미리 걱정하지 마라.'가 '내일 너한테 돈을 주든지 물건을 사 주든지 할 테니까 미리 걱정하지 마라.'에서 후행하는 선택항이 생략된 결과라는 것이다. 이러한 설명은 둘 이상의 선택항이 나열되는 것이 기본 형식이라는 생각에서 비롯된 것으로 보인다.

앞서 첫 번째 특징에서 보았듯 화자에게는 보통 둘 이상의 선택항과 서술어로 이루어진 선택 구문에 대한 지식이 있다. 따라서 'S-든지

하다'만 실현되어도 무언가 다른 선택항이 더 있을 것이라는 예상을 자연스럽게 할 수 있다. 사용할 때마다 매번 생략된 선택항을 환기하는 것은 아니지만, 'S-든지 하다'가 '다른 선택항이 있을 수도 있음'을 암시하고 그것이 화용적 기능에 반영된다. 그 증거로 명령문에서 완곡한 표현으로 쓰일 수 있다는 점을 들 수 있다(윤평현, 2005:68). 가령 '이거 먹어라, 이거 먹어'보다는 '이거 먹든지 해라, 이거 먹든지 해'가 덜 직접적인 느낌을 줄 수 있다는 것인데, '다른 선택항이 있음 → 꼭 이것이 아니어도 됨'의 과정이 'S-든지 하다'의 의미 해석에 반영되었다고 할 수 있다.

비-명령문에서는 단언성이 약화되는 효과가 보인다. 또 '꼭 이것이 아니어도 됨 → 이것 혹은 그와 유사한 것'을 나타낼 수도 있다. 아래 (91)의 예에서 '먹든지 해야지'와 '먹어야지'를 보자. '먹든지 해야지'에서는 화자의 의지를 나타내는 '-어야지'의 효과가 상대적으로 덜하게 느껴진다.

(91) P1: 저녁은 먹었어?
P2: 아니, 좀 이따 먹**든지 해야지**. / 좀 이따 먹**어야지**.

이제 '-든지'가 종결 기능을 하는 문제로 돌아와 보겠다. 첫 번째 특징에서 상위절 없이도 선택항 나열로만 종결되는 예가 있음을 확인했다. 이때 '선택 제안'의 의미를 나타내는데, 생략된 상위절이 명령형 혹은 청유형에 제한되어 있기 때문이라고 추정된다. 실제로 생략된 요소를 복원하려고 한다면, 상위절에는 '선택, 결정'과 관련된 서술어를 대신하는 '하다'가 주로 나타나므로 '해라, 해, 해요, 하세요, 하자,

하지요(하죠)' 등이 후보가 될 것이다. 다음의 예에서는 청자 대우를 고려하여 복원 후보를 괄호 안에 제시해 보았다.

(92) 앉든지, 들어가 주무시든지. {해요/하세요/하십시오}.

생략된 요소가 제한적이라는 것은 탈종속화가 이루어지고 있다는 근거가 될 수 있다. 선택 구문이 상대방에게 어느 하나를 고르라고 요구하는 맥락에서 쓰일 때, 후행절 없는 형식이 사용되는 일이 반복, 축적되면 점차 그 자체만으로 관련된 다른 기능을 할 수 있게 된다.

그런데 선택항이 나열될 때만이 아니라 하나의 선택항 'S-든지'만으로 종결 기능을 하는 예가 구어 대화에서 종종 나타난다. 다음의 예를 보자.

(93) ㄱ. 썬크림을 잘 바르고 이렇게 하면 좋지 않나? 그래도, 아니면 스쿼시를 하**든지**,
ㄴ. 머리 계속 아파? 못 참겠으면 병원 한번 가 보**든지**.
ㄷ. 너 핸드폰 새로 살 거야? 그럼 쓰던 거 나한테 중고로 팔**든지**.
ㄹ. P1: 나 전화를 안 때렸지 또. 어제께 늦게 자 갖구.
P2: 오늘 일단 전화를 해 보**든지**.

위의 예는 'S-든지'가 하나만으로 문장을 끝맺는 모습을 보여 주는데, 꽤 자연스럽게 쓰이고 있다. 종결의 'S-든지' 중 일부는 (93ㄱ)과 같이 선행 발화에 선택항을 추가하는 것으로 해석되기도 한다. 이는 탈종속절 발달의 초기 양상으로 볼 수 있다.[61]

단일형 '-든지'의 종결어미성을 적극적으로 주장한 논의들이 있다. 고비비(2013)은 반말체 종결어미로 볼 가능성을 제기하였고, 문숙영(2015)에서는 이에 동의하며 논의를 확장했다.[62] 이들에 따르면 주절처럼 사용될 때는 '제안'으로 해석되는 일이 많고 동사와만 결합하며, '하다' 생략으로 볼 수도 있으나 복원이 어려운 경우가 있다고 한다. 말뭉치 검토 결과 이는 충분히 동의할 만하다.

아래 (94ㄱ, ㄴ)은 상위절이 그대로 쓰인 예에서 '해라, 하죠'가 생략된 채 괄호 안과 같이 쓰이는 것이 가능함을 보여 준다. 명령형, 청유형 맥락에서만 '하다' 없이 쓰일 수 있고, 'S-든지 하다' 전체가 나타내는 의미를 탈종속절로 표현할 수 있게 된다. 명령형, 청유형이 아니면 이러한 발달이 불가능한데, (94ㄷ)을 보면 알 수 있다.

(94) ㄱ. 손 씻드라두 기반이나 닦구 떼든지 해라. (→ 떼든지.)
ㄴ. 지금은 곤히 떨어졌으니까 일어나면 어디 들러서 요기를 하든지 하죠, 뭐. (→ 하든지요, 뭐.)
ㄷ. 거기가 어디냐? 장소를 알아야 가든지 할 거 아냐, (→ *가든지.)

---

61) 다음과 같이 선택항이 일반 명령문이나 청유문 뒤에 추가되는 양상을 보이는 예가 적지 않다
ㄱ 니 에미는 니가 알아서 해라. 화장을 하든지, 공중묘지에 묻든지.
ㄴ. 그렇거든 자가용을 타요! 택시를 타든지!
ㄷ. 어머니가 또 오면 붙잡아 앉혀놓고 나에게 전화를 해. 아니면 내 번호를 어머니에게 알려주든지.

62) 고비비(2013:33-34)에서는 대표적으로 다음과 같은 예를 제시하였다.
ㄱ. 가스 불에... (머쓱) 물 쪼끔 데워놨는데...쓰든지.
ㄴ. 알았으니까 빨리 좀 해라. 이왕 할 거면 좀 빨리 하든지.

생략 전후를 비교하면 기원 구문과 탈종속절 간 차이를 다시금 생각하게 된다. 탈종속절 [S-든지]는 명령이나 청유와는 다르게 그것이 꼭 수행될 것이라는 확실성이 떨어진다. 앞서 [S1-든지 S2-든지]에 대해서도 '선택 제안'이라고 이름을 붙였는데, [S-든지]도 일단 '제안'이라고 부를 수 있다.

(95) ㄱ. 와서 밥 먹어.
ㄱ'. 와서 밥 먹든지 해.
ㄱ". 와서 밥 먹든지.

'S-든지 하다'가 명령문에서 완곡한 표현으로 쓰일 수 있다는 점을 앞서 언급했다. 따라서 (95ㄱ)에 비해 (95ㄱ')은 상대적으로 완곡한 느낌을 줄 수 있다. (95ㄱ')과 '하다'가 생략된 (95ㄱ")을 비교해 보자. 명령 화행이 모호해지는 것을 볼 수 있다. 그리고 단순한 제안의 의미로 해석이 되는데, 이는 '반드시 수행하지 않아도 됨, 꼭 이루어지지 않아도 됨'을 함의한다.

(96) ㄱ. 내가 너 먹는 술값 하나 못 낼까, 힘들어서 술 마시고 싶으면 연락하**든지.**
ㄴ. P1: 아 목말라.
P2: 음료수 하나 사**든지.** 저기 편의점 있다.

위의 예에서 [S-든지]는 제안한 내용에 대해 화자가 확신이 적고 책임을 회피하려는 듯한 태도를 드러내기도 한다. 정확히는 [S-든지]

에 대해 '소극적·방임적 제안'이라고 부르는 편이 나을 것이다. 이는 탈종속화의 주된 기능 중 간접 표현과 관련된다. 생략 이전의 명령, 청유 의미가 모호해지면서 그러한 특수한 제안의 성격을 띠게 된다.[63] 의사소통상 후행 서술어가 없는 [S-듣지]의 쓰임이 축적되고 생략 전과 의미가 조금씩 달라지면서 점차 생략 추정 요소를 동일한 의미로서 복원하는 일은 어색하거나 불가능해진다.

그런데 '-듣지'가 종결 위치에서 쓰일 때 '제안'과는 구분되는 다른 기능을 하는 것으로 보이는 예가 있다. 다음과 같이 '선택되지 않은 과거 사태'를 나타내는 경우로서, 선행 연구에서도 언급된 바 있다. 이늘 역시 무언가 생략되어 이루어졌다고 볼 수 있는데, 문제는 생략된 요소를 찾아내기가 어렵다는 점이다. 종결어미 '-지'를 가진 형태나 과거시제가 포함된 '그랬어' 정도가 제시되기도 했는데, '-지'가 허용되는 것은 이것 역시 과거의 반사실적 사태에 쓰이기 때문인 듯하다고 했다(문숙영, 2015).

(97) ㄱ. 못 오면 못 온다고 전화를 해 주든지. (유현경, 2003:124)
ㄴ. 밥 먹고 올 것 같으면 미리 말을 해 주든지. 괜히 저녁 했잖아. (문숙영, 2015:13)

---

63) 봉미경(2009)에서는 요청 화행의 하위 유형으로서 '제안'을 정의했다. 이에 따르면 화자가 청자에게 함께 행동할 것을 요구하고 그 행동은 둘 중 하나 혹은 모두에게 이익이 되며, 상하관계는 전제되지 않고 강제성이 부여되지 않는다고 했다. 세부적으로는 약간 차이가 있으나, 비슷한 것으로 '제의, 권유' 등이 있다. 사실 'S-듣지'는 '제안'으로서의 성격도 다소 모호한 구석이 있기는 하지만, 그래도 가장 가깝다고 생각하여 이 용어를 사용한다.

사실 종결어미 '-지'는 '-든지'가 보이는 종결 용법과 유사한 점이 많다. 박재연(2006:208-210)에서는 양태 종결어미 '-지'에 실현되지 않은 사태에 대한 기원 의미가 있다고 했다.[64] '-든지'와 '-지' 모두 이루어지지 않은 혹은 선택되지 않은 과거 사태에 대해 말하고 있고, 그에 대한 일정한 감정이 드러난다는 점에서 비슷하다. 이때 주로 하강 억양이 동반되는 것도 유사하다. 다음의 예를 보자.

(98) ㄱ. 밥 먹고 올 것 같으면 미리 말을 해 주**지**.
ㄱ'. 밥 먹고 올 것 같으면 미리 말을 해 주**지 그랬어**.
ㄴ. 밥 먹고 올 것 같으면 미리 말을 해 주**든지**.
ㄴ'. 밥 먹고 올 것 같으면 미리 말을 해 주**든지 그랬어**.

두 형식이 쓰인 문장, 위의 (98ㄱ)과 (98ㄴ)을 서로 비교해 보면 더 잘 알 수 있다. (98ㄱ', ㄴ')에서 보듯 '그랬어' 복원이 자연스러운 것도 동일한데, '-든지' 뒤에 복원 후보로 '그랬어'가 떠오르는 것도 '-지'와의 유사성에 기인한 것이다. 앞서 3.3에서 비실현된 사태를 나타낼 때 'S-지 그랬다'가 쓰일 수 있다는 점을 논의한 바 있다. 물론 '-지'와 '-든지'가 쓰였을 때 의미상 차이가 없지는 않다. '말을 해 주지'가 화자의 감정(아쉬움)이 더 중심이라면 '말을 해 주든지'는 조금 더 청자를 향하는 표현이라는 점에서 다르다. [S-든지]는 적절한 억양이 동반된다면 청자에 대한 가벼운 타박도 드러낼 수 있다.

64) 박재연(2006:210)은 '나 먹을 것도 좀 남겨 주지.', '차도 밀리는데 여기서 좀 내려 주시지.' 등의 예를 들면서, '-지'가 실현되지 않은 사태에 대하여 과거에 실현되었더라면 좋았을 것이라거나 앞으로 실현되었으면 좋겠다는 화자의 소망을 나타낸다고 했다.

상대적으로 늦게 발달한 '-든지'가 '-지'를 따라간 것이 아닐까 조심스럽게 가정해 볼 수 있다. 종결어미 '-지'는 통시적으로 접속 구문에서 후행절이 생략되거나 관계가 끊어지면서 발달했다(이현희, 1982; 박재연, 1998; 이지영, 2007 등). 탈종속절 [S-든지]가 '제안' 외에도 '아쉬움'을 표현하는 사례가 관찰되는 것은 '-지'의 일부 용법을 닮아 가게 된 결과일 수 있다. '-든지'의 축약형 '-든'도 선택 구문에서 쓰이고 있으나 종결 용법은 보이지 않는다.[65] '-든지'가 만약 '-지'의 발달 과정을 따랐다면 둘이 기원상 관련은 없으므로 아마도 형식적 닮음에 이끌렸을 가능성이 있다. 그러나 사실상 증거를 찾기는 어렵다.

또 다음과 같이 '-든지'와 동일하게 선택 구문에 쓰이면서 탈종속화 과정을 겪어 유사한 기능을 할 수 있는 '-든가'가 있다. [S-든가]는 (99ㄱ)과 같이 제안 표현으로도 쓰일 수 있고 (99ㄴ)과 같이 '선택되지 않은 과거 사태'를 나타낼 수도 있지만, 종결어미 '-지'와는 닮지 않았다. 따라서 '-든지'와 '-지'의 유사성은 우연으로 볼 수도 있다.

(99) ㄱ. P1: 요즘 바빠서 운동할 시간이 없네, 저녁에는 약속도 많구.
P2: <u>아침에 일어나서 동네라두 한 바퀴 돌든가.</u>
ㄴ. P1: 의심 좀 하지 마.
P2: 그럼 <u>오빠가 평소에 믿음을 주는 행동을</u> 하든가.

---

65) '-든지'의 축약형 '-든'은 아래 ㄱ에서 보듯 교체되어 쓰일 수 있다. 그러나 ㄴ, ㄷ과 같이 종결 용법의 [S-든지]와는 교체되지 않는다.
ㄱ. 밥을 먹든지 차를 마시든지 일단 만나자. / 밥을 먹든 차를 마시든 일단 만나자.
ㄴ. 다리 아프면 의자를 하나 갖구 오든지. / *다리 아프면 의자를 하나 갖구 오든.
ㄴ. 밥 먹고 올 것 같으면 미리 말을 해 주든지. / *밥 먹고 올 것 같으면 미리 말을 해 주든.

말뭉치에서는 미선택 과거 사태와 관련된 예를 찾기가 다소 어려웠는데, 문어 말뭉치에서는 전체의 2% 정도, 구어 말뭉치에서는 한 예만 볼 수 있었다. 아래 예들을 보면 'S-든지'는 '상대방이 선택하지 않아서 실현되지 않은 사태에 대한 화자의 태도'를 전달하는 것이 주된 기능으로 보인다. 주로 아쉬움을 드러내는 것이지만, 경우에 따라 상대에 대한 타박, 책망 기능을 하기도 한다. 대부분 비실현된 사태 때문에 벌어진 부정적인 상황이 전후 발화를 통해 명시되거나 추론된다.

(100) ㄱ. 먹기 싫으면 남이라도 먹게 나눠주**든지,** 콩나물을 왜 썩혀 버려?

ㄴ. 그만두라고 고함도 안 치고 가버리다니, 이렇게 갈 바에야 오지를 말**든지,**

ㄷ. 좀 진지하게 생각하고 나서, 마음의 준비를 하고 나서 시작을 하**든지,** 애 완전히 병신 만들어 울게 만드는 게 뭐냐, 나잇살 처먹어서.

제안의 [S-든지]는 명령, 청유 맥락에서 기원했기 때문에 항상 미래 사태를 언급하게 되고, 이는 당연히 모두 아직 실현되지 않은 것이다. 그런데 과거 사태들은 여러 선택항이 있어도 실현된 것은 오직 하나이기 때문에, 수많은 선택되지 않은 사태가 존재하게 된다. 화자가 대비되는 현재의 상황을 전제로 그중 하나를 언급하게 될 때 'S-든지'가 일정한 태도나 감정을 나타낼 수 있는데, (100)의 예는 이러한 결과로 볼 수 있을 것이다. 현재 상황과의 대조를 전제로 하여 과거의 사태를 언급하는 방식은 '-을걸'이나 '-으면서, -더니'와도 유사성이 엿보인다.

'-든지'의 두 가지 탈종속적 발달을 구별하기 위해 번호를 다르게 하여 제안의 [S-든지]1, 아쉬움의 [S-든지]2로 표시할 수 있다. [S-든지]1의 종결 기능이 상대적으로 분명해 보이는 데 반해 일단 '아쉬움'이라고 기능을 명명한 [S-든지]2는 시작 단계에 있다고 볼 수 있고, 앞으로 더 관찰이 필요해 보인다.

4.1.6. -을걸

'-을걸'은 관형사형 어미 '-을'에 의존명사 '것'과 조사 '을'이 결합한 통사적 구성에서 하나의 어미로 발달하였다. 기능 측면에서는 '추정, 후회'를 나타내는 종결어미로 정의되는데,[66] 이 두 의미는 서로 간에 사뭇 거리가 있어서 기원이 다르다고 보는 논의도 있다(최동주, 2009:234).[67] 의미 차이만이 아니라 통사적으로도 추정의 '-을걸'에 비해 후회의 '-을걸'은 1인칭 주어와만 결합하는 인칭 제약, 동사와만 결합하는 서술어 제약, '-었-' 결합이 불가한 선어말어미 제약이 있고, 청자 높임의 '요'와도 결합 불가능하다는 점이 언급되기도 했다. 두 유형의 '-을걸' 기원의 동일성, 상이성 문제는 미루어 두고, 탈종속적 발달의 특징을 보이는 후회의 '-을걸'에 대해 살펴보기로 하겠다.

---

66) 박재연(2006:220-222)은 인식 양태(개연성 판단)와 행위 양태(후회) 다의성을 지닌다고 보았다.

67) 최동주(2009)에서는 '-을걸'은 '-을걸세'에서 '세'가 절단되어 만들어졌다고 보았다. '추정'을 나타내는 '-을걸' 대신 '-을걸세'를 교체하여 쓸 수 있고, '추정'의 의미가 '-을 것이-'에서 온 것으로서 '-을 것이+-을세'에서 '-세'가 절단되어 만들어진 것으로 설명하였다.

'-을걸'은 후행절의 생략이 여전히 환기된다는 점에서 일반적인 종결어미와 다르다고 지적되었다(한길, 1991:151). 이금희(2013)은 후회의 '-을걸'이 아직 하나의 어미로 문법화되었다고 볼 수 없다고 했는데, 그 이유는 다음과 같다. 첫째는 '요'와의 결합에 제약이 있다는 점이고, 둘째는 대용어가 후행할 수 있다는 점, 셋째는 원래 형태인 '-을걸'로 환원이 가능하다는 점이다. 또 1인칭 주어뿐만 아니라 2인칭 주어도 가능함을 지적하면서 '-을걸'이 '후회'보다는 보다 포괄적으로 '아쉬움'을 나타낸다고 본다면 인칭 제약이 해소된다고 하였다. 후회는 1인칭 주어에서만 가능하고 2인칭이 쓰이면 화자가 느끼는 아쉬운 감정이 드러난다.[68] '-었-'과의 결합이 불가능한 점에 대해서는 아직 종결어미가 되지 않았고 따라서 후행 내용이 생략되었음을 가정할 때 당연한 일이라고 설명했다. 관형사형 어미에 '-었-'이 결합되는 것은 부자연스럽기 때문이다.

사실 각종 제약에 대한 반례 제시는 이전에도 있었다. 강현화(2008)에서는 2인칭 주어가 쓰이는 예를 제시했고, 이민(2012)에서는 형용사와의 결합이 가능한 예를 제시하기도 했으나 이런 용법을 예외적으로 처리하고자 했다. 그러나 이금희(2013)에서와 같이 후회의 '-을걸'이 아직 완전한 종결어미가 되지 않았다고 본다면 예외성이 해소될 수 있다. 이 글에서는 '-을걸'을 불완전한 종결어미로 보기보다는 탈종속적 발달을 겪는 중이라고 본다. 이는 추정의 '-을걸'과의 형식적 동일성에 이끌려 후회의 '-을걸'은 제약이 있다고 보거나 종결어미로서

68) 강현화(2008:58-59)에서도 '-을걸'이 2인칭 혹은 3인칭에 쓰이면 아쉬움을 드러낸다고 했다.

의 결말을 상정해 놓고 아직 문법화가 덜 되었다고 말하는 것보다 공시적으로 나타나는 특성을 설명하는 데 더 적절할 수 있다.

'-을 것을, -을 걸, -을걸' 형식이 쓰여 후회 혹은 아쉬움으로 해석될 수 있는 예를 말뭉치에서 모두 찾아보았다. '-을걸'이 약 80%를 차지했다. 다음은 '-을 걸'이고 '-을 것을' 예는 2회만 나타났다. 이는 당연한 결과인데, 하나의 단위로서 융합되어 굳어지는 것과 후회 의미가 정착되는 것 사이의 상관관계를 알 수 있다. '-을걸'은 '-을 것을'에서 접속형을 거쳐 종결 형식이 되었다고 알려져 있다. 현재는 거의 종결 용법으로만 쓰이고 있으나 다음과 같이 접속형 해석을 보이는 듯한 예들도 있다.

(101) ㄱ. <u>그 뭔가 해야 **될 걸**</u> 시도를 안 하구 있잖아 둘 다.
ㄴ. 오빠 생각에 아무것도 아닌 거 같구 <u>그냥 칼루 뺙 짤르면 **될 걸**</u> 이러구 있지.

'-을걸'이 아닌 '-을 걸'로 표기한 것은 이어지는 후행절이 있는, 접속형 해석을 반영한 결과로 볼 수 있다. (101ㄱ)은 '시도를 안 하다'와 같이 사태의 비실현과 관련된 내용이 후행하는 것을 보여 주고, (101ㄴ)은 '이러고 있다'와 같이 대조적인 현재 상황을 대용한 것을 보여 준다. 모두 'S-을 걸'이 나타내는 내용이 이루어져야 한다는 것을 전제로 한다.

'-을걸'의 종결 용법은 접속형이 쓰이는 어떤 한 맥락에서 후행절의 생략을 겪으면서 전체의 의미가 '-을걸'에 정착된 결과라고 할 수 있다. (101)의 예를 통해 추정하건대 '-을걸' 뒤에는 '이루어져야 할 것/이루어질 것'과 대비를 이루는, '비실현'과 관련된 내용이 올 듯하다. 선후행절 간에 일종의 대조 관계가 형성되고 '선행절 사태가 이루어져야 함-이루어지지 않음'을 화자가 경험하면서 점차 뒤에는 대비되는 내용이 아니라, 평가나 감정과 관련된 내용이 이어지기 시작한다. 아마 그 내용은 이루어지지 않은 데 대한 아쉬움, 자책, 원망 등이 될 것이다. 그리고 이렇게 '이루어지지 않은 사태-그에 대한 평가, 감정' 연결의 맥락에서 후행 요소의 생략이 반복되면서 'S-을걸'이 그 자체로도 아쉬움이나 후회를 표현할 수 있게 된다. 이는 '것을→ 걸', '-을 걸→ -을걸' 축약을 포함하는, 음운적·형태적 변화가 동반되는 과정이다.

(102) ㄱ. <u>차라리 그때 이과를 갈걸</u> 땅을 치고 **후회하는** 일도 있었구요.
ㄴ. 무슨, 축구 특기자도 있어요, <u>축구나 할걸, 어렸을 때,</u> 이거 **후회돼요**.
ㄷ. 우리 애인 귀여워서 혼났네. <u>사진으로 찍어 놓을 걸,</u> **잘못했다**.

위의 예들은 독립적 'S-을걸'이 쓰이기는 하나 의미상 관련된 후행절이 이어짐으로써 'S-을걸'이 아직 발달이 완결되지 않은 경계에 있다는 가정을 지지해 준다. 후행절에는 주로 선행절이 나타내는 사태에 대한 화자의 감정이나 평가를 담은 어휘(후회하다, 잘못하다)가 쓰인다. 이러한 쓰임은 적지 않은데, 앞서 3.3에서 'S-을걸 그랬다'에 대해 논의하면서 언급한 바처럼 '-을걸'이 비록 독립성이 매우 높기는 하지만 후행 요소의 흔적을 지우지 않았다는 방증이 된다.

통시적 변화를 다룬 이지영(2017)에서는 '-을 것을'이 접속 구문으로 해석된 예가 16세기부터 나타나고 종결로 확인되는 것은 19세기 말부터 나타난다고 했다. 문제는 맥락을 고려할 때 종결로 해석될 법한 예들이 16세기부터 보이기 시작한다는 것인데, 사실상 19세기 이전에 나타나는 접속과 종결 용법의 구분은 맥락에 의존할 수밖에 없다.[69] 또 접속의 '-을 것을'과 종결의 '-을 것을'이 나타나는 시기가 거의 같다는 점에 주목하여, 구어적 맥락에서는 '담화의 일부 맥락만으로써 정보를 전달하는 방식, 즉 후행절이 생략되고 선행절만으로 정보를 전달하는 방식'이 가능했기 때문에 일어난 일로 보인다고 주장했다. 바꾸어 말하면 종속적 요소 같은 일부만 가지고서도 정보를 전달하는 것이 가능하다고 할 수 있고, 이는 탈종속화의 주요 개념과 다르지 않다. '-을 것을'이 이미 16세기부터 후행절 없이도 후회나 아쉬움을 전달할 수 있었고, 즉 탈종속화 중에 있었고, 그것이 점차 관습화되어 오늘날에 이르렀으며, 여전히 생략된 후행 요소의 흔적은 남아 있다고 할 수 있다.

'-을걸'은 최종적으로 화자가 자신이 행위주로 참여하는 과거 사태가 이루어지지 않은 데 대한 후회 및 아쉬움을 나타내는 종결어미가 되었다.

---

69) 이지영(2017)에서는 '[몬져 오던ᄃᆞᆯ 미처 ᄒᆞᆯ 거ᄉᆞᆯ ᄒᆞ노라] 아희ᄃᆞᆯ 유무 보ᄃᆡ 하 심심ᄒᆞ니 몯 ᄒᆞ노라 〈순천김씨언간 36〉'와 같은 예를 분석해 보였다. 괄호 안의 문장에 대해 '-을 것을'을 목적어 논항으로 봤다면 '먼저 왔더라면 했을 것을 지금 하고 있다.'로, 종결로 봤다면 "먼저 왔더라면 했을걸' 생각한다.' 두 가지로 해석된다. 그런데 후행하는 내용을 보면 못 하고 있다는 말이 나와서, 내용끼리의 호응을 생각할 때 후자를 지지한다고 했다.

(103) ㄱ. 정체 구간이 쭉 뜬다. 이러다 7시에 도착 못할 수 있겠다는 불안이 엄습. 아, 지하철 타고 갈걸.
ㄴ. 그 공연은 니가 갈걸. 난 별로 재미가 없더라고.

말뭉치에서는 형용사가 결합한 예는 없었고 2인칭 혹은 3인칭이 나타난 경우도 극소수였다. 그러나 위의 (103ㄱ)과 같이 일반적으로 화자가 행위주가 되는 경우가 아니라 (103ㄴ)처럼 2인칭이 나타나는 예도 충분히 쓰일 수 있다.

4.2. 수사의문문 생략

4.2.1. -기는/-긴

명사형 어미 '-기'와 조사 '는'이 결합된 '-기는'이 특정한 의미를 나타내면서 후행 요소 없이도 종결 기능을 할 수 있는 단위라는 점이 몇몇 연구에서 지적된 바 있다. 허경행(2010:160-161)은 '-기는'이 예측 가능한 후행절이 삭제되어 종결 기능을 갖게 된 복합종결어미라고 설명했으나, 무엇이 삭제되었는지 그 과정을 밝히지는 않았다. 구현정(2012)는 문법화된 구문으로서의 '-기는'을 보다 자세하게 다루었다. 본래 명사구나 명사절을 주제화하는 '-기는'이 선행 명제 중 일부는 긍정하고 일부는 유보하는 양보 표지 기능도 하게 되었고, 그 양보 기능이 부정적으로 반박하거나 핀잔을 주는 기능으로 확대되었다고 했다. 특히 이 기능은 'X-기는 X'와 같이 서술어가 반복되면서 의문형을 취할 때 두드러지는데, 후행하는 X는 '하다'로 대용되는 경우도 많다.

먼저 확인해야 할 것은 문장의 한 부분을 이루는 모든 'X-기는'이 종결 기능과 관련되지는 않는다는 사실이다. 다음의 예를 보자.

(104) ㄱ. 피자 한 판을 혼자서 다 먹기는 {무리야/불가능해/힘들어…}.
ㄴ. P1: 피자 다 먹었어?
P2: 다 먹기는 {먹었어}. / 다 먹기는 {했어}. 근데 맛은 별로 없더라.

(104ㄱ)은 주제화의 예이고 (104ㄴ)은 양보적 의미를 나타내는 'X-기는 X'류의 예이다. 두 예는 '-기는'의 후행 부분, 즉 위에서 괄호 표시한 부분이 빠졌을 때 본래 문장이 나타내는 의미를 표현할 수 없을뿐더러 비문이 된다. 구현정(2012)는 (104ㄴ)과 같이 'X-기는 X' 혹은 'X-기는 하다'와 같은 구문에서 뒷부분이 생략되는 것과 종결 용법이 관련된다고 보았다. 그러나 해당 구문은 '먹었다는 사실은 긍정하면서도 그 외에 부정적으로 언급할 것이 있음' 정도를 뜻할 뿐이다.

탈종속화 측면에서 '-기는'을 검토한 문숙영(2015)에서는 종결의 '-기는'에 대해 문면에 표현된 명제와 반대 의미를 나타내면서 동시에 명제가 선행 발화에서 주어졌던 것임을 표현한다고 정의했다. '-기는'이 자연스럽게 통용될 수 있는 조건을 명시한 점이 주목되는데, 실제 예를 보면 모두 선행 발화의 내용 전체 혹은 일부가 복제되는 방식으로 실현됨을 확인할 수 있다. 그런데 선행 발화를 동일하게 복제하더라도 앞서 본 예 '먹기는 먹다'와 같이 'X-기는 X'가 기원이 된다고 보기는 어렵다. 뒷부분이 없이 '-기는'만 사용될 때 '반대' 의미를 표현할 수 있도록 해당 의미와 관련되는 구문을 찾아야 한다. 문숙영(2015)는 그 후보로서 'VP-기는 뭘/어디 VP' 정도의 수사의문문을 꼽았다.

(105) P1: 피자 다 먹었어?

P2: <u>다 먹**기는** 뭘 다 먹어?</u> 아직도 많이 남았어.

→ <u>다 먹**기는.**</u> 아직도 많이 남았어.

위의 '다 먹기는 뭘 다 먹었어?'를 앞서 (104ㄴ)의 '다 먹기는 먹었어/했어.'와 비교해 보자. 뒷부분 없이 '다 먹기는.'으로만 실현되어도 생략되기 이전의 형식이 나타내던 '외현된 명제에 대한 반대'와 거의 동일한 의미를 나타냄을 알 수 있다. 'VP-기는 뭘/어딜 VP'와 같이 동일한 어간이 반복되는 특수한 형태의 수사의문문에 대해서는 이수연(2014)에서도 언급한 바 있다. 가령 '좋기는.'에 대해 '좋기는 뭐가 좋아?'로 다시 쓸 수 있다고 하면서, 다만 선행 요소만 남고 후행 요소가 생략되었을 때 왜 부정의 의미가 드러나는지 알 수 없다고 했다. 그리고 의미가 불투명하고 형태도 고정되었으므로 하나의 관용 표현으로 볼 만하다고 했다. '좋기는.'이 탈종속화를 겪었다고 보면, 선행 부분만으로 부정 의미를 나타내는 것이나 형태가 고정된 것과 같은 현상을 설명할 수 있다. 전체가 선행 발화에서 나온 명제를 부정하거나 반박하는 하나의 단위로서 굳어졌고, 이로부터 탈종속절 [VP-기는]이 나왔다고 보는 것이다.

'-기는'은 해당 형태가 쓰이는 모든 구문에서 '-긴'으로 축약되는 경우가 빈번하고, 'VP-긴 뭘/어딜 VP'에서도 마찬가지이다. 따라서 편의상 탈종속절 [VP-기는]이라고 적지만, 이와 관련된 내용은 [VP-긴]에도 모두 적용되는 것임을 밝혀 둔다. 예를 제시할 때에도 '-기는'과 '-긴'을 구별하지 않고 말뭉치에서 인용한 그대로 적을 것이다.

말뭉치에서 'VP-기는 뭘/어딜 VP'는 도치, 생략 혹은 종결 기능을 하는 사례 모두가 발견된다. 아래 (106ㄱ)과 같은 도치는 구어 말뭉치에서 종종 발견되는데, 두 요소 간 위치가 바뀌어도 '부정'을 나타내는 것은 동일하다. 이로써 'VP-기는 뭘/어딜 VP'가 하나의 구문으로 굳어졌음을 다시 확인할 수 있다. (106ㄴ, ㄷ, ㄹ)은 후행 요소의 생략이 관습화되면서 만들어진 'VP-기는'만으로도 '파다하지 않다, 외우지 않았다, 다시 못 보지 않는다'와 같이 '부정'을 나타낼 수 있음을 보여 준다.

(106) ㄱ. 그 사람 체취 몸에서 나는 냄새 뭐 좋겠어 좋**기는,** 그게 향수의 힘이지.

ㄴ. P1: 내가 너네 집 새로 짓는 데를 가 봐야 되는데. 그렇게 좋다는 소문이 파다한데.

P2: 파다하**기는.** 아무도 못 봤는데.

ㄷ. P1: 언제 이런 시들을 다 외웠어?

P2: 외우**긴.** 좋아서 여러 번 읽다 보니까 저절로 익숙해진 거지.

ㄹ. P1: 막상 군대 간다는 게 실감나지 않으면서도 다시는 못 볼 것만 같고.

P2: 다시 못 보**기는.** 6주 훈련 마치고 자대 배치 받으면은 언제든지 면회도 갈 수 있다는데.

'-기는'이 관여된 구문은 여러 종류가 있다. 대표적으로는 앞서 본 'X-기는 X, X-기는 하다'와 같이 서술어의 반복 구조를 통해 강조는 물론 양보의 의미를 나타내는 구문이 있으나, 이는 탈종속화와는 관련이 없다. '-기는'만으로도 원래 구문과 같은 기능을 할 수 있는 것은 '부정'의 'VP-기는 뭘/어딜 VP'이다. 화자들에게는 해당 구문에 대한 지식이 충분히 있고, 실제 의사소통 상황에서 이 구문을 자연스럽게 사용한다. 화자가 후행 요소를 미처 다 발화하지 않아도 청자가 적절하게 추론, 해석할 수 있고, 그 과정에서 화용적 강화를 통해 '부정'의 의미를 'VP-기는'이 획득하게 되었다. 특정 구문의 일부분이었던 'VP-기는' 형식이 전체의 의미를 나타낼 수 있게 된 것이다. 'VP-기는 뭘/어딜 VP'는 의문문이지만 대답을 요구하지 않는 수사의문문으로서 전체가 선행 발화에 대한 '부정'을 표시하고, 의미 부담량이 적은 의문형 서술부는 생략되어도 화자의 의도가 적절히 전달될 수 있다. 탈종속화 전후를 비교하자면 '부정' 의미가 정도가 다소 약해지는 것으로 보이는데, 이는 탈종속절이 에둘러 표현하는 기능이 있다는 점과 상통한다.

탈종속절 [VP-기는]의 의미에 대해서는 보통 '부정이나 반박'이라고 기술해 왔는데, 이 부분을 다시 밝힐 필요가 있다. [VP-기는]은 정확히 말하자면 그것이 담고 있는 명제 내용에 대해 '화자가 자신의 판단을 거쳐' 사실이 아니라고 부정함을 나타낸다. 이는 결과적으로 화자가 상대방 선행 발화의 어떤 내용에 대해 반대 입장을 표시하게 되므로, '반박'이라고 칭할 수도 있다. '화자의 판단을 거친 부정'은 양태적 의미를 나타내는 것으로 볼 수 있고, '상대방 발화에 대한 반박'은 반대를 다소 간접적으로 표현하는 것이라고 볼 만하다. 가령 인접쌍

'왜 이렇게 늦었어? - 늦기는. 아직 공연 시작 전인데.'에서 '늦기는.'은 '늦지 않았음'을 나타내면서 동시에 상대방 의견에 대한 비동의, 반대를 다소 완화하여 드러낸다. 탈종속절의 다기능성에 대해 언급하면서 양태 표현으로 귀결된 경우 간접 표현 기능을 함께 보이는 경우가 많다고 했는데, 이것이 한 사례가 될 수 있다.

[VP-기는]은 반박 외에도 뒷부분의 생략으로 인해 만들어지는, 이른바 해석의 빈 공간에서 몇 가지 고정된 의사소통 관련 기능과 연결되는 양상을 보인다. 다음의 예를 보자.

(107) ㄱ. P1: 결혼식 와 줘서 고마워.
P2: <u>고맙**기는.**</u> 친구 사이에 당연히 와야지.
ㄴ. P1: 뭘 이렇게 많이 차렸어?
P2: <u>많**기는.**</u> 이 정도는 기본이지.
ㄷ. P1: 너 그거 어떻게 알았어?
P2: <u>어떻게 알**긴.**</u> 인터넷에 바로 뜨는데 당연히 알지.
ㄹ. P1: 넌 로또 당첨되면 뭐 할래?
P2: <u>뭐 하**긴.**</u> 돈 쓸 데가 없을까 봐.

(107ㄱ)의 '고맙기는'을 보면 상대방의 발화 내용을 [VP-기는]을 사용해 가볍게 부정함으로써 실은 겸손한 태도를 나타낸다고 해석할 수 있다. 칭찬도 일종의 체면위협 행위가 될 수 있어서 응대하는 말을 잘 선택해야 하는데, 온건한 반박 기능의 [VP-기는]이 적절한 대응 표지가 될 수 있다(구현정 2012:9). 즉 [VP-기는]이 화자가 자신을 칭찬하는 말을 반대하는 맥락에서 '겸양' 기능을 할 수 있다는 것이다. (107

ㄴ)도 마찬가지로 온건하게 반박함으로써 겸양을 표시하고 있다. (107ㄷ, ㄹ)의 경우 반복되는 내용이 의문문이기 때문에 사실 무엇을 부정하고 반박하는지 명확히 알 수 없다. 이러한 사례는 '당연함 나타내기(한승규·유소영, 2016)', '상위언어적 부정(포연, 2016)' 등으로 분류된 바 있다. 둘 다 특징을 어느 정도 잘 포착한 설명으로 보이는데, 전자는 결과적 기능에 초점을 맞추었고 후자는 과정에 더 초점을 맞춘 용어이다. 정리하자면, '어떻게 알긴, 뭐 하긴'과 같이 상대방 발화의 의문문 혹은 의문사('뭐긴, 왜긴' 등이 종종 쓰임)가 반복될 때는 해당 질문을 반대함으로써 실은 그 질문 행위 자체가 가치가 없거나 불필요함을 나타낸다고 볼 수 있다. 그런 당연한 질문은 물을 필요가 없다는 화자의 태도를 드러내게 되는 것이다.

마지막으로 '부정, 반박' 기능과 거리가 멀어 보이는 다른 유형의 사례를 보도록 하겠다. 다음의 예를 보면, [VP-기는]이 상대방 발화에 대해 부정하는 것이 아니라 상대방의 행위나 그가 관련된 상황에 대한 '화자의 평가'를 나타냄을 알 수 있다. 이는 '부정, 반박'의 경우와 비교할 때 평가의 술어가 아닌 것은 불가하다는 선행 용언 제약, '-었-'과 '요' 결합 제약이 있다는 점에서 차이가 있고, 무엇보다 복원 가능한 후보를 찾는 것이 사실상 불가능하다는 점에서 차이가 있어 보인다고 한다(문숙영, 2015:25-26).

(108) ㄱ. P1: 그 큰돈을 빌리자고?

P2: <u>답답하**기는.**</u> 그 정도도 빚 안 지고 어떻게 집을 산대요.

ㄴ. P1: 걔가 또 복장 터지게 하고 발끈하게 했구나. 왜 또 거기에 넘어가, <u>단순하**긴.**</u>

P2: 그 자식이 막, 아니 됐어요.

ㄷ. P1: 너 술 시키면서 부탁할라 그러지? 잔머리 굴리**기는,**

P2: 기냥 해 달라면 뭐라고 하잖아.

먼저 '부정, 반박'의 [VP-기는]에 비해 결합되는 내용의 제약이 다소 있어 보이는 것은 사실이다. 평가와 관련된 서술어, 주로 형용사 부류가 쓰인 예가 많은 편이다. 그러나 (108ㄱ, ㄴ)과 같이 평가의 의미와 관련될 만한 형용사가 쓰이는 것이 전형적인 경우라면, (108ㄷ)과 같이 '화자가 평가하는 대상이 되는 사태'를 그대로 담는 방식도 있다. 형용사 부류가 전형적으로 쓰이는 것이 특징이기는 하나 서술어에 제약이 있다고 보기는 어렵다.

복원 후보에 대해서는 특정한 기원 구문을 찾는 것이 어려워 보이지만, '잔머리 굴리기는'과 같이 평가 대상이 되는 사태와 직접 결합할 수도 있는 것을 볼 때 아마도 '-기는'의 주제화 기능과 연결시켜 볼 수 있을 듯하다. (108ㄱ)에서 '답답하기는'은 '당신의 행위, 태도가 꽤 높은 정도로 답답하다'를 뜻한다. 'VP-기는'은 화자가 평가하고자 하는 '주제'에 대해서만 언급하고 뒤따르는 평가 내용은 비표현되는 방식이라고 가설을 세워 볼 수 있다. 어색하지만 복원을 해 보자면, '답답하기에 대하여 평가하자면, 너는 (매우) 답답하다' 정도가 될 것이다. [VP-기는]으로 평가 주제만을 언급함으로써 그 내용까지 암시하는 탈종속절이라고 볼 수 있다. 거친 가설이기는 하나, 주제를 표시하는 '는' 결합 형식이 후행절 없이 잘 쓰이는 현상이 적지 않음을 생각하면, 무엇에 대하여 평가하려고 하는지만을 언급하고 그 내용을 생략하는 방식이 부자연스럽지는 않다. 이러한 '평가'의 [VP-기는]은 상대적으로 부정적 평가에 편중된 경향이 있어서, 상대방에 대한 핀잔이나 비난의 의미를 나타내는 데 쓰이기도 한다.

'평가'의 [VP-기는]은 주제 부분만을 언급함으로써 상대방의 행위나 태도, 관련된 상황 전반을 평가하는 기능을 한다고 일단 정의할 수 있으나, 더 많은 사례에 대한 관찰이 필요하다. '부정, 반박'의 [VP-기는]이 그 역할이 상당히 고정된 데 반하여 기능이 다소 불분명해 보이므로 탈종속화 초기 단계에 있다고 볼 수 있다. 두 형식을 구분하기 위해 부정, 반박 기능은 [VP-기는]1, 평가 기능은 [VP-기는]2로 표시한다. 이들의 탈종속화는 다음의 표와 같이 정리될 수 있다.

[표 10] 'X-기는/-긴 X'의 탈종속화

	과정	결과
[VP-기는]1	• 수사의문문 VP-기는 뭘/어딜 VP → VP-기는	• 부정, 반박 (예) 우리나라에는 왜 그런 제도가 없지? - **없기는**. 네가 몰라서 그렇지.
[VP-기는]2	• 주제화 구문 VP-기는 어떠하다 → VP-기는	• 평가 (예) 뻔한 거짓말에 또 속다니! **단순하기는**.

4.2.2. -(었)으려고, -으려고

본 절에서는 의문형 서술부가 생략되면서 발달한 것으로 보이는, '-으려고'와 관련된 두 종류의 탈종속절 사례에 대해 살펴볼 것이다. 사실 '-으려고 목적 구문'을 기반으로 발달한 가장 대표적인 탈종속절은 화자가 어떤 의도, 즉 생각이나 계획이 있음을 표현하는 'S-으려고'라고 할 수 있다. 이는 주절의 대용, 분열문 형성, 보조사 개입과 같은 탈종속화의 징후로 볼 만한 현상과도 모두 관련될 뿐만 아니라 주절 없이도 자연스럽게 사용된다. 특히 구어 말뭉치에서 추출한 접속 구문 예 중 61%가 'S-으려고 하다/그러다'일 정도로 주절의 대용이 활발하고, 전체 예의 약 17%가 종결 위치에서 화자의 의도를 진술하는 혹은 청자의 의도를 묻는 종결 기능을 하고 있었다. 사전에서도 종결 어미로 기술되고 있다.[70)]

이는 얼핏 시간절이나 원인절처럼 접속 구문의 틀 내에서 주절이 생략된 채 '목적'을 나타내는 용법으로 보이지만 차이가 분명히 있다. 예를 들어, '이따 먹으려고'라는 말이 쓰일 수 있는 상황은 다음과 같이 두 가지로 나뉜다.

(109) ㄱ. P1: 케이크는 왜 아무도 손을 안 댔어?

P2: **이따 먹으려고. / 이따 먹으려고 손 안 댔어.**

ㄴ. P1: 밥 먹었어?

P2: **이따 먹으려고.**

위의 (109ㄱ)에서는 '이따 먹으려고'가 어떤 행위를 유발하는 목적의 의미를 가지며, 주절 생략형으로도 실현형으로도 모두 동일한 의미로 쓰일 수 있다. 이는 목적-결과 접속 구문의 틀 내에서 목적을 나타내는 것으로 볼 수 있다. 그러나 (109ㄴ)은 일단 주절을 복원하기가 거의 불가능하다고 할 정도로 어렵고, '이따 먹으려고 해/그래'가 가능

70) 구어 말뭉치에서 검색된 사례를 보면, '-으려고'는 '-으려구, -을려고, -을려구, -을라고, -을라구' 등 다양한 형태로 나타난다. 이 글에서는 예를 제시할 때 교정 없이 그대로 인용하였다.

하지만 사실상 '하다/그러다'의 기능은 거의 없다. 'S-으려고'만으로도 완전하게 화자가 '어떤 생각이나 계획이 있음'을 나타내고 있으며, 결과 사태가 이어지리라고는 전혀 예상할 수 없다.

이는 'S1-으려고 S2'가 쓰이는 맥락 중에서 종속절이 명제, 주절이 양태 부분을 이루는 것처럼 인식되는 구체적 구문으로부터 나왔으리라 가정할 수 있다. 정연주(2017:223-226)은 역사적으로 '-으려고' 뒤에 'ᄒᆞ다'나 사유동사류(생각하다, 마음먹다, 결심하다, 작정하다 등)가 오게 되는 것이 19세기 후반 자료에서부터 보인다고 하면서, 본래 접속어미로만 쓰이던 것이 내포어미 같은 성격을 띠게 되었다고 했다. 이를 참고하면 'S1-으려고' 뒤에 상위 서술어로서 주로 사유동사류가 나타나던 구문에서 독립적 단위로 발달하게 되었다고 볼 수 있다. 내포문 전체가 의미하는 것(S1이라는 의도가 있음)을 'S1-으려고'만으로도 의미할 수 있게 되면서, 관습적인 생략이 굳어진 것이다. 주절이 '하다/그러다'로 대용된 구문도 많이 쓰이지만, 탈종속절은 화자의 의도만을 나타내는 양태 표현으로 귀결되었다는 점에서 차이가 있다. 주어가 1인칭이라면 '이따 먹으려고'와 '이따 먹으려고 해'의 의미가 다르지 않을 것이다. 다만 구체적 사유동사류가 후행하는 것은 다소 어색하기도 하고 빈도가 높지 않다.[71)]

71) 다음의 ㄱ, ㄴ 예와 같이 'S-으려고 사유동사류'도 쓰이기는 한다. 다만 주절이 대용되었거나 없는 예보다 빈도가 상당히 낮고, 애초에 [S-으려고]가 사용된 경우는 아래 ㄷ과 같이 복원이 어색하다. 탈종속절과 그렇지 않은 구문이 담당하는 영역이 다르고, 화자가 이를 적절하게 구분하여 사용하고 있다고 볼 수 있다.

ㄱ. 진짜? 나 그거 할려구 마음먹었는데!

ㄴ. 근데 겨울에 갈려고 생각을 해 봤는데, 음. 또 겨울에는 또 임용 다 준비하잖아,

ㄷ. 새로운 안경 안경알만 바꾸고 안경테는 안 바꿀려구, {??해, ??그래}.

이제 '-으려고 목적 구문'과 관련된 다른 종결 기능을 보도록 하자. 하나는 기존 연구나 사전 기술에서 '반문, 의심'의 의미로 불린 경우이고, 다른 하나는 '염려'로 불린 경우이다. 먼저 첫 번째 유형인 '반문, 의심'의 예를 보면 다음과 같다.

(110) ㄱ. 설마 이거 할**라고?**

ㄴ. 아이 그 설마, 시간이 있는데. 한 세 시쯤 됐는데 기달리실**라고,**

(110ㄱ)과 같이 상대방의 말과 행동 그리고 여러 상황 요소를 단서로 삼아 예상되는 2인칭 주어의 의도를 묻는 일은 매우 흔하다. 그런데 (110ㄴ)과 같이 3인칭 주어의 의도에 대해 추측, 예상하여 질문하는 경우는 드문 편이다.[72] 위의 예에서 '(어머니가) 기달리실라고?'는 3인칭 주어의 의도에 대해 질문하는 형식을 통해 실제로는 화자가 추측한 내용인 '기다리실 리가 없음'을 나타내게 된다.

이러한 이른바 '부정(否定) 추측' 용법은 화자가 3인칭 주어의 의도에 대해 추측, 질문하는 상황에서 기원을 찾을 수 있을 듯하다. 그런데 '(그가) 범행을 감추려고 그랬나?, 사람들은 왜 점을 보려고 할까?'처럼 과거나 현재 상황에 대해 의도를 추측하는 경우를 제외하면 이러한 쓰임은 전부 수사의문문으로 나타났다. 다음의 예를 보자.

72) 이종희(2004:92-93)는 '의지'라는 의사소통적 기능을 가진 종결어미 '-으려고'가 '하나님이 설마 우리를 버리시려고?'와 같이 수사의문문에도 쓰인다고만 언급했다.

(111) ㄱ. 누가 요즘 세 명을 낳을라고 하겠니

ㄴ. 같이 다닐 친구가 있는데 뭐하러 나를 같이 데리고 다닐려고 하겠어요

위와 같이 3인칭 주어의 의도에 대해 추측, 질문하는 상황은 대개 '그러한 의도를 가질 리가 없음'을 나타내는 수사의문문으로 실현된다. 이와 같은 맥락에서 뒷부분의 의문형 서술어 생략이 반복되고 점차 선행절만으로도 부정 추측을 나타낼 수 있게 되는 것으로 보인다. 과정을 간략화해 보면 다음과 같다. '설마'와 같은 부사가 함께 쓰이는 예가 많은데, 이는 부정적인 추측을 강조함으로써 의미를 더 명확하게 해 준다. ①에서는 후행절 생략이 발생하고, ②에서는 적절한 억양이 수반되고 부사의 도움을 받게 될 수 있다.

(112) 누가 요즘 세 명을 낳을라고 하겠니.

→ ① 누가 요즘 세 명을 낳을라고.

→ ② (설마) 누가 요즘 세 명을 낳을라고.

부정 추측을 나타내는 탈종속절은 '-었-'이 결합하여 '-었으려고'로 쓰이는 경우가 많은데, 실제로는 이런 형식이 더 흔하게 관찰된다.

(113) ㄱ. 설마, 200만원 때문에 그런 짓을 **했으려고요**.

ㄴ. 돈도 없고 중풍으로 몸도 안 좋다면서 대구에서 서울까지 **왔으려고**.

ㄷ. 한겨울도 아닌데 그사이 정말 다 **식었으려고**.

ㄹ. 설마 재혼 생각을 **했으려고.** 이혼녀에 애가 몇인데.

본래 '-으려고 목적절'은 내재된 미래 지향 의미 때문에 과거 시제 '-었-' 결합에 제약이 있다. 해당 절이 나타내는 바가 아직 이루어지지 않은 것이기 때문이다. '-었으려고'의 실현이 가능한 것은 언뜻 보기에 종결 형식으로 발달하면서 통사적 제약이 해소된 것이라고 할 수 있다. 실제로 종결어미화 논의에서는 이러한 특성을 종결어미 지위를 인정하는 데에 한 기준으로 삼기도 했다.

[S-(었)으려고]는 탈종속화 과정에서 추측의 범위가 넓어진 것으로 보인다. 접속 구문에서 수사의문문으로 쓰일 때는 아직 벌어지지 않은 미래 상황에 대해서만 3인칭 주어의 의도를 추측할 수 있었으나, 관습화된 생략 단계로 가면서 이미 지나간 상황에 대해서도 적용이 가능해진 것이다.

(114) ㄱ. 누가 세 명을 낳을라고. {하겠니?} = "세 명 낳을 사람이 있을 리 없다."

ㄴ. 누가 세 명을 낳았을라고. {*하겠니?} = "세 명 낳은 사람이 있을 리 없다."

위의 두 예를 비교하면 (114ㄱ)에서는 후행 요소의 복원이 가능하고 미래에 관한 부정 추측만 가능하지만, (114ㄴ)에서와 같이 관습화된 단계로 넘어가면 과거에 대해서도 부정 추측이 가능하다. 이때는 후행절 복원이 불가능한데, 탈종속화가 많이 진행되어서 새로운 의미가 정착되었다고 볼 근거가 된다. 기원이 된 맥락과의 관계가 거의 끊어진 것이다. 탈종속절 [S-(었)으려고]는 명제에 대한 화자의 태도, 즉 추측한 내용에 대해 얼마만큼 확신을 가지고 있는가와 관련되기 때문에 양태 표현 단위로 볼 수 있고, 이는 일반적인 탈종속절 기능과 부합된다.

다음으로 두 번째 유형을 보면, 그간 보통 '염려'라고 설명된 'S-으려고'의 종결 기능이 있다. 이종희(2004:92-93)에서는 '그러다 연탄가스 중독이라도 되려고?/너 소문이라도 나쁘게 나면 어쩌려고?'와 같은 예를 들어 설명했다. 다음은 말뭉치와 인터넷 검색에서 인용한 것이다.

(115) ㄱ. 니 아들이 나중에 이빨 다 썩어 가지고 엄마 틀니 달아 줘 이러면 어떡하**려구** 어?

ㄴ. 야, 앞을 보고 걸어야지. 그러다 다치**려고.**

(115ㄱ)은 'S-으려고'가 조건 접속 구문의 후행절로 쓰인 것으로서, 실제로 일어날까 봐 염려되는 사태가 선행 조건절에 오고 후행절에는 보통 '어쩌려고, 어떡하려고'가 오는 식으로 다소 고정적으로 쓰이는 패턴이다. '-으면 어쩌려고/어떡하려고' 전체 문장은 대답을 요구하는 것이 아니라 선행절 내용과 같은 사태가 발생할 것에 대한 염려, 그런 일이 일어나지 않기를 바람 등을 나타낸다. (115ㄴ) 역시 '다치려고'의 전후 맥락을 고려하여 그와 유사하게 해석할 수 있다.

그런데 이때 보면 종결어미 '-을라'와 유사점이 있다. '-을라'는 기존 논의에서 '경계'를 나타내는 어미로 다루어져 왔는데, 상대방의 행동이 잘못될까 염려하면서 미리 경계하는 의미를 표현한다(고영근,

1974). 이는 '-을라'가 단순히 '염려'를 나타내는 것이 아니라 해당 사태가 일어나지 않도록 '주의'하라는 화행 의미를 포함한다고 보는 것이다. 다음의 예에서 보듯 '-을라'는 대부분 명령, 충고, 권유 등을 나타내는 다른 발화와 함께 쓰이고, 실제로는 앞이나 뒤의 내용과 결과적으로 하나의 단위를 이루어 '경계' 의미가 해석되는 것처럼 보이기도 한다.

(116) ㄱ. 속도 좀 낮춰. 그러다 카메라에 찍힐라.
ㄴ. 조용히 말해. 누가 들을라.

'-을라'의 양상과 유사하게 'S-으려고' 역시 항상 앞이나 뒤에 명령, 충고, 권유 등의 내용과 함께 쓰여서 그 전체가 경계의 의미를 나타낼 수 있다. 이는 위의 (115ㄴ) '앞을 보고 걸어야지. 그러다 다치려고.'에서 확인된다. '충고(앞을 보고 걸어야지) + 염려(그러다 다치려고)' 전체가 상대방에게 주의를 주는 기능을 한다. 이 예에서 보다시피 '그러다/그러다가 … -으려고' 형식으로 자주 나타나는데, 이는 '-을라'의 경우도 마찬가지이다. 종결어미 '-을라'와 차이가 있다면 '-을라'는 2인칭 주어뿐만 아니라 3인칭 주어에 대해서도 사용할 수 있지만 'S-으려고'는 2인칭 주어, 즉 상대방에 대해서만 가능하다.

'S-으려고'가 이러한 용법을 보이는 까닭은 무엇일까? 다시 예를 돌아보면, 후행절 복원이 제한적이기는 하나 대용 형식 '그러다'가 가능한 것은 알 수 있다. 후행절 복원이 이렇게라도 가능하다는 것은 접속 구문과의 연관성이 꽤 남아 있음을 짐작하게 한다.

(117) 야, 앞을 보고 걸어야지. 그러다 다치려고 그래?

위의 '다치려고 그래?'를 통해 다음과 같은 가설을 세워 볼 수 있다. 상대방의 말이나 행동 등 그리고 그로 인해 벌어질 예상되는 결과가 화자에게 부정적으로 평가되어서 발생하지 않기를 원할 때, 주로 명령이나 충고 등의 표현과 함께 '-으려고 그러다'를 사용해 상대방이 그러한 의도가 없을 줄 알면서도 부정적 결과를 원하고 있냐는 식의 반어적 질문을 하는 경우가 발생한다. 가령 '다치려고 그래?'는 '다치려고 이러한 행동을 하는 거야?'로서, 대답을 요구하는 것이 아니라 '다칠 수 있으니까 주의하여 이러한 행동을 하지 말라'는 뜻을 전하려는 것이다. 이때 의문형 후행 서술어의 생략이 일어날 수 있고 그 결과가 '앞을 보고 걸어야지. 그러다 다치려고.'와 같이 된다.

주로 지시 화행과 공기하는 맥락에서 나타나므로, 사실 'S-으려고' 만으로 '경계'의 의미를 나타낼 수 있다고 단언하기는 어렵다. 그러나 'S-으려고'의 의미는 '염려'보다는 S라는 결과가 오지 않게 조심하라는 '경계'라고 칭하는 편이 더 적절해 보인다. '어딜 소리를 질러? 이게 혼나려고.'와 같은 예를 보면 단독으로 사용하는 것이 가능해 보이는데, 이런 것까지 포괄할 필요가 있다. '경계'를 비롯한 훈계나 위협 등은 탈종속화의 주요한 간접 표현 기능 중 하나이다. 서로 관계가 없는 여러 언어들에서 목적이나 부정(否定) 목적을 나타내는 독립적 종속절이 피해야 할 결과를 명시함으로써 해당 의미를 나타내는 경우가 적지 않다. '다치려고, 혼나려고' 등에서 해석되는 의미를 생각할 때 탈종속절 [S-으려고]의 경계 기능도 그중 하나가 될 법하다.

이처럼 '-으려고 목적 구문'은 관련된 탈종속절이 여럿 존재하게 되는데, 이를 구분하여 '화자의 의도'의 [S-으려고]1, '부정 추측'의 [S-(었)으려고]2, 마지막으로 '경계 혹은 경고'의 [S-으려고]3으로 표시할 수 있다. 하나의 접속 구문이라도 쓰이는 맥락은 다양할 수 있기에, 여러 방향의 탈종속화가 발생할 수 있음을 보여 주는 좋은 사례가 된다. 세 가지 유형을 정리하면 다음의 표와 같다.

[표 11] '-으려고 목적 구문'의 탈종속화

		과 정	결 과
	1	• 'S1-으려고 사유동사류' 혹은 'S1-으려고 하다/그러다'에서 후행절의 관습적 생략	• 화자 자신이 어떤 의도를 가지고 있음을 진술함 (예) (나는) 지금 집에 가려고. • 청자의 생각이나 계획을 질문함 (예) (너는) 지금 집에 가려고?
'목적' 접속 구문	2	• 청자(2인칭)의 의도를 묻는 데서 제삼자의 의도를 추측하는 것으로 확대 • 미래 사태를 추측하는 데서 과거 사태에 대해서도 추측하는 것으로 확대	• 제삼자와 관련된 사태에 대해 반문, 의심, 부정 추측 (예) 설마 집에 갔으려고.
	3	• 부정적 결과가 청자에게 미칠 것이 예상되는 상황에서 청자에게 부정적 결과에 대한 의도가 있냐고 반어적으로 질문함 • 지시 화행을 담은 내용과 자주 공기함으로써 경계, 경고 의미와 연결성이 높아짐	• 청자에게 주의를 줌 (예) 앞 보고 걸어. 그러다 다치려고.

4.2.3. -다고

선행 발화의 전제를 암시하면서 그것을 반복하는 방식으로 확인, 강조 기능을 하는 'S-다고'의 종결 기능에 대하여 2.2에서 이미 살핀

바 있다. 이외에도 특정한 구문을 기반으로 삼아서 떨어져 나온 것처럼 보이는, '-다고'가 관여하는 사례가 있다. 내포 구문이 아닌 접속 구문에서 후행절이 생략되면서 발달한 듯한 경우이다. 강규영(2017)은 생략 전후로 의미적·화용적 차이가 보이는 두 가지 유형을 제시했는데, 해당 예를 인용하면 다음과 같다.

(118) ㄱ. 이것도 숙제라고 {해 왔니?/해 오다니!/했구나.}
ㄴ. 무슨 부귀영화를 누리겠다고 {이 고생이냐.}
ㄷ. 그럼 그냥 돈 주고 사자. 그거 뭐 얼마나 한다고.

첫 번째 유형은 (118ㄱ)과 같이 'N1도 N2라고' 형식으로서, 후행절에 괄호 안에 제시된 것과 같이 수사의문문이나 감탄문을 복원할 수 있다고 한다. 두 번째 유형은 (118ㄴ, ㄷ)과 같이 의문사가 선행하는 '-다고'이다. (118ㄴ)은 괄호 안에 제시된 후행절과 함께 쓰이는 것도 자연스럽고, 생략되었다고 해도 복원이 별로 어렵지 않아 보인다. 그러나 (118ㄷ)은 정확한 내용 복원이 쉽지 않고, 해당 논의의 연구자도 제시하지 않았다.

먼저 'N1도 N2라고'가 후행절과 함께 쓰인 예를 말뭉치에서 검토해 보면, 다음과 같이 대체로 의문문 후행이 자연스러움을 알 수 있다.

(119) ㄱ. 반 발짝을 도주하다 잡혔다는 이야기인데, **그것도 도망이라고** 갔나?
ㄴ. 너희들 그 얼굴, **그것도 얼굴이라고** 달고 다니느냐. 모두 난쟁이 같은 꼴들을 하고…

'N1도 N2고 VP?' 구문은 대답을 요구하지 않는 수사의문문으로서, 전체 문장이 주로 상대방에 대해 빈정거림을 나타낸다. 그리고 이러한 맥락을 기반으로 삼아 'N1도 N2라고'가 후행하는 의문형 서술어 없이도 동일한 의미를 표현할 수 있게 되는 것이다. (119)에서 의문형 서술어 '갔나'와 '달고 다니느냐'가 생략되더라도 화자가 의도는 동일하게 그리고 꽤 효과적으로 전달될 수 있다.

'의문사 VP-다고'는 더 다양하게 쓰이는 듯한데, 기원이 되는 맥락을 찾기가 쉽지 않다. 의문사 자리에는 주로 '무슨, 뭐, 언제, 어떻게, 얼마나' 등이 온다.

(120) ㄱ. 저희가 **무슨 귀빈이라고** 그러세요? 제가 주례 선생님을 모시겠습니다.

ㄴ. 그치, 짜증나지 그거. 앞에 전경들이 **무슨 죄가 있다고** 때려부셔.

ㄷ. 보상금 받아 봐야 남는 게 없어요. 빚을 제하고 내줄 텐데 다 빼면 **뭐 남는다고** 찬성하겠습니까?

일단 '의문사 VP-다고'는 선행절이 후행절에 대한 이유가 되는 '-다고 접속 구문'의 한 하위 맥락에서 비롯된 것으로 볼 수 있다. 위의 예들을 보면 전체 문장이 상대방에게 질문을 하는 듯하지만, 사실은 화자의 주장을 강조하는 부정적 단언으로서 기능한다. (120ㄱ)은 '귀빈이 아님'을, (120ㄴ)은 '전경들이 죄가 없음'을, (120ㄷ)은 '남는 돈이 없음'을 강하게 함의하고 있다. 이들은 후행절이 생략되어도 동일한 기능을 할 수 있다. 이는 의문사의 잔존 여부에 차이가 있기는 하지만

'VP-기는 뭘/어딜 VP'에서 탈종속절 [VP-기는]이 발달하는 양상과 유사하다. 전체 구문이 '부정'을 나타내고 '-다고' 뒷부분이 없어도 동일한 의미를 나타낸다.

후행절 없는 '의문사 VP-다고'는 기본적으로 명제에 대한 부정을 뜻하지만 의사소통상 부수적으로 발생하는 효과가 다양해 보인다. 다음의 예를 보자.

(121) ㄱ. 계란값 **얼마나 한다고.** 참 싸지 않나요? 작년에 계란 파동 났을 때 좀 호들갑 떤거 같아요.
ㄴ. 배우한테 넋이 나갔군. 저런 녀석이 **뭐가 좋다고.** 한국 사람인데 한국말 한마디도 못하는 녀석이.
ㄷ. P1: 제가 아주머니에게 돈 몇 푼 집어줬으니 당분간은 안심해도 좋을 거예요.
P2: 후우 네가 **무슨 돈이 있다고.**

(121ㄱ)은 계란값이 얼마 안 함을, 즉 비싸지 않음을 강조하여 표현한다. (121ㄴ)은 해석의 여지가 약간 다양하지만 대략 좋아할 만한 구석이 없음을 의미하면서 동시에 자신의 불호(不好) 입장까지 전달할 수 있다. (121ㄷ)은 사실인지는 확신할 수 없으나 상대방이 돈이 별로 없음을 언급하면서 실제로는 고마움의 감정을 전달하고 있다. 정확한 해석은 '의문사 VP-다고'를 주고받는 화청자에게 달려 있는데, 실제 상황에서 이러한 발화는 성공적으로 사용된다. 물론 이러한 탈종속적 용법에는 적절한 억양이 수반된다. 이정민·박기영(2018)에서는 이와 유사한 예들을 묶어 타인의 생각에 대해 부정하거나 빈정거리는 기능

으로 정의하면서, 장음화된 HL% 억양이 실현된다고 기술하였다. 그 대상이 '타인의 생각'에 국한된다고 볼 수는 없으나 억양에 대해서는 참고할 만하다.

'N1도 N2라고', '의문사 VP-다고'는 모두 수사의문문에서의 생략을 거쳐 쓰이게 된 탈종속절로 볼 수 있다. 의문을 나타내는 뒷부분이 빠질 수 있게 된 것은 실제 발화의 의미적 가치가 의문에 있지 않기 때문이다. 비꼼 혹은 부정의 대상이 되는 주요한 내용은 선행절에 있다. 따라서 후행절이 없다고 해도 적절한 억양과 연합하여 화자의 태도를 드러낼 수 있고, 때로는 그것이 더 효과적일 수도 있기에 탈종속절 사용이 가능한 것이다.

4.2.4. 얼마나~ -었으면

앞서 4.1.2에서 본 'S-었으면' 외에 '-으면 조건 구문'의 탈종속화와 관련해 하나 더 살펴볼 만한 예가 있다. 다음을 보자.

(122) ㄱ. 얼마나 아팠으면 내가 울었겠냐. 잘 걷지도 못했다.
ㄴ. 얼마나 안타까우면, 이렇게 말씀하셨겠어요,
ㄷ. 근까 얼마나 괴로웠으면, 그렇게까지 생각을 했겠냐,

위의 예에서 밑줄 친 선행절은 조건보다는 근거로 해석된다. 사태의 강도가 매우 심함을 나타내는 선행절이 근거 역할을 하고, 후행절에는 보통 화자의 의견에 대해 상대방에게 동의를 구하는 듯한 질문이 나온다. 사실상 해당 구문 전체가 선행절 내용을 강조하면서 그에 대한 화자의 지지를 드러내는 역할을 하고 있다. (122ㄱ)은 울 정도로

매우 아팠음을, (122ㄴ)은 그가 이렇게 말할 정도로 매우 안타까워했음을, (122ㄷ)은 극단적인 생각을 할 정도로 매우 괴로웠음을 강조하여 표현한다. 형식은 대략 '얼마나 ~ -(었)으면 S2'로 고정되는 듯한데, 정도 심화를 나타내는 '얼마나'가 의미를 뚜렷하게 하는 요소이다. 후행절은 보통 의문문이 쓰이는데, 상대방에게 대답이 아닌 동의나 확인을 구하는 것처럼 보이지만 궁극적으로는 자신의 말을 강조하는 역할을 한다.

그런데 이런 경우 종종 후행절이 생략되는 양상을 볼 수 있는데, 보통 감정이 고조되어 말끝을 흐리는 것처럼 보이기도 한다.[73] 그때는 주로 '-었으면'으로 쓰인다. '얼마나 ~ -(었)으면 S2'는 '선행절 내용을 근거로 미루어 볼 때 후행절의 결과 사태는 당연함'을 의미한다. 후행절이 없을 때도 현재 상황이나 대화상 화제 혹은 상대방에 대해 화자가 일정한 태도를 가지고 있음이 암시된다.

다음의 예는 다양한 사용역을 반영하고 있다. (123ㄱ)은 인터넷상에서 볼 수 있는 구어체 문어이고 (123ㄴ)은 자연 대화, (123ㄷ)은 소설에서 보통 쓰이는 구어체 문어이다.

(123) ㄱ. 진짜 상술 오지네요. <u>얼마나 돈을 벌고 싶었으면.</u>

ㄴ. (발화자들 외 다른 한 사람이 과할 정도로 조심스럽게 눈치를 살피며 담배 피워도 되냐고 묻는 상황)

---

73) 손마정(2014)에서는 '얼마나 ~ -으면'이 감탄을 드러내는 관용적인 표현인 듯하다고 언급한 바 있으나, 구체적인 설명은 없고 다음의 예만 보였다.

P1: 제가 너무 궁금해서 정말 귀찮게 꼬치꼬치 다 물어봤어요 하나하나 생각나면 다 얘기해 달라고.

P2: <u>얼마나 기뻤으면</u>.

P1: 펴. 아유 웬일이래.

P2: 얼마나 눈치를 줬으면 그냥.

ㄷ. “몸이 불편한 게 무슨 큰 죄라고. 얼마나 힘이 들었으면….” 어머니는 울부짖었다.

‘얼마나 ~ -(었)으면’은 여전히 접속 구문 실현이 갑자기 중단된 경우처럼 느껴지기도 한다. 그러나 후행절이 나타나지 않음으로써 얻어지는 효과가 있다. 가령 ‘얼마나 맛있었으면 매일 사 먹으러 갔을까?’와 ‘얼마나 맛있었으면…’을 비교해 보자. 전자는 화자의 의견이 후행절을 통해 명시되는 네 반해 후자는 태도나 감정이 암시되어 있기만 하다. 암시적 전달은 오히려 그 강도를 더 높게 느껴지도록 만들기도 하는데, 이는 일종의 주관성 증가로 볼 수 있다. 또 아래 예와 같이 외부 상황에 대해 느끼는 공감 정서를 표현하는 데에 자연스럽게 쓰일 수 있다.

(124) ㄱ. (연패를 하던 선수가 승리 후 엉엉 우는 모습을 보고) 어유, 얼마나 기뻤으면.

ㄴ. (밥 먹으면서 졸고 있는 아이를 보고) 얼마나 피곤했으면.

‘얼마나 ~ -(었)으면’은 감탄 표현으로서 어떤 상황에서 느껴지는 바에 대한 공감 정서를 드러내기도 한다. 화자의 태도를 표현하는 것, 상대방에게 해석의 여지를 열어 주면서 의사소통을 효과적으로 하는 것 모두 탈종속화의 기능으로 포괄되는 영역이다.

5장
절 결합 범위 변화 중심의 탈종속화

종결 위치에 자주 놓이는 종속절 중에는 여전히 문장이 덜 끝맺어진 듯하면서도 후행 주절이 환기되기보다는 다른 대상과의 관련성이 해석되는 경우가 있다. 보통 선행 발화나 해당 담화 전체 또는 화청자간 공유된 어떤 외부 상황과의 관계 내에서 일정한 기능을 한다. 주로 접속 구문의 일부 선행절이 이러한 탈종속적 양상을 보이는데, 이를 절 결합 범위 변화를 중심으로 하는 탈종속화라고 구분하였다. 이 장에서는 관련성을 맺는 영역이 어디로 변화하는가에 따라 다시 두 가지로 나누어 구체적 사례를 살펴볼 것이다. 5.1에서는 '-는데', '-으니까'를, 5.2에서는 '-으면서', '-더니', '-게, -게시리'에 대해 분석한다.

5.1. 선행 발화 및 담화 전체로의 변화

5.1.1. -는데

'-는데'는 이른 시기부터 종결 용법이 지적되었다. 고영근(1974ㄱ

/1976)에서 감탄 종결어미로, 한길(1991)과 고창운(1996) 등에서는 서술과 의문 종결어미로 기술되었다. 권재일(2004)에서는 '-는데'가 접속어미에서 전용되어 범용어미로 문법화했다고 볼 수 있으며, 실제 자료에서는 서술문(평서문)에 주로 쓰인다고 했다. 사전에서는 이미 '-는데'를 접속어미 외에도 감탄과 의문의 종결어미로 각각 제시하고 있는데, 어느 정도 합의된 결과가 반영된 것이다.[74] 실제로 '-는데'의 종결 용법은 감탄, 의문만이 아니라 서술까지 모두 아우르며, 특히 구어에서 매우 높은 빈도로 쓰이고 있다. 접속과 종결 기능이 서로 가깝게 맞닿아 있는 성격이 강하지만, 종결어미로서의 지위가 널리 인정된다.

구어 말뭉치에서 뽑은 '-는데' 사례(10,116회)를 모두 검토한 결과, 전체의 약 27%가 분명하게 종결 기능을 한다고 판단되었다. 그런데 접속 구문으로 보이는 예 중 일부는 두 절 간 관계가 상당히 느슨하여 중간적 성격을 띠었다. 다음의 예를 보자.

(125) ㄱ. P1: 졸업 안 시켜 주겠어? 학점 다 채웠**는데.**

P2: 안 시켜 줄 수 있어. 학교 나 싫어해.

ㄴ. P1: 인제 택시 안 타기로 했어,

P2: 어떻게 와 그럼, 셔틀버스 있어야 되**는데,**

P1: 학교 가는 거는 교통 수단 택시밖에 없**는데,**

ㄷ. 제가 잊어버린 게 아니라 친구가 놓고 내렸어요 기기 비스

74) 사전에서 '-는데'는 청자의 반응을 기대하며 감탄을 나타내는 종결어미, 일정한 대답을 요구하며 물어보는 뜻을 나타내는 종결어미로 기술되어 있다. 아래 ㄱ은 감탄의 예, ㄴ은 의문의 예이다.

ㄱ. 그 옷이 너한테 아주 잘 어울리는데.

ㄴ. 주말에 어디에 갔는데?

카드도 막 다 있고 이랬**는데, 그래서** 돈암동도 못 가고 그냥 집에 왔어요.

(125ㄱ)은 'S-는데'가 선행절과 자리를 바꾸어 하나의 복합문으로 복원 가능하므로, 도치 예로 볼 수도 있다. (125ㄴ)은 주절을 복원하기가 쉽지 않기 때문에 사실상 종결어미에 가까운 독립적 용법으로 볼 수 있다. (125ㄷ)은 약간 복잡하다. 일단 접속절 뒤에 '그래서'가 쓰여 다른 절과 연결이 되는데, 마치 독립적인 두 절이 이어지는 듯 보이기도 하고, 한편으로는 서로 '배경-결과' 정도의 접속 구문을 이루는 것 같기도 하다. 또 'S-는데'가 앞 발화에서 이어지는 주제와 연관된 내용을 말하고 있어서, 상세 설명 기능을 한다고 볼 수도 있다.

검토한 사례 중 다수는 (125ㄴ, ㄷ)처럼 독립적 종결 형식으로 볼 만하지만 분명하게 종결어미라고 하기에는 다소 부족하거나, 자립성은 있는 듯하지만 앞뒤 발화와 어떤 상관성을 가지고 담화의 한 부분을 구성하는 것처럼 보였다. 이처럼 'S-는데'의 기능을 논할 때 가장 중요한 부분은 독립적 성격이 꽤 강하면서도 여전히 접속 구문과 연관되어 보이는 양면성이 있다는 점이다. '-는데'가 이끄는 절이 종결 위치에 있을 때 주절의 내용을 추론하기는 불가능한 경우가 대부분이지만, 반드시 뒤따라야 할 무엇이 나타나지 않은 인상을 주는 일이 많다. 선행 연구에서는 직간접적으로 이 점이 계속 언급되었고, 종결의 'S-는데'의 기능을 밝히려는 시도가 이어졌다.

일단 접속 구문의 선행절로서 'S1-는데'에 대해 보면, 배경 설정(이기동, 1979), 화제 제시(김영희, 1987), 상황 도입(윤평현, 2005) 등 지칭하는 말은 조금씩 달랐지만 결국 후행절 내용이 나오기 위한 일종의 밑바탕

역할을 한다는 점이 공통적이다. 이 글에서는 '배경'이라는 용어를 택하였다. '-는데 배경 구문'은 선후행절에 다양한 사태가 올 수 있는데, 접속절은 후행절에 대한 아주 느슨한 차원의 배경 정보부터 꽤 구체적인 것까지 아우를 수 있다. 중심 주제를 말하기 위한 도입부가 되기도 하고, 시공간적 배경을 한정하기도 하고, 판단의 근거를 제시하기도 한다. 이어진 두 절의 내용에 따라 대립적 관계를 나타낼 수도 있다. 다음의 예를 보면, 'S1-는데'가 (126ㄱ)에서는 전형적인 배경 역할을 하고 (126ㄴ)에서는 후행절과 대립적으로 해석된다.

(126) ㄱ. 그 청담동 압구정동 무슨 지한데 딱 들어갔는데 진짜 어마어마해요.
ㄴ. 오빠는 이렇게 얘기하면 있잖아요 다른 사람은 농담인데 오빠는 진담 같애,

'-는데 배경 구문'은 통사적으로나 의미적으로 통합성이 낮은 편일 뿐만 아니라 실제 발화에서는 선행절과 후행절이 하나의 억양단위로 나타나지 않는 경우도 많다. 남길임(2009)에서는 등위접속에서 두 절이 하나의 억양단위를 이루는 예가 적고, 상대적으로 독립성이 강한 둘 이상의 명제가 연결되는 접속에서는 각각이 독립된 억양단위로 구성되는 경우가 많다고 했다. 그리고 대표적인 사례로 '-는데'와 '-고'가 구어에서 종결어미처럼 쓰이는 현상을 들었다.[75)]

75) 통합된 억양은 주절에 대한 의존성을 표시하는 주요한 기제 중 하나이다(Givón, 2001). 즉 접속절이 주절에 통사적으로나 의미적으로 의존적일수록 통합된 억양으로 나타날 가능성이 높고, 그 반대일수록 분리된 억양단위로 나타날 수 있다.

이처럼 접속 구문에서 선행절 'S1-는데'가 후행절과 분리되기 쉽다는 점에 기인하여 탈종속절로 발달할 가능성이 높다고 가정할 수 있다. 그런데 'S1-는데'의 경우는 생략 가설로만 설명하기가 어렵다. 주절이 생략되었다고 보기 어려운 것은 그럴 만한 특정한 맥락이 존재하지 않기 때문이다. 4장에서 살펴본 사례들은 대개 특정 구문을 기반으로 삼고 있어서 생략이 관습화될 수 있었다. 구체적이지는 않더라도 뒤따르는 내용에 대해 어느 정도의 의미적 제한이 가능해야지만 추론과 해석이 이루어질 수 있다. 그러나 'S1-는데'의 후행절에 올 수 있는 내용의 범위는 매우 넓고, 따라서 예측이 어렵다. 간단히 보자면, 아래 (127)과 같이 복합문의 선행절 'S1-는데'가 있을 때 화자가 어떤 내용을 뒤에 이어 갈지는 당연하게도 전혀 예측되지 않는다.

(127) 제가 작년에 딱 입학했**는데**, {되게 좋아하는 선배 오빠가 있었어요/몸이 아파서 학교를 제대로 못 나왔어요/학교에서 초등학교 동창을 마주쳤어요/…………}.

그렇다면 대립적 관계를 나타내는 경우는 다를 수 있다고 가정하고, 혹시 'S1-는데'만 쓰였을 때 적어도 대립적 사태가 이어질 것을 예측할 수 있는지 보도록 하자.

(128) ㄱ. 그냥 농담으로 하는 말**인데**, 경찰차도 불법 주차하면 신고해도 되냐.

ㄴ. 그냥 농담으로 하는 말**인데**, 걔는 불같이 화를 내더라, 진짜.

위의 (128ㄱ)과 (128ㄴ)에서는 동일한 접속절이 쓰였다. 전자는 후행절에 대해 도입부 역할을 하는 보통의 배경 구문 예이고, 후자는 대립적 관계를 나타내는 예이다. 동일한 내용의 'S1-는데'가 있을 때 서로 다른 내용이 뒤에 이어질 수 있는 것을 보면 역시나 예측 가능성은 별로 없다고 할 수 있다.

그간의 연구에서는 '-는데'의 종결 기능에 대해 여타의 종결어미화처럼 후행절 생략으로 본 것이 일반적이었다. 한길(1991)은 '원래 연결접미사였던 것이 '-는데' 뒤에 놓이던 월성분이 자주 생략되어 쓰이다가 마침내 놓이지 않더라도 자연스러운 월이 되어 종결접미사로도 쓰일 수 있게 된 것'이라고 하면서, '-는데' 뒤에 경우에 따라서는 생략된 월성분을 추정하여 보완할 수 있는 예들이 발견되는 것이 그 이유라고 덧붙였다. 여전히 일부의 사례는 생략된 내용을 조금이나마 추정할 수 있다. 그러나 앞서 보았다시피 'S1-는데'가 후행절과 맺는 관계는 매우 포괄적이어서 생략이 발생하는 특정한 맥락이 없고 빠진 내용의 예측이 불가능한 경우가 훨씬 더 많다.

이번에는 'S1-는데'가 후행 주절과 맺게 되는 관계 의미의 포괄성에 주목해 보자. 이는 해당 형식의 종결 기능과 연관되는데, 양태나 간접성과 관련되어 어떤 의미를 나타내기보다는 기존의 종결어미와 유사하게 감탄문, 의문문, 평서문을 두루 형성하는 것처럼 보인다. 중요한 특징이라면 앞의 (125ㄷ)에서 보았듯이 전후 발화와 담화상 연결성을 보인다는 점이다. 선행 연구에서도 유사한 관찰 결과를 찾아볼 수 있는데, 관련 서술을 인용해 보면 다음과 같다.

(129) ㄱ. 문장은 좀처럼 한 문장 단독으로 실현되는 경우가 드물고,

전체 의사소통의 과정 속에서 보면 부분적인 의미를 담당하는 단위이기 때문에 …(중략)… '화자가 제시하는 내용이 다른 발화나 생각과 내용적으로 관련이 있다'는 화자의 태도가 표시되기도 하는데 이를 [+관련성]으로 나타내기로 한다. 어떤 종결어미가 [+관련성]이 표시된다는 것은 그 종결어미에 의해 실현된 발화가 내용적으로 완결된 단위가 되지 못하고 반드시 다른 발화나 생각과 관련을 맺는… (고창운, 1996:15)

ㄴ. 열린 종결이란, 문장이 완결되지 않고 후행절이 결합할 수 있는 여지를 남겨두는 종결을 뜻한다. '-는데'는 연결어미에서 기원한 종결어미이므로 언어 사용자가 후행절을 상정하려는 경향이 있다. 그러나 이것은 담화 의미상의 개념이지 문법적인 개념은 아니다. (장경현, 2012:118)

(129ㄱ)에 따르면 'S-는데'는 [+관련성] 자질을 가진 종결 단위로서, 내용적으로 다른 발화나 생각과 관련성을 맺는다. 또 (129ㄴ)에 따르면 열린 종결 단위인 셈인데, 뒤에 생략된 무언가가 있음을 전제하면서도 사실상 그 내용을 추정하기는 매우 어렵다는 점을 인정하고 있다. 모두 문법적으로는 종결어미로 인정하면서도 내용상 완결 기능이 부족하다는 인식을 드러내고 있다.

종결의 'S-는데'의 특징을 설명하려면 생략만으로는 적절하지 않다. 처음의 개별 실례에서는 후행절 생략이 의도적이든 의도적이지 않든 이루어졌을 수 있다. 그러나 빠진 내용을 추정하는 데 있어 청자가 '-는데 접속 구문'에 대한 지식으로 알 수 있는 것은 '어떤 관련된 내용이 빠졌다는 것'뿐이다. 'S-는데'는 접속 구문이 쓰인 구체적 맥락에 기반을 두고 어떤 의미가 추론되는 것이 가능하지 않다. 종결 위치에 쓰인 때 '완전히 끝맺어지지 않음' 혹은 '다른 내용과 관련됨' 정도의 추상적 의미만을 나타낸다. 앞서 2.1.2에서 생략 외에도 확장, 절 이탈 등의 탈종속화 기제를 설명하면서 탈종속화 경로에는 하나만이 아니라 여러 가지가 복합적으로 작용할 수도 있다고 했다. 'S-는데'의 경우 출발은 생략에서 가능했을 수 있지만, 독립적 단위로 발달한 과정은 다른 개념을 적용하는 것이 더 적절하다.

'S-는데'가 독립적 종결 용법을 보이면서도 여전히 앞뒤 발화 내용과 관련성을 유지하는 듯한 양상을 앞선 예들에서 보았다. 실제로 하나의 화제 아래 담화가 지속되면서, 동일 말차례 내에서든 말차례가 바뀌어 가면서든 'S-는데'가 사용되는 일이 많다. 하나의 복합문 내에서 바로 뒤에 이어지는 주절에 대해 접속절이 배경 정보를 제시하는 역할을 하던 것이 독립절로서 담화 전체의 화제와 관련되는 기능으로 이른바 '확장'되었다고 볼 수 있다. 이는 'S-는데'가 결합되는 범위가 후행하는 주절에서 담화 전체로 변화되었다는 것이기도 하다.

독립절로서의 'S-는데'가 담화 관련성을 가진다는 점은 다음과 같은 예에서 단적으로 볼 수 있다.

(130) P1: XX 남자 친구 있어?

P2: 있죠,

P1: 아 그래 니가 없으면 말이 안 되지. <u>남자 친구 몇 살**인데?**</u>

P2: 한 살 많이요.

위의 대화에서, 화제와 관련되지 않은 질문의 경우 'S-는데'로 표현하는 것이 매우 어색하다. 가령 첫 질문을 'XX 남자 친구 있는데?'로 하는 것은 불가능하다. 그러나 남자 친구를 화제로 대화가 진행되고 있는 과정 중에는 '남자 친구 몇 살인데?'와 같은 표현이 자연스럽다.

'S-는데'는 애초에 주절과 통사적·의미적 통합성이 낮은 편이었고, 음운적으로도 분리된 단위로 실현되는 예가 많다고 했다. 주절로부터 분리되기 쉬운 환경이 갖춰져 있는 상황에서 후행절이 생략되기도 하고 접속절과 주절 사이에 접속사 같은 다른 요소가 개입하기도 하는 쓰임이 많아지면서, 'S-는데'가 접속 구문에서 이탈하여 주절과의 관계가 희미해지거나 끊어지게 되었다는 가정이 가능하다. 이탈된 절은 역시나 담화나 대화 배경과 관련성을 보이게 되는데, 공유된 배경 관련 화제를 도입하거나 앞선 내용을 상세 설명할 수도 있다.

'S-는데'는 확장과 절 이탈을 포괄하는 절 결합 범위 변화로 인해 선행 발화나 담화 또는 대화 배경과의 관련성을 전제하는 독립적 종결 단위로 발달하게 되었다. 고창운(1996)에서 말한 '관련성'이나 장경현(2012)의 '열린 종결'은 모두 이러한 쓰임을 포착하기 위한 개념이었다고 할 수 있다. '관련성'이 접속절로서의 성격이 주절과의 관계에서 담화와의 관계로 확장되는 것과 상통한다면, '여지를 남겨 두는 종결'은 생략이나 절 이탈과 조금 더 상통하는 측면이 있다. 'S-는데'가 접속 구문과 관련하여 얻을 수 있는 의미는 매우 추상적 층위의 '주변 내용과 관련 있음'이고, 이것이 정착된 결과가 탈종속절 [S-는데]라고 볼 수 있다.

종결 기능을 다룬 것은 아니지만 이소현(2011)에서는 접속어미 '-는데'가 기본 의미 설정이 어렵고, 여러 의미가 전체 의미 구성에 참여하는 것이라고 주장했다. '-는데 접속 구문'의 의미를 자세하고 다양하게 보여 주었는데, 17가지로 의미를 나누었고 '배경'부터 '상세 설명, 연결, 환경, 양보, 대조' 순으로 주로 나타난다고 했다. 실제 제시된 예를 보면, 접속 차원에서 다루고는 있으나 '연결'은 의미 관계를 특정하기 어려운 사태들이 연결된 것으로서, 사실상 종결 용법으로 보아야 할 사례들이었다. 접속과 종결 기능이 서로 가깝게 맞닿아 있고, 따라서 수많은 '-는데'의 쓰임에서 종결 기능을 구분해 내는 것이 쉽지 않음을 다시금 확인할 수 있다.

'-는데'의 종결 기능이 구체적으로 무엇인가에 대한 논의를 보면, 몇 가지로는 정리하기 어려운 다양한 설명이 제시된다. 실제로 개별 사례마다 화자가 'S-는데'를 사용하는 방식에 조금씩 차이가 있고, 그것을 제한된 유형으로 분류하기란 쉽지 않다. 그러나 크게는 화자의 감탄, 청자에 대한 반응 기대나 유도, 체면위협 행위(반박, 거절, 요청 등)에 대응하여 간접적이고 완곡하게 표현하기로 나눌 수 있다. 이는 일정 부분 탈종속절 기능과 겹친다. 하지만 'S-는데' 자체가 고정적 기능을 갖지는 않는다. 간접 표현으로서의 기능이나 청자에 대한 고려 기능은 앞서 '여지를 남겨 두는 열린 종결' 특성과 관련된 부수적 효과라고 할 수 있다. 즉 'S-는데'가 '완성하지 않고, 말끝을 흐리는' 일종의 의사소통 전략을 수행할 수 있는 단위로 이용되는 것이다.

(131) ㄱ. 가수 같은 애들도, 옛날엔 백만 장 넘기는 애들이, 태반이 **있는데,** 많았잖아. 그지?

ㄴ. P1: 이 남자가 되게 꼼꼼해

P2: 진짜?

P1: 꼼꼼하기두 하구 소심하기두 하구.

P2: 그건 아닌 거 같**은데,**

P1: 늘 그래. 자기는 소심하대 근데 내가 보기엔 털털한 성격**인데.**

ㄷ. P1: 이거 안 붙였으면 옷 볼 수 있**는데,**

P2: 붙이지 말라 그럴걸,

P1: 뜯을까 우리가? 여기 뜯어도 상관은 없**는데.** 붙일 수 있**는데.**

ㄹ. 우리나라에서 제일 유명한 게 상주 곶감이라고 하네요. 그까 어른들이 다 아신다고 하**는데,** 그리고 이렇게 대량으로 나는 지역이 또 우리 나라에서 두 군데밖에 없**는데,** 그서, 소비자가 오셔서 지나가는 길에 힐끗 한 번 보게 됩니다.

(131ㄱ)은 단언적으로 표현하지 않으면서 청자에게 동의를 구하는 예로, (131ㄴ)은 가벼운 반박이나 반대 의견 제시의 예들로 볼 수 있다. 또 (131ㄷ, ㄹ)은 화자 자신의 진술에 대한 확신성을 완화하는 것으로 보인다. 이렇게 'S-는데'로 발화를 이어 가는 방식은 어떤 상위 담화 내에서 각 발화가 관련성을 맺은 채 이어지고 있음을 표시할 수 있다.

주절이 없거나 주절과의 관계가 불분명한 'S-는데'의 산출과 해석은 개별 상황에 따라 적절한 억양의 도움을 받아 화청자 간에 원활하게 이루어진다. 이런 과정의 반복과 축적이 이른바 '담화 관련 열린 종결'을 나타내는 탈종속절 [S-는데] 생성과 사용을 이끌었다고 볼 수 있다.

마지막으로 덧붙여, 또 다른 열린 종결 용법의 예로 거론되는 '-고'에 대해 간단히 보도록 하겠다. 앞서 3.3에서 'S-고'가 명령을 간접적으로 표현하거나 화자의 부정적 태도(항의, 빈정거림 등)를 수반하는 반문을 나타내는 종결 기능을 한다고 인정되고 있음을 언급했다. 이외에도 'S-고'는 'S-는데'와 유사하게 담화 관련성을 전제로 선행 발화에 대하여 상세 설명하거나 여지를 남겨 두는 방식에 기인하여 진술의 단언성을 완화하는 등의 기능을 보인다.

(132) ㄱ. 유스호스텔이 되게 잘 안 돼 있어. 몇 개 없기도 없**고,**

ㄴ. 이번에 이사 온 집두 막, 끝이 없어. 지하실에 물새 가지구 또 지하실로 물 푸러 내려가**구.** 이층집인데 물 풀 줄은 꿈에두 생각 못 했다.

ㄷ. 정말 문제가 있는 거 같애. 애가 둘인데, 밤새기를 그냥 밥 먹듯이 하구, 집에 갈 생각을 안 해 맨날. 허구헌 날 열시 열한 시에 가**구.**

'S-고' 역시 여러 기능을 가진 종결 형식 혹은 탈종속절로서 취급될 수 있다. 다만 'S-고'로 발화가 계속 이어질 때, 그것이 단순히 여러 접속절이 연결되는 것인지 각각을 종결 용법으로 볼 수 있을지 세밀한 관찰이 필요하다.

5.1.2. -으니까

'-으니까'는 종결 기능에 대해 자주 언급되었으면서도 자세히 다루어진 적이 많지 않다. '-다니까(-냐니까/-라니까/-자니까 포함)'가 반말체 종결어미로서 제시된 바 있고(박재연, 1998), '-으니까'를 언급하면서도 '-다니까' 예만 거론하는 경우가 있기도 했다. 실제로 '-으니까'는 종결 위치에서도 많이 나타나는데, 구어 말뭉치에서 검색된 전체 사례(3,617회)를 보면 약 76%가 접속 구문으로 볼 수 있고 나머지 24% 정도가 종결 위치에서 쓰이고 있었다. 다음의 예를 보자.

(133) ㄱ. 새벽엔 되게 좋다 시원하구. 바람이 이렇게 들어오**니까.**
ㄴ. 이거 거의 다 외우다시피 해야지, 뭐, 어떻게 나올지, 모르**니까,**
ㄷ. P1: 근데 피자, 웬만하면 안 먹어요. 거기서 일하는 사람들.
P2: 왜?
P1: 지겨우**니까.**
ㄹ. P1: 농구 동호회 하거든. 그 사람들하고 주말을 거의 같이 보내지.
P2: 아. 농구만 하고요?
P1: 응. 뭐 애인이 없**으니까.**

(133ㄱ, ㄴ)은 선후행절 순서가 바뀌면 하나의 온전한 복합문이 될 수 있는 도치의 예로 볼 만하다. (133ㄷ, ㄹ)은 후행절 생략으로 보이지만, 대화상 선행 발화에 대해 이유를 밝히는 일종의 상호협력 구문으로도 볼 만하다. (133ㄷ)은 질문-대답 인접쌍에서 종종 찾아볼 수 있는 예이고, (133ㄹ)은 정확히는 화자가 자신의 이전 발화에 대해 이유를 덧붙이는 것이라고 볼 수 있다. (133ㄷ, ㄹ)을 보면 빠진 주절은 앞선 발화를 참고하여 각각 '지겨우니까 피자 웬만하면 안 먹는다',

'애인이 없으니까 그 사람들하고 농구만 하고 주말을 보낸다' 정도로 복원이 가능하다. 그런데 이는 철저히 개별 상황에 따라 생략과 복원이 이루어지는 것으로서 일정한 특징을 찾기는 어렵다.

도치나 생략 혹은 상호협력 구문은 'S-으니까'를 종결 위치에 놓이게 만드는 요인으로서, 종결 용법의 'S-으니까'는 대부분 '-으니까 이유 구문'에서 유래하였다. 이들은 종결 위치에 자주 쓰일 뿐만 아니라 꽤 자립적 단위처럼 행동하는 듯하다. 먼저 미완의 복합문으로서 중단된 억양을 가지는 것이 아니라 완결된 억양을 갖는 사례가 꽤 있는데, 대체로 평서문이고 L% 억양이다(조민하, 2011:119). 또 'S-으니까' 뒤에 접속사가 온다든가 'S-으니까'가 여러 개씩 이어져 쓰인다든가 하는 사례가 많이 관찰되고, 후행절이 대용된 'S-으니까 그러다'로 쓰인 예도 적지 않다. 이러한 특성은 화자들이 선행절을 비교적 수월하게 분리적으로 인식할 수 있음을 시사한다. '-으니까 이유 구문'은 사실 '-는데 배경 구문'만큼은 아니지만, 그에 못지않게 선어말어미 결합 제약이 거의 없고 보조사 결합도 '-으니까는/-으니깐'이 나타나는 것을 제외하면 찾아볼 수 없다. 인과 관계와 관련되면서도 통합성이 높지 않은 접속 구문인 것이다.

그간 '-으니까'는 원인보다는 이유를 나타내는 어미로 많이 기술되었고, 특히 '-어서'와의 비교를 통해 그 기능을 자세히 밝히려는 논의가 많았다. 공통적으로 지적된 속성 중 하나는 '-으니까'의 경우 인과 관계 구성에 화자의 개인적인 판단, 추론이 개입된다는 점인데, 변정민(2014)의 기술을 참고하자면 '두 사건의 상관성에 대해 화자가 특별함을 나타내어 필연성을 부각'한다.[76] 이렇게 보면, 'S-으니까'가 접속 구문에서 하는 주된 역할은 '주절이 나타내는 사태를 보고 화자가 왜 그런 사태가 발생했는지 자신의 생각이나 입장을 밝힘으로써 상관 관계를 분명히 하는 것'이라고 정리할 수 있다. 물론 '바람이 부니까 날씨가 춥다'와 같이 비교적 개연성이 높은 단순 인과 관계를 나타낼 수도 있지만, 'S-으니까'가 화자의 주관성을 반영하는 것과 깊이 관련되고 이것이 종결 용법에 영향을 미쳤으리라 생각된다.

'-으니까'의 종결 기능에 대해서는 역시 '이유'를 나타내는 단위임이 지적되어 왔다. '자기가 한 말에 대한 이유를 대는 기능'을 한다고만 언급한 것과(안주호, 2006; 송대헌·황경수, 2013), 그 외에 '강조, 단정, 확인 혹은 질책, 못마땅함, 불만, 동의' 등과 같이 부수적 효과로 볼 수 있는 화용적 기능을 다양하게 제시한 논의가 있다(손옥현, 2009; 조민하, 2011; 김혜지, 2016 등). 이러한 예는 거의 말뭉치에서 추출된 사례를 분석한 결과이고, 본고 역시 두루 확인할 수 있었다.

(134) ㄱ. 저희 둘만 이렇게 갔죠, ①우리 신랑이 길을 아**니까,** 딱 갔는데, ②동양 사람이 없**으니까,** 일단 좋았어요.

76) '-으니까'와 '-어서'의 미세한 차이는 교체가 어색하거나 불가능한 예를 통해 여러 측면에서 설명될 수 있다. 둘의 차이를 밝히는 문제는 이 글의 범위에서 벗어나 있으나, 일단 '-어서'에 비해 '-으니까'의 사용에서 화자의 주관이 개입되는 경향이 높다는 점은 알 수 있다. 다음의 예를 보면, 'ㄱ, ㄱ''과 같이 연결되는 두 사태가 현실 세계에서 개연성이 비교적 높은 경우에는 두 형식의 사용이 모두 자연스럽다. 그러나 'ㄴ, ㄴ''과 같이 개연성이 다소 낮은 편인 경우, '-으니까'는 자연스러운 데 비해 '-어서'는 어색한 느낌을 준다.

ㄱ. 다이어트하니까 저녁은 안 먹어요.
ㄱ'. 다이어트해서 저녁은 안 먹어요.
ㄴ. 다이어트하니까 먹고 싶은 게 더 생각나요.
ㄴ'. ??다이어트해서 먹고 싶은 게 더 생각나요.

ㄴ. P1: 세 시간씩 그니까 매일? 금요일까지요?

P2: 월화수목금. 근데 금방 끝나잖아 그 대신,

P1: 언제요?

P2: 칠월 이십이일날 끝나**니까,**

ㄷ. P1: 오래 안 걸리잖아요 그 시험이.

P2: 어 삼십 분짜리**니까,**

위의 (134ㄱ)은 화자 자신의 선행 발화에 덧붙여 이유를 설명하는 종결 용법(①), 주절에 대해 이유를 제시하는 접속 용법(②) 모두를 볼 수 있는 예이다. (134ㄴ)은 상대의 질문에 대답을 제공함과 동시에 선행 발화에 대한 이유를 더 상세히 밝히게 됨으로써 강조와 확인 효과가, (134ㄷ)은 상대방 발화에 대해 이유를 댐으로써 동의 효과가 드러남을 보여 준다.

이처럼 다양하게 제시된 화용적 기능은 사실 모두 '이유'에서부터 기인한 것으로 보인다. 종결의 'S-으니까'는 상대방의 것이든 자신의 것이든 앞선 발화 내용에 대해 이유를 덧붙여 밝힐 때 쓰인다. 후행절이 빠지기는 하지만 접속 구문의 전체 의미를 선행절이 전담한다고 보기 어렵고, 후행절 내용은 담화상 해석이 가능할 뿐이다. 이는 접속 구문에서 분리되어 나온 'S-으니까'가 주절과 관계를 맺는 데서 선행 발화나 담화와 관계를 맺는 것으로 변화했다고 볼 수 있다. 화자는 결과 사태에 해당하는 내용이 담화상 이미 전제되었다고 판단한 상황에서 후행절 없이 'S-으니까'를 사용함으로써 기본적으로 주관성이 개입된 설명을 제공할 뿐만 아니라 일정한 화용적 효과까지 드러낼 수 있다.

그런데 후행절 없는 'S-으니까'의 내용뿐만 아니라 화용적 기능까지 추론하여 이해하는 것은 청자의 몫이다. 이 전체 과정이 원활하게 이루어져서 의사소통에 성공하면, 이것이 반복됨으로써 'S-으니까'는 점점 후행절 없이도 독립적으로 쓰일 수 있게 된다. 또 의사소통 과정에서 잘 나타나던 몇 가지 효과가 마치 'S-으니까'의 의미처럼 보이게 되는데, 이로 인해 그간 종결의 'S-으니까'의 기능이 주로 화자의 반응과 관련된 강조, 동의, 반박, 불평 등으로 다양하게 제시되었던 것이다.

'-으니까'와 비견할 만한 양상을 보이는 다른 언어의 사례를 보자. 영어의 because절, 일본어의 から절이 독립절로 변화하는 것을 다룬 Higashiizumi(2006)을 보면, 접속 구문 'S1 because S2'가 항상 우위에 있는 것이 맞지만, 이른바 'because 단일절' 유형이 19세기 중반부터 나타나기 시작했고 이는 선행 주절의 생략 때문이라고 했다. Traugott(2017)은 이를 바탕으로 because절이 Evans의 발달 단계 중 두 번째인 B단계에 해당한다고 보았다.[77] 유사한 양상이 영어(because절)뿐만 아니라 일본어(から절), 이탈리아어(perché절) 등에서 나타나는데, 한국어 'S-으니까'의 종결 기능과도 비슷한 측면이 많아 보인다.

(135) Irene: (Henry describes a series of acts) That's asinine, Henry.

Henry: **Because** you don't understand, see, because ith

77) Traugott(2017)을 보면 COCA(Corpus of Contemporary American English)에서 뽑은 100개의 because절 예 중에서 30%가 분리된 절로 표시돼 있었다고 한다. 그중 20%가 상대방 말차례를, 나머지 10%가 화자 자신의 말차례를 이어 지속되었다.

- it was done that way.

Irene: I don't understand WHAT?

(Higashiizumi, 2006: 35)

위는 영어 'because 단일절'의 예로서, 밑줄 친 부분을 직역하면 '니가 이해를 못 하니까'지만 실제로 해당 절은 상대방의 발언, 즉 자신에게 터무니없다고 한 것에 대하여 이의를 제기하는 기능을 한다. 적절하게 의역을 해 보자면, '터무니없기는. - 니가 이해를 못하니까 그렇지. - 내가 뭘 이해를 못한다고?' 정도가 될 것이다. 이러한 이의 제기 혹은 반박 표시는 'S-으니까'의 예에서도 찾아볼 수 있다.

(136) そんなことをすると先生にいいつけるから

위는 일본어 'から절'의 예이다. 밑줄 친 부분을 직역하면 '선생님께 이를 거니까' 정도지만 화자가 발화를 강조하는 해석이 더 적절해 보인다. 전체 문장을 '그런 짓을 하면 선생님께 이를 거야!' 정도로 해석할 수 있다. 'S-으니까'가 이유를 나타내면서 부수적으로 강조 기능을 할 수 있다는 점과 비슷하다.

'S-으니까'는 이유-결과 관계를 나타내는 접속 구문으로부터 유래하였고, 그 종결 기능이 기본적으로 선행 발화에 대한 이유를 덧붙여 설명하는 것이라는 점에서 3.4에서 살핀 원인절처럼 탈종속화 측면에서 다룰 만하지 않다고 볼 수도 있다. 그러나 앞의 여러 예에서 보았듯 'S-으니까'는 후행하는 주절과의 관계 내에서만 효력이 있는 것이 아니다. 이미 분리된 단위로서 실제로는 담화상 전제된 내용에 대해 설명하는 기능을 할 수 있고, 그 과정에서 화자의 반응과 관련된 다양한 의사소통적 의미를 함께 나타낼 수 있다.

(137) 구백 이상 넘어두 뭐 변변한 회화 하나 못 한다는 말 듣는 그거 자체가 되게 웃기는 거 아니야 그러니까 읽고 쓰는 거랑 말하고 듣는 거랑 매치가 안 되**니까.** 도대체 뭐 하는 건지. 옛날 한문 쓰는 거랑 똑같잖아. 요새 들어서 그런 것두 다양화할려구 뭐 해 가지구 여러 가지루 옮겨 가는데 아직까진 토익 토플이 대세**니까.**

위의 예와 같이 'S-으니까'가 선행 발화나 담화상 화제에 관련된 설명을 덧붙이면서 어느 정도 이상 독립적으로 쓰이는 예를 구어에서 많이 볼 수 있다. 이들은 후행절 복원이 불가능할 뿐만 아니라 생략된 느낌이 나지도 않는다. 이미 발화된 혹은 담화상 전제된 내용에 대한 부가 설명이 주된 기능이고 경우에 따라 화자의 반응(강조, 동의, 반박 등)을 동반하는 탈종속절로 보는 편이 적절하다. [S-으니까]는 아직 뚜렷한 의미와 연합되지는 않았지만 의사소통상 화용적 미결정 영역에서 추론된 몇 가지 유력한 기능이 있는 듯하고, 일단 이를 담화적 기능이라고 부를 것이다.

마지막으로 '-다니까'에 대해 보자. 종결 위치의 'S-다니까'는 인용 구문과 관련하여 문법화된 반말체 종결어미로서 앞선 발화를 재확인하는 의미가 있다(한길, 1991; 박재연, 1998 등). 한길(1991:129)에서는 '-다니까'류에 대해 '화자가 자신의 앞선 발화에 대하여 되풀이 서술할 때 쓰임을 알 수 있는데, 청자가 선행 발화에 대하여 반응을 나타내지 않거나 적당한 대답이 없어서 머뭇거리거나 미심쩍어하는 반응을 나타낼 때 쓰인다'라고 했다. 즉 상대방에게 자신의 발화를 재확인시키는 것이다.

구어 말뭉치에서 검색된 전체 사례 중 약 80%가 후행절 없는 'S-다니까'로서 종결 기능을 하고 있었다. 나머지는 접속 구문의 예인데, 'S1-다니까 S2'의 선행절은 화자가 듣거나 이미 들어서 알고 있는 내용을 인용하여 그것이 후행절 내용에 대한 이유가 됨을 나타낸다. 다음은 접속 용법과 종결 용법의 예를 보여 준다.

(138) ㄱ. 니가 향수에 대해서 잘 모른**다니까**(=모른**다고 하니까**) 향수에 대해 설명을 해 줄게.

ㄴ. 준비된 게 없는데 실습 나가야 된**다니까** 두려워.

ㄷ. P1: 그 일장일단이란 말을 거기서 처음 봤어.

P2: 처음 봤어, 어떻게 봤어, 글자를 쓴 걸 봤어?

P1: 걔가 썼**다니까** 그거를,

ㄹ. 가요 내용이 다 똑같애. 음. 보면 대충. 흐름을 딱 알겠**다니까** 그냥. 누구 노래는 딱 들어오면. 이쯤에 랩 나오겠네 그러면 랩

위의 (138ㄱ, ㄴ)은 접속 예이다. (138ㄱ)은 '-다고 하니까'로 환원이 가능한 경우이고 (138ㄴ)은 불가능한 경우인데, 둘 다 선행절이 후행 사태에 대한 이유를 설명하고 있다. 전자는 앞선 상대방 발화로부터 인용한 것이 분명하므로 환원이 가능하지만, 후자는 인용 여부가 불분명하기 때문에 환원이 어려운 것으로 보인다. (138ㄷ, ㄹ)은 'S-

다니까'의 종결 예이다. (138ㄷ)은 자신의 앞선 발화를 가져와 다시 설명하면서 상대방에게 확인시키고, 그로 인해 강조의 효과가 드러난다. (138ㄹ)은 앞선 발화는 없었으나 자신이 전달하고 싶은 바를 강조해 주고 있다.

종결의 'S-다니까'는 자신의 발화를 반복함으로써 확인시켜 주는 것이고, 결과적으로 강조의 기능을 한다. 사실 '확인'이나 '재확인' 기능의 부수적 효과였다가 구별되어 '강조' 기능도 생겼다고 볼 수 있다.[78] 실제로는 앞선 발화가 화자 자신의 것이 아니더라도 또 명시적으로 나타나지 않았더라도 (138ㄹ)과 같이 'S-다니까'가 강조 용법으로 쓰이는 일이 많다. 이는 발화 자체를 가져오는 것에서부터 화자의 인식 속에 있는 것 혹은 화청자 간 공유된 배경에 내재되어 있는 것을 가져오는 과정으로 확장되었기 때문에 가능한 것이라고 볼 수 있다.

5.2. 외부 상황으로의 변화

5.2.1. -으면서

'-으면서' 접속 구문은 크게 동시, 나열, 대조 구문으로 나눌 수 있다. 동시 구문은 사태 간 중첩 정도에 따라 다양한 시간적 관계를

---

78) 이종희(2004:158-161)에서는 '-다니까'를 '강조(화자가 명제 내용에 힘을 실어 표현하는 것)'의 종결어미 중 하나로 제시했다. 해당 예는 다음과 같다.

갑: 검정색이랑 밤색 중에서 뭐가 좋아.
을: 난 검정색이 더 좋아.
갑: 밤색으로 할까? 네 생각은 어때?
을: 글쎄, 난 이게 좋다니까.

포괄하고 있기는 하나, 일단 하나로 묶었다. 사전에서 '-으면서'는 접속어미로만 기술되어 있고, 그 종결 용법이 따로 다루어진 적이 거의 없다. 구어 말뭉치를 검색한 결과, 전체의 약 11% 정도가 종결 위치에 나타났는데, 다음과 같이 단순 생략이나 도치로 판단할 만한 예가 대부분이라 유의미한 사례를 발견하기가 쉽지 않았다.

(139) ㄱ. 시켜 놓고 너무 아무것도 안 하니까 그렇네, 자 뭐 좀 썰**면서,** 가장, 맛있있던 요리를, 꼽으라면, 사람들은 누구나…
ㄴ. 오늘 졸았어. 앉아 갖구 강의 그거 들**으면서.**
ㄷ. 뭐가 그렇게 졸려 그렇게 잤**으면서,**

종결 용법과 관련하여 주목되는 현상은 (139ㄷ)과 같은 '-으면서 대조 구문'에서 찾아볼 수 있다. 이 접속 구문이 의미하는 대립성은 화자의 주관이 개입된 것이다. 구종남(1989)는 '-으면서'가 어떤 상황에 대해 화자가 기대한 것이 부정되는 화용적 대립을 나타낸다고 했다. 화자 입장에서 보면 동시 관계에 놓일 수 없다고 판단되는 두 사태가 동시에 나타남을 표현하는 것이다. '알면서 모른 척하다'와 같은 것이 대표적인 예이다. 다음은 선행 연구에서 제시된 예들을 모아 인용한 것이다.

(140) ㄱ. 민호는 밥을 먹**으면서** 잡담을 한다.
ㄴ. 그는 화가이**면서** 이번 음악회에서 첼로를 연주한다.
ㄷ. 그는 돈도 없**으면서** 사업을 하겠다고 까분다.
ㄹ. *영희는 영리하**면서** 건강이 나쁘다.

(140ㄱ)은 중의적으로 해석할 수 있다. 밥을 먹는 행위와 잡담을 하는 행위가 단지 동시 관계에 있는 것으로 해석할 수도 있고, 밥을 먹을 때는 잡담을 하지 말아야 한다는 화자의 기대가 부정되는 해석도 가능하다(구종남, 1989). (140ㄴ)은 대립성이 더욱 드러나는 예이다. 화가라면 보통 전시회를 열 것으로 기대되는데, 음악회에서 첼로를 연주한다는 것은 기대에 상당히 어긋나므로 대립적으로 해석될 수밖에 없다(안주호, 2006). (140ㄷ) 역시 돈이 있어야 사업을 할 수 있다는 일반적 지식에 힘입은 화용적 대립 해석이 나타난 예이다. (140ㄹ)은 동시로도 대립으로도 해석되지 않는, 사실은 성립이 불가능한 문장이다. 영리한 것과 건강이 나쁜 것은 같은 선상에 놓이기 어려운 것인데, 두 명제를 서로 관련지어 언급하고 있으므로 받아들여지기 어렵다(구종남, 1989). 동시 구문이든 대조 구문이든 일단 접속되는 두 명제는 의미적으로나 화용적으로 어떤 관련성이 있어야 한다는 점이 확인된다. 화자들은 'S1-으면서 S2'를 사용해 관련성 있는 두 사태가 기대와 어긋나는 것을 표현할 수 있는데, 이것이 '-으면서 대조 구문'의 기능이다.

동시, 나열 구문과 달리 대조 구문은 동사, 형용사, 계사 등이 모두 나타날 수 있을 뿐만 아니라 서로 다른 범주끼리도 접속될 수 있고, 접속절에 '-었-'이 결합되기도 하는 등 통사적 제약이 별로 없다. '민호는 밥을 먹었으면서 또 먹는다'와 같은 예가 자연스럽게 쓰일 수 있다. 적절한 화용적 대립을 이룰 수 있다면 동시 관계가 불가능한 '과거 사태-비과거 사태' 이어짐도 가능하다는 것이다. '-었-' 결합형의 출현은 대조 구문임을 드러내는 표지가 될 수 있다.

이제 '-으면서 대조 구문'의 선행절이 종결 위치에서 어떻게 쓰이고 있는지 보자.

(141) ㄱ. 우리 집은 미쳤다니까, 아 피아노가 왜 샀는지, 치는 사람 도 없**으면서.**

ㄴ. P1: XX 먹는 거 되게 오랜만이다.

P2: 뭐 오랜만이야, 저번에 나하고 먹었으**면서.**

ㄷ. P1: 그거 있잖아, 이렇게 막

P2: 아이 씨 뭐 설명도 못 하**면서.**

ㄹ. (P2는 영어를 꽤 잘한다는 배경 지식이 공유된 상황)

P1: 지금 보면 생활에서 영어 필요한 게 의외루 꽤 되더라구. 기계를 사서 써두 다 영어루 나오구

P2: 별루 그런 거에 지장 없어.

P1: 어 그래? 오

P2: 알**면서.**

P1: 하긴 넌 국문관지 영문과지 구분 안 되게 수업을 들었으니.

(141ㄱ, ㄴ)은 도치의 예이다. 종결 위치의 'S-으면서'는 생략보다는 이러한 예가 더 흔한데, 순서가 어떻게 되었든 두 절이 맞붙어 함께 나타나야 대조가 잘되기 때문으로 보인다. (141ㄷ, ㄹ)은 생략의 예이다. '설명도 못하면서', '알면서' 뒤에 이어질 내용은 정확하게 복원할 수가 없다. 'S-으면서'로 끝맺어지는 경우, 그 내용과 대조를 이루는 무엇이 막연히 암시되어 있다고만 이해할 수 있다.

종결 위치의 'S-으면서'는 주목을 받은 적이 없지만, 인용 구문에서 유래한 'S-다면서'는 의문형으로 쓰일 때 일정한 기능이 있음이 종종 언급되었다(김흥범, 1987; 구종남, 1989 등). 'S-다면서'의 종결 용법

은 일단 인용 구문의 확인 기능과 관련이 깊고, '-으면서 대조 구문'과의 관계도 고려하여 이해되어야 한다. 'S-으면서'의 종결 용법은 빈도가 높지 않고, 대조 구문과만 한정적으로 관련되기 때문에 그간 주목을 받지 못한 듯하다. 동시 구문의 경우 주절이 나타나지 않으면 예측이 거의 불가능한데, 사실상 시간적으로 동시 관계에 놓이는 사태의 범위는 무한정이다. 물론 대화상 전후 발화를 참고할 수 있으나, 여전히 범위가 너무 넓다. 따라서 의도적 생략은 잘 없고 발화 중 즉흥적으로만 생략이 발생하는 경향이 강하며, 특정한 맥락을 기반으로 삼아 반복되거나 하지 않으므로 종결 위치에서의 일정한 특징을 발견하기 어렵다.

그런데 대조 구문과 관련된 'S-으면서'가 종결 위치에 쓰일 때는 구체적이지는 않아도 나타나지 않은 사태에 대해 예상할 수 있는 바가 있다. 일단 선행 사태를 통해 기대되는 것과 어긋나는 결과를 담은 내용이 올 것이다. 앞서 (141)에서 전후 내용을 참고할 때 (141ㄷ)은 '설명도 못하면서 설명하다', (141ㄹ)은 '알면서 모르는 체하다/물어보다' 정도를 추론할 수 있다. 그런데 의사소통상 종결의 'S-으면서'가 수행하는 역할을 고려하면 조금 더 정확하게는 의문형으로, 즉 '설명도 못하면서 왜 설명하려고 해?', '알면서 왜 물어봐?'로 복원하는 것이 더 자연스럽다. 'S-으면서'는 보통 상대방이 관여된 현재 상황과의 대조를 표시하고, 기대가 현재 상황과 어긋난 데에서 오는 화자의 태도를 상대방에게 드러내게 된다. 이와 유사하게 복원하려면 수사의문문 정도가 적절한 후보로 보인다.

정리하자면, 화자는 상대방과의 대화에서 이미 공유된 그리고 현재 공유되고 있는 어떤 상황과 대조를 이루는 내용을 'S-으면서'만으로 발화할 수 있다. 이때 ‘S-으면서’는 해당 절의 내용과 상황이 어긋나는 데서 오는 화자의 의문, 뜻밖임 혹은 못마땅함과 같은 부정적 태도를 나타낼 수 있다. 이는 경우에 따라 상내방에 대한 가벼운 의혹 제기, 핀잔이나 비난으로 해석되기도 한다. 보통 청자는 ‘S-으면서’에 수반되는 이 모든 의미를 적절하게 추론하여 이해하고 적당한 반응을 보이게 될 것이다. 이러한 성공적 쓰임이 반복되면 대조적 상황의 암시와 함께 화자의 일정한 태도를 표현하는 독립된 단위로서 발달할 가능성이 높아진다. ‘-으면서 대조 구문’에서이 선행절 ‘S1-으면서’는 후행절과 대조를 이루는 데 반해 탈종속절 [S-으면서]는 현재의 ‘상황’과 대조를 이루고 있으므로 절 결합 범위가 변화했다고 볼 수 있다.

다음의 예를 보자. (142ㄱ)이 (142ㄱ′)과, (142ㄴ)이 (142ㄴ′)과 유사하게 해석되면서 자연스럽게 의사소통할 수 있다면 탈종속절 [S-으면서]의 발달을 충분히 가정해 볼 만하다.

(142) ㄱ. 잘 먹을 거**면서**. 바쁘더라도 밥은 먹고 일해.

ㄱ′. 잘 먹을 거**면서** 왜 안 먹는다고 고집을 부려? 바쁘더라도 밥은 먹고 일해.

ㄴ. 자기가 먼저 화냈**으면서**. 어이없어 정말.

ㄴ′. 자기가 먼저 화냈**으면서** 왜 나한테만 사과하라고 난리야? 어이없어 정말.

‘-으면서’가 관여된 여러 구문 중 대조 구문만이 탈종속화 후보가 될 수 있는 것은 뒤에 이어질 내용에 대한 어느 정도의 예측 가능성

덕분이라고 했다. 관련 예들을 보면 [S-으면서]에 쓰인 서술어 자체가 '알다, 모르다' 같이 대조적 표현이 쉽게 추론되거나 부정형이 쓰임으로써 긍정형이 나올 것이 바로 추론되는 경우가 많았다. 또 대조 구문은 접속절에도 '-었-' 결합이 가능한데, '-었으면서'라는 형식이 대조적 후행절이 이어질 것을 추정케 하는 단서로 작용할 수도 있다. 이러한 특성이 반영된 결과인지 실제로 'S-었으면서'가 더 자연스럽게 쓰이는 경향이 있다.

'-으면서 접속 구문'에는 보조사 '도'가 개입하여 강조 의미를 나타내는 경우가 적지 않다. 결합형 '-으면서도'는 특히 대조 구문에서 상대적으로 더 많이 관찰된다. 그런데 'S-으면서도'가 종결 위치에서는 쓰이지 않는다. 다음 예를 보자.

(143) ㄱ. 넌 선생님한테 혼났**으면서**.
ㄴ. 넌 선생님한테 혼났**으면서도**.

(143ㄱ)은 '넌 선생님한테 혼났으면서 숙제를 또 안 해?'에 상응하는 발화가 될 수 있으나, (143ㄴ)은 그렇지 못하다. 대조 구문에서 유래한 'S-으면서'와 의미상 차이가 거의 없음에도 종결 기능을 하지 않는 것을 보면, 탈종속화는 개별 구문을 기반으로 하여 반복적인 사용을 통해 발생한다는 것을 다시금 알 수 있다. 즉 대조의 'S1-으면서 S2'로부터 탈종속절이 발달하는 데 반해 'S1-으면서도 S2'에서는 그렇지 않다. 화자들이 후행절 없이 'S-으면서도'를 단독으로는 잘 쓰지 않기 때문이다.

인용 구문과 관련하여 문법화된 '-다면서'는 종결 기능에 대해 여러 논의가 있었는데, 공통적으로 지적되는 것은 '확인' 기능이다.[79] 이금희(2006)은 '-다면서'가 후행절이 생략되면서 후행절이 가지고 있던 확인의 의미가 선행절에 전이된 것으로 보았다. 예를 들어, '그가 바쁘다면서 뛰어가던데 정말이야?'와 같은 문장에서 '그가 바쁘다면서?'가 나왔다는 설명이다. 후행절이 생략되면서 전체와 관련된 의미를 선행절만으로 표현할 수 있다는 것은 탈종속적 발달의 특징이다.

대조 구문과 관련하여 발달한 [S-으면서]와 마찬가지로, 화자는 상대방에게 들어서 얻은 정보를 통해 기대되는 것이 어긋나는 상황에서 'S-다면서'를 사용할 수 있다. 만약 빠진 후행절을 복원한다고 하면 역시나 수사의문문 정도가 가장 자연스러울 것이다. 아래 예를 보자.

(144) ㄱ. <u>너 말 안 한**다면서.**</u> → 너 말 안 한**다면서** 왜 말해.

ㄴ. <u>오늘 가져가야 되는 거 있**다면서?**</u> → 오늘 가져가야 되는 거 있**다면서** 왜 안 가져가?

밑줄 친 부분은 탈종속절 [S-다면서]의 쓰임을, 화살표 오른편의 문장은 복원했을 때의 문장을 보여 준다. [S-다면서]의 경우에도 기대가 어긋나는 데서 오는 화자의 태도나 감정(의아함, 못마땅함 등)이 반영될 수 있다. 이금희(2006)에서는 문법화된 종결어미 '-다면서'에는 원발

79) 종결어미로서 '-다면서'를 다루는 논의에서는 전언(hearsay)의 양태 어미나(박재연, 2006) 증거성 표지로(이의종, 2012) 보기도 한다. 손혜옥(2016:237)에서는 누구에게 들은 것인지 정확하지 않으나 들은 이야기의 사실성을 질문할 때 'S-다면서'를 사용한다고 설명했다. 그리고 원발화자가 3인칭이면 증거양태 표지에 가까운 것이기는 하나, 원발화자가 2인칭인 경우 문장에 등장하는 것이 가능하고 언제나 의문문으로 실현되기 때문에 온전히 전언 증거성 표지로 보기는 어렵다고 했다.

화자가 3인칭인 내용만 올 수 있지만, 확인 의미가 아니라 따지듯이 묻는 경우에는 청자 발화도 결합이 가능하다고 했다. 이에 대해 이 글에서는 화자가 [S-으면서]를 통해 현재 상황과 대조된 내용을 발화하여 일정한 의사소통 효과를 거둔 것처럼 상대방에게 얻은 정보와 대조된 내용을 [S-다면서]를 통해 발화할 때도 동일한 효과를 거둘 수 있다고 설명한 것이다. 이러한 용법은 일정한 억양을 동반한다.[80)]

5.2.2. -더니

'-더니 접속 구문'은 그 의미에 대하여 그간 계기, 원인, 배경, 추가, 대조 등 다양하게 분석이 이루어졌다. 중요한 공통점은 선후행절 간 사태가 항상 순차성을 지니고, 두 사태가 이미 발생한 것이며, 동시적일 수 없다는 것이다(장경희, 2018). '-더니'는 접속 구문에서 유래한 것으로 보이는 종결 용법이 있다고도 인정된다. 여러 사전에서 '-더니'를 종결어미로 다루고 있고, 기술상 차이는 약간 있지만 '과거와 현재의 대조'가 핵심 의미이다.[81)] '-더니'가 이른바 접속어미의 종결어미화를 겪었다고 예상해 볼 수 있다.

이 글에서는 접속 구문의 여러 의미 중에서 특정하게 '대조'만이 관

80) 조민하(2011:174)에서는 '-다면서'가 재확인을 강조하면서 따지거나 항의를 하는 기능을 할 때 LHL% 억양을 사용한다고 했다. 예문을 검토한 결과, '따짐, 항의' 등은 대조 구문에서 유래한 '-다면서' 사례와 같은 것이었다.

81) 주요 사전은 '과거 회상과 대조적 현재 암시(〈표준〉, 〈기초〉)', '과거에 안 사실이 현재와 차이 나서 아쉬움(〈고려대〉)' 등으로 기술하고 있다. 이와 약간 다르게 이희자·이종희(1999)는 '지난 일에 대한 회상, 여운을 남기면서 말함'이라고 설명함으로써 '대조'만을 지적하지는 않았다. 그러나 용례를 보면 결국 여운을 남긴다는 것이 곧 대조적 상황이 암시되는 것과 크게 다르지 않음을 알 수 있다.

여된다는 점에 주목하여 '-더니'의 종결 용법을 탈종속화 측면에서 다루고자 한다. 먼저 접속 구문인 '-더니 대조 구문'의 예를 보면 다음과 같다.

(145) ㄱ. 안 써 올 줄 알았**더니** 써 왔네?
ㄴ. 아침에 안 오**더니** 기어코 오후에 온 모양이군.
ㄷ. 이전에는 모이면 밤 한두 시까지 고스톱판을 벌이는 것이 예사**더니** 이제는 그렇지 않았다.
ㄹ. 백수 때는 돈이 없어서 덕질 못하겠**더니** 돈 버니까 시간이 없어서 덕질 못하겠네.

위의 예는 말뭉치와 인터넷 검색에서 인용하였다. (145ㄱ)은 '안 쓰다-쓰다', (145ㄴ)은 '아침에 안 오다-오후에 오다', (145ㄷ)은 '이전에는-이제는', (145ㄹ)은 '백수 때-돈 버는 지금'이 대립을 이루어서 선행절 사태와 후행절 사태가 대조되고 있다. 여기에서 주목할 것은 후행절이 없이, 있어야 하지만 생략된 느낌으로 'S-더니'가 사용되기도 한다는 점이다. 가령 (145ㄱ)에서 '안 써 올 줄 알았더니…'라고 발화가 가능하고, 그것만으로도 대조적 사태나 상황이 이어짐을 암시할 수 있다. (145ㄴ, ㄷ, ㄹ)도 비슷하게 후행절 없이 쓰일 수 있고, 구체적이지는 않아도 대조적 사태나 상황을 어느 정도 암시하는 것이 가능하다.

수가 많지 않지만 '-더니'가 종결 위치에 쓰이는 예가 구어 말뭉치에서 일부 발견된다. 다음의 예를 보자.

(146) P1: 어때, 일 할 만해?

P2: 너무 힘들어. 하루 종일 모니터 보고 자료 찾으러 다니는 게 눈이 너무 아프구,

P1: ①전에는 되면 잘할 거 같다 그러**더니.**

P2: 그래도 좀 익숙해졌어. ②전에는 막 죽을 거 같**더니,**

짧은 대화에서 종결 위치의 '-더니'가 2회 나온다. 맥락상 ①은 분명 대조 구문의 '-더니'와 관련되어 보이지만 후행절에 올 법한 내용을 구체적으로 추정하기는 어렵다. 굳이 복원을 하자면, '전에는 되면 잘할 거 같다 그러더니, 지금은 왜 힘들다고 해?' 정도가 되겠다. 화자의 입장에서 대조되고 있는 것은 본인이 인식하고 있던 이전 상황과 지금의 상황이다. 현재 상황은 의사소통상 공유되고 있으므로 발화하지 않더라도 'S-더니'가 무엇과의 대조를 암시하는지 전달할 수 있다. 또 두 상황 간 대조에 대한 화자의 태도(위 예의 ①에서는 가벼운 의문)도 함께 나타낼 수 있다. 한편 ②는 종결 위치에 있으나 바로 앞 발화 '그래도 좀 익숙해졌어'와 내용상 대조를 이루고 있어서 도치 예로 볼 수 있기도 하다. 전후 발화의 위치를 바꾼다면 일반적인 접속 구문과 같아진다.

(146)은 'S-더니'가 종결 위치에 놓일 때 두 가지 양상, 즉 생략과 도치 모든 경우를 보여 준다. 사실 보통의 생략이나 도치로 볼 여지도 있지만, 그러기에는 후행절의 구체적 복원이 쉽지 않은 예도 있다. 일단 종결 위치에 놓이는 일이 많아지면 일정한 기능을 가진 종결 단위로 굳어질 가능성이 생긴다. '-더니'가 관여된 여러 접속 구문 중에서 대조의 'S-더니'만이 발화 끝에 쓰이는 일이 상대적으로 많고, 그러면

서 접속절만으로도 충분히 관련된 대조적 상황이 암시되는 용법이 반복되면 독립적 단위로 발달할 수 있게 된다. 다음은 종결의 'S-더니'가 적절한 상황에 어울려 사용된 예이다.

(147) ㄱ. (아파서 괴로워하던 사람이 빠르게 호전된 것을 본 상황)
놀라운 일이야. 조금 전까지만 해도 숨이 곧 넘어갈 것 같**더니.**

ㄴ. (사이가 멀어진 친구가 오랜만에 연락한 상황)
니가 웬일이냐. 나랑 인연 끊기로 작정한 줄 알았**더니.**

ㄷ. P1: 지금 다섯 명인데.
P2: 네 명이잖아, 자기 빼고 센**다더니.**

위의 (147ㄱ, ㄴ)이 자연스럽게 가능한 이유 중 하나는 '놀라운 일이야, 웬일이냐'처럼 대조적 상황과 관련된 화자의 태도를 알려주는 요소가 인접하고 있어서이다. (147ㄷ)은 '자기 빼고 센다더니 왜 자기를 넣어?' 정도로 해석할 수 있는데, 'S-더니'만으로도 현재 상황과의 대조가 충분히 암시되고, 복원하지 않고 그 자체로 쓰이는 것이 화자의 태도를 더 잘 드러낼 수 있다.

화자는 현재의 상황과는 대조를 이루는 이미 발생한 사태를 후행절 없이 'S-더니'만으로 발화함으로써 일정한 의도를 달성할 수 있는 듯 보인다. 이것이 대조 구문에서 유래한 접속절이 종결 위치에 상대적으로 잘 쓰이는 이유일 것이다. 'S-더니'는 발화를 끝맺음과 동시에 화자가 단순히 과거와는 다른 현재 상황을 새롭게 인식했음을 나타낼 수도 있고, 두 시기 차이에서 발생하는 뜻밖임, 놀람, 의문, 아쉬움 등 다양한 반응을 수반할 수도 있다. 역시나 청자는 후행절이 없이도 대부분 적절하게 추론, 해석할 수 있는데, 이러한 과정의 반복과 축적이 해당 형식이 독립적 단위로 발달하는 것을 돕는다. 'S-더니'는 접속 구문에서는 후행절 명제와 대조를 이루지만, 종결 기능을 할 때는 부호화되지 않은 현재의 '상황'과 대조를 이룬다고 볼 수 있다. 이는 관련성을 맺는 차원이 확장되는 것으로서, 절 결합 범위의 변화에 포함된다.

다양한 '-더니 접속 구문' 중에서 대조 구문과 관련된 탈종속화가 두드러지는 것은 단순한 시간적 혹은 논리적 순차 관계보다는 대조적 상황이 상대적으로 예측하기 수월하고, 그 결과 암시되기가 더 쉽다는 점 때문이다. 또 대조 구문에서 유래한 탈종속절 [S-더니]는 예측을 간접적으로나마 돕는 요소들이 있다. 이러한 특징은 [S-으면서]의 경우와 유사하다. 다음의 예를 보자.

(148) ㄱ. 울보에 어리광만 부리**더니** {나이가 들어도 똑같네/이제 씩씩한 소년이 되었네}.
ㄴ. 어렸을 때는 울보에 어리광만 부리**더니** {??나이가 들어도 똑같네/이제 씩씩한 소년이 되었네}.

(148ㄱ)과 같이 '울보에 어리광만 부리더니'만 보면 어떤 후행절이 암시되는지 알기 어렵고, 대조적이든 그렇지 않든 모든 상황이 가능하다. 그러나 (148ㄴ)의 '어렸을 때는'과 같이 시간적 대조를 표현하는 요소가 있으면 이어질 내용의 성격을 예측하는 데 도움이 될 수 있다.

마지막으로 '-더니 접속 구문'에 보조사 '만'이 결합한 형식에 대해 살펴보겠다. '-더니만'은 통사적 결합이라기보다는 하나의 접속어미로 취급되고 있다. 사전에서는 접속 용법만 다루고 있는데, 그 의미 유형은 '-더니 접속 구문'에서의 분석과 거의 다르지 않다. 사전 기술에는 없지만 'S-더니만'의 종결 용법을 언급한 연구들이 있다. 이희자·이종희(1999)와 허경행(2010)에서 제시된 설명을 보면 그 기능이 탈종속절 [S-더니]와 유사하다. 다음은 말뭉치에서 인용한 예들이다.

(149) ㄱ. 야 그렇게 하지 말래니까. 그 두꺼운 걸로 그리라구 줬**더니만** 기껏.

ㄴ. 옷 색깔 좋네. 예전에는 검정색 잠바나 바지만 고집하**더니만.** 내가 좀 밝은색 옷을 입으면 못마땅하게 보기도 했었지.

(149ㄱ, ㄴ)을 보면 '-더니만'을 '-더니'로 바꾸어도 될 정도로 [S-더니]와 기본적으로 의미상 차이가 없다. 다만 보조사가 결합된 구문에서 유래한 [S-더니만]이 현재 상황과의 대조를 더 뚜렷하게 드러내는 듯한데, 이는 보조사 '만'의 강조 기능에 기인한 것이다.

5.2.3. -게, -게시리

'-게'가 이끄는 접속절은 주절과의 관계에서 목적, 결과, 방식, 정도 등 여러 의미를 표현할 수 있는데, 큰 틀에서는 부사적 수식 기능을 한다고 볼 수 있다. '-게'는 접속뿐만 아니라 종결어미로서도 다양한 용법을 보이며, 이를 중점적으로 다룬 연구들도 있다.[82] 이 절에서 탈종속화 후보로서 살펴볼 것은 '-게'가 주절을 수식하는 사례 중 하나로서, 그간 '-게'의 종결 기능 연구에서 거의 언급되지 않은 것이다. 다음의 예를 보자.

(150) ㄱ. 우리 오빠는 되게 이상하**게** 막히는 문제가 없어. 좀 술술 풀리는 편이고.

ㄴ. 근데 공교롭**게** 그날이 만우절이었어.

'형용사+ -게'는 후행 서술어나 절을 수식한다. 위의 예에서 '이상하게'나 '공교롭게'도 마찬가지일 텐데, 형용사의 의미를 고려하여 해석할 때 이 둘은 후행절이 나타내는 사태에 대해 화자가 내리는 평가를 뜻한다. 이때 '형용사+ -게'가 수식하는 범위는 그것이 어디에 위치하든 간에 문장 전체에 해당하기 때문에 평가의 문장 부사 역할이라고 볼 수 있다. (150ㄱ)은 우리 오빠가 어려운 대목에서도 막히는 문제가 없는 데 대해, (150ㄴ)은 그날이 만우절인 데 대해 화자가 어떻게 평가하고 있는지 '형용사+ -게'를 통해 드러난다

(150)이 명제 내용에 대해 수식하고 있다면, 아래 (151)은 화자가 '형용사+ -게'를 사용해 현재 벌어지고 있는 상황 자체를 즉각적으로

---

82) '-게'에 대해 접속어미의 종결어미화 관점에서 다루는 연구는 조은영·이한민(2012), 이현정(2014) 등이 있다. 이들은 접속어미로 쓰일 때와 구분되는 의미를 보이는 종결 위치의 '-게'의 의미 발달을 주로 다룬다. 종결의 '-게'가 의도, 예상결과, 완료결과 등을 나타낸다고 설명하였는데, 여기에서 다루는 평가의 '-게'에 대한 언급은 없었다. 그러나 이현정(2014:114)에서 '냄비에다 왜 돈을 숨기고 그래. 드럽게.'와 같이 화자가 청자를 비난 또는 질책하면서 빈정거리는 어투를 나타낼 때 주절 뒤에 '-게'가 부연 설명을 하는 구조로 사용되는 예들이 보인다고 지적했는데, 이 사례와 가장 연관성이 있다고 볼 수 있다.

평가하고 있는 것을 보여 준다.

(151) ㄱ. 맡고 계신 일이 급박스러운 일이 벌어져서 부득이하**게** 오늘 제가 대신 사회를 맡게 됐습니다.
ㄴ. 아 됐어 뭘 추잡스럽**게** 뭐 국물을 먹을라 그래.

위의 예에서 '부득이하게'는 화자가 대신 사회를 맡게 된 상황에 대한 주관적 평가를, '추잡스럽게'는 상대방의 행위에 대한 주관적 평가를 나타낸다. (150)과 (151) 두 예에서 주목되는 바는 '-게'와 결합하는 형용사의 성격이 다소 제한적으로 보인다는 사실이다. 관련 사례를 검토한 결과 심리나 감정과 관련된 형용사만 잘 결합하는 것으로 판단되었다. 실제 나타난 형용사들을 열거하면, '공교롭다(5회), 교묘하다, 구질구질하다, 구차하다, 기분 나쁘다, 놀랍다(2회), 다행스럽다(2회), 미안하다, 민망스럽다, 민망하다, 부담스럽다, 불안하다, 불행하다, 새삼스럽다(2회), 신기하다, 이상하다, 짜증나다, 추잡스럽다, 치사하다, 희한하다'가 있다.

'형용사+-게'는 주로 심리, 감정을 나타내는 형용사와 결합하여 문장 전체가 나타내는 사태를 수식함으로써 화자의 주관적 평가를 표현할 수 있다. 이때 대상이 되는 것은 이미 벌어진 사건이나 상태만이 아닌, 아래 (152)와 같이 현재 진행의 상황이 될 수도 있다. 평가 대상이 현재 상황인 경우 '형용사+-게'는 보다 더 독립적 양상을 보인다. 원래도 문장 부사로서 위치가 자유로운 편이었으나, 어떤 것을 수식하는지 불분명한 채로 다른 발화의 앞이나 뒤에 덧붙어서 실현된다. 아래 예를 보자.

(152) ㄱ. (상대가 부정적 예측을 늘어놓는 상황에서)
그건 또 무슨 악담이야. 불안하**게.**
ㄴ. (아이가 극성맞게 뛰어다니는 상황에서)
아 진짜 정신없**게.** 여기 좀 가만히 앉아 있어.
ㄷ. (상대가 아주 낡은 물건을 계속 사용하는 것을 보는 상황에서)
야 이제 좀 버려. 구질구질하**게.**

'불안하게', '정신없게', '구질구질하게'는 괄호 안에 설명된 상황을 고려하면 이해가 되지만, 발화된 내용만을 보면 무엇에 대한 평가인지 불분명하다. (152ㄱ)은 얼핏 앞의 발화와 도치된 것으로 보이기도 하고, 발화 끝에 덧붙은 부사어로서 쉽게 발화 내부로 이동할 수 있을 듯도 하다. (152ㄴ, ㄷ)은 무언가 생략된 것으로 느껴지기도 하지만, 분명하게 알 수는 없다. 화자의 주관적 평가를 표현하는 '형용사 + -게'가 보이는 이러한 독립적 양상은 탈종속화 측면에서 이해할 수 있다. 본래 문장 부사적 기능을 하던 '형용사 + -게'가 주절과 맺고 있던 관계가 외부 상황으로 확장되어 그에 대한 평가를 나타내는 단위로 발달 중인 것이다.

'형용사 + -게'의 탈종속적 양상은 '형용사 + -게시리'의 경우에서 보다 명확하게 드러난다. '-게시리'는 사전에서 접속어미 '-게끔'의 비표준형으로 처리되고 있는데, '-게시리'를 '-게끔'으로 바꿔 쓰는 것이 대부분 가능하지만 형용사와 결합하여 평가를 나타내는 경우는 불가능하다. '-게끔'에는 그러한 기능이 없고, '형용사 + -게시리'는 자연스럽게 쓰여 왔다. 임채훈(2009:63-64)에서는 '-게시리'를 현재 상황에 대한 화자의 평가를 나타내는 형용사와 주로 결합하는 종결어미로 설명하고 있기도 하다. 여기에서는 '-게시리'의 표준성 여부는 차치하고 말뭉치에서 관찰되는 쓰임 그대로를 일단 인정하기로 한다.

'-게시리'는 '-게'와 상당 부분 유사한 용법을 보이는데, 주절에 대하여 목적이나 결과 또는 정도를 나타낸다는 점에서 그러하다.[83] 또 '형용사 + -게'와 같이 평가를 나타낼 수도 있는데, 접속 구문에서 주절을 수식하는 역할뿐만 아니라 독립적 양상을 보이는 것도 동일하다.

(153) ㄱ. 나는 연애도 결혼도 실패한 사람이야. 그런 내가 주제넘**게시리** 무슨 대답을 하겠어.

ㄴ. 그 용두각을 운 좋**게시리** 겨우 두 번의 다리품만 팔고도 널름 찾아낼 수 있었다.

위의 (153)은 '형용사 + -게시리'가 주절을 수식하면서 평가를 나타내는 경우인데, 자주 결합하는 형용사의 범위 측면에서도 앞서 본 '형용사 + -게'의 용법과 같다. 다음의 예는 '형용사 + -게시리'가 주절과 분리되어 쓰이는 모습을 보여 준다.

---

83) 다음은 '-게시리'가 목적절을 이끄는 예를 말뭉치에서 인용한 것이다. '-게'로 대치해도 의미상 차이가 없고, '-게끔'으로도 당연히 대치가 가능하다. '-게끔, -게시리'가 쓰이면 '-게'에 비하여 강조되는 효과가 있다.

ㄱ. 가족들 입장에서는 기왕 죽을 목숨이라면 나중에 여한이라도 없게시리 서울 큰 병원에 데리고 와 대수술을 받아보고 싶을 것은 당연하다.

ㄴ. 그것은 필요할 때 하늘을 가려 옷이 젖지 않게시리 쏟아지는 비를 막기 위한 일종의 생활용구에 지나지 않았다.

(154) ㄱ. 정수기 1년 조금 넘었는데 벌써 3번째 고장. 반품하고 싶은데 위약금을 얘기하네요. 어이없**게시리.** 이런 경우 무슨 방법이 없을까요?

ㄴ. 사람도, 장난을 해도 그럴 듯하게 해야지. 싱겁**게시리.**

ㄷ. P1(아들): 자식을 마음대로 할 수 있다고 생각하세요? 그런 생각을 갖고 계시다면 지금이라도 버리세요.

P2(엄마): 아니 뭐라구? 얘가 미쳤나 봐.

P3(아빠): 당돌하**게시리.**

(154ㄱ)은 '위약금을 얘기한 것'에 대한 화자의 평가를 나타낸다. 앞 발화에 부가된 양상이지만 위치를 이동한다면 하나의 발화로 복원될 가능성이 높다. (154ㄴ)은 상대의 행동에 대한 평가를 나타내는데, 앞 발화의 내부로 이동하는 것이 불가능하지는 않지만 다소 어색하다. '싱겁게시리'가 현재의 상황 전체에 대해 화자가 느낀 바를 앞 발화에 덧붙여 표현한다고 보는 것이 더 적절해 보인다. (154ㄷ)은 반항적인 말과 태도를 보이는 아들에 대해 화자가 느낀 바를 표현하고 있는데, 보다 독립적 단위로 인식되는 듯하다. (154ㄴ, ㄷ)을 보면 '너의 행동이 싱겁다', '너의 태도가 당돌하다'라고 단순히 발화할 수도 있는 내용을 '형용사 + -게시리'를 사용하여 양태적 의미를 함께 표현하고 있다.

정리하자면, '-게'와 '-게시리' 모두 주절이 나타내는 사태를 수식하는 데서 현재 상황을 수식하는 것으로 확장되면서 명시적 주절이 나타나든 나타나지 않든 그 자체로 화자의 주관적 평가를 표현하는 양태 표현 단위로서 발달 중이라고 할 수 있다. 수식 관계의 차원이 확장되는 것이므로, 절 결합 범위의 변화에 포함된다고 하겠다. 주절 뒤에 오는 경우 애초에 문장 부사적 성격이 있어서 문말에 오는 것으로 볼 수도 있을 것이다. 그러나 그렇게 주절 뒤 문말에 오는 사례가 반복되다 보면 '형용사 + -게', '형용사 + -게시리'가 점차 독립적 단위로 인식될 여지가 생기고, 앞 발화의 일부로 인식되는 정도가 덜해질 수 있다. 아직은 단순히 문두나 문말에 위치한 것으로 보이는 경우부터 평가 대상이 되는 사태가 앞뒤 발화에 명시적으로 드러나 있지 않은 채 '형용사 + -게', '형용사 + -게시리'만 사용된 경우까지 두루 분포되어 있고, 구체적 맥락 내에서만 그 기능이 뚜렷하게 드러난다. 여전히 탈종속화 과정에 있다고 볼 수 있으나, 이들이 양태적 의미를 드러내는 종결 용법을 보인다는 점은 충분히 인정할 만하다.

일단 탈종속절로서의 [Adj-게], [Adj-게시리]를 받아들이고 나서 이들의 쓰임을 보면, 현재 상황에 대해 주로 부정적 평가를 나타내는 경향이 있다. 본래 주절과 함께 쓰여 부사적 기능을 할 때도 부정적 평가에 다소 치우치기는 했으나, 중립적이거나 긍정적 내용도 허용하였다. 독립적 단위로 발달하면서 의미가 더욱 특수화되고 있는 것으로 보인다. 실제 사례에서는 상대방이 관련된 상황에 대한 평가를 표현하는 경우가 많기 때문에 결과적으로 청자에 대한 비난으로 해석되는 일이 많다. 이는 해당 단위가 쓰이면서 나타나는 부수적 효과로 볼 수 있다.

6장
결 론

본 연구에서는 '형식상 종속적-기능상 독립적' 특징을 보이는 비종결 문말 형식들에 대해 탈종속화 관점에서 접근하여, 형식은 대개 그대로이면서 종결 기능을 할 수 있는 독립적 단위로 발달해 가는 과정의 특징을 밝히고 그에 맞추어 구체적 사례들을 분석하였다. 한국어에는 복합문의 선행 요소로만 문장이 끝맺어지는 경우가 많은데, 해당 현상은 그간 비종결어미의 종결어미화, 특히 접속어미의 변화 측면에서 주로 다루어졌다. 그러나 일정한 독립적 기능을 보이면서도 종결어미 기준에는 여전히 부적합한 다양한 예가 존재하고, 이를 포착하여 설명하고자 발달 과정에 초점을 맞추었다. 발달 과정상의 특징과 결과적 기능을 기준으로 삼았기에 접속어미 결합 형식뿐만 아니라 전성어미, 조사, 의존명사 등 다양한 요소가 복합적으로 결합된 것까지 아울러 다룰 수 있었다. 이는 기존 문법 체계에 편입되기는 어려운, 화용적 영역에 가까운 문제로 보인다. 그러나 실제 언어 사용의 관습화가 곧 문법의 변화로 이어질 수 있음을 생각할 때, 종결 기능을 보이는 탈종속절은 경계에 걸쳐 있는 대상으로서 탐구할 만한 가치가 있다.

먼저 본격적 논의에 들어가기 전에 유형론에서의 탈종속화 개념,

작용 원리를 살피고 탈종속화의 기능을 그 사용 동기와의 관련성 내에서 고찰해 보았다. 그리고 한국어에서 종결어미화 관련 현상 중 상당 부분을 탈종속화로 설명할 수 있음을 주장하면서, 탈종속화의 과정을 크게 관습화된 생략이 중심되는 것과 절 결합 범위의 변화가 중심되는 것으로 나누어 관찰, 분석하였다. 두 유형의 탈종속화 사례들을 분석하면서 확인할 수 있었던 내용을 정리하면 다음과 같다.

관습화된 생략 그리고 그로 인해 유발되는 추론을 통해 발달한 탈종속절은 결과적 기능이 다양한 편이다. 어떤 맥락을 기반으로 삼아 무엇이 생략되느냐에 따라 차이를 보이는데, 두 가지 정도의 경향성을 찾을 수 있었다.

첫째, 복합문을 이루는 두 부분이 각각 '명제 내용 + 양태 부분'으로 인식될 가능성이 있는 구문의 경우, 양태 부분에 해당하는 상위 서술어가 없이도 명제에 해당하는 종속절만으로 전체의 의미를 표현할 수 있다. 'S-었으면 (좋겠다)', 'S-기를/-길 ('바라다'류)', 'S-을 줄이야 ('모르다'류)', 'S-으려고1 ('사유동사'류)' 등이 그 예가 된다. 탈종속절로 발달하면서 전과는 달리 오직 화자의 태도를 나타낼 수 있게 된다는 점에서 공통적이다.

둘째, 문장 전체가 의문문으로 실현되지만 실제로는 청자에게 대답을 요구하는 것이 아니라 보통 화자의 진술을 강조하게 되는 수사의문문의 경우, 뒷부분의 의문형 서술부가 생략되면서 간접 표현으로 귀결되는 경향이 있다. 이는 보통 체면위협을 피하려는 전략의 하나로서 발생하던 생략이 관습화된 결과로서, 선행 요소만으로도 전체 의미를 표현할 수 있게 된다. 수사의문문은 아니지만, 'S-는/을 수밖에', 'S-을 리가' 역시 뒷부분의 '없다'가 생략됨으로써 단언성이 약화되는 양상을 보이므로, 탈종속 이전과 비교하자면 일종의 간접 표현이 된다고 볼 수 있다.

절 결합 범위의 변화를 중심으로 발달한 탈종속절은 두 갈래로 다시 하위 구분해 볼 수 있다. 하나는 'S-는데, S-으니까'와 같이 주로 선행 발화 혹은 담화 전체와 관련성을 맺으면서 일정한 기능을 하는 것이고, 다른 하나는 'S-으면서, S-더니, S-게, S-게시리'와 같이 주절과 맺던 관계가 외부의 현실 상황과 관계를 맺는 것으로 바뀌면서 화자의 태도나 평가를 나타내는 것이다. 이는 절 이탈, 확장이 복합적으로 작용하는 과정이다. 선후행절 간 관계가 느슨해지거나 끊어지고, 선행절이 접속 구문의 틀 내에서 공기하는 다른 절과 관계를 맺던 데서 '벗어나' 담화나 현실 상황과 관계를 맺는 것으로 변화되는 일 역시 탈종속화로 본다면, 일부 접속절이 보이는 양면적이고 경계적인 양상, 즉 문장을 종결하고 다른 절과 명시적 의미 관계를 맺지 않으면서도 후행절 자리가 남아 있는 듯한 효과를 보이는 것을 이해할 수 있다. 이 글에서 분석한 형식들 외에도 기존 연구에서 후행절이 생략되었다고 하면서도 실상은 무엇이 빠졌는지 환기되지 않고, 대체로 담화적·화용적 의미를 나타낸다고 기술되어 왔던 접속절들이 절 결합 범위 변화 측면에서 다루어질 수 있을 것이다.

지금까지 분석한 개별 사례들은 결과적 기능에 따라 다시 분류될 수 있다. 크게는 양태 표현과 간접 표현이 각각 주된 유형을 이루고 전제·담화적 기능 표현이 추가로 또 한 유형이 될 수 있다. 분류에 앞서 지적할 것은 각각의 형식은 정도의 차이는 있지만 모두 발달 과정 중에 있고, 따라서 완벽한 종결 형식이 아닐뿐더러 해당 기능 범주의 모든 기준에 딱 들어맞는 완벽한 구성원이 아닐 수 있다는 점이다.

탈종속절 사용은 해석의 미확정 영역을 만들어 내는데, 그 가운데 기원 구문의 의미와 관련하여 주로 추론되는 몇 가지 관습화된 해석이 생겨난다. 상당수 탈종속절은 그 해석과 일대일로 정확히 대응되기보다는 여전히 이 몇 가지 관습화된 해석을 두루 나타내는 종결 기능을 보인다. 그러므로 체계적인 분류는 어렵고, 다만 그 기능이 주로 화자의 주관성 표시와 관련된다면 양태 표현으로, 탈종속 이전과 비교했을 때 덜 명시적으로 드러내는 효과가 조금이라도 있다면 간접 표현으로, 그 외에 다른 요소와의 관련성을 전제로 삼고 있다면 전제·담화적 기능으로 나누었다.

다음은 4장과 5장에서 다룬 형식들에 대해 분류한 것을 표로 나타낸 결과이다. [표 12]는 양태 표현, [표 13]은 간접 표현, [표 14]는 전제·담화적 기능 표현을 보여 준다.

[표 12] 양태 표현 탈종속절

	양태적 의미	추가 기능
[S-을 줄이야]	감탄, 뜻밖임, 놀람	
[S-다니]		
[S-었으면]	소망	기원 (특히 S-기를/-길)
[S-기를/-길]		
[S-는지]1	이해나 예측 불가한 상황에 대한 의문	
[S-을지]1		
[얼마나 ~ -는지]	감탄	
[S-던지]2	아쉬움	나무람
[S-을걸]	후회	
[VP-기는/-긴]2	평가	핀잔, 비난
[S-으려고]1	의도	
[S-(었)으려고]2	부정 추측	

[얼마나 ~ -(었)으면]	감탄	공감
[Adj-게], [Adj-게시리]	평가	비난

양태 표현들은 그 의미에 따라 화행 의미를 우회적으로 나타내는 일이 종종 있는데, 해당 탈종속절이 그러한 다기능성을 보이는 경우 마지막 열에 추가로 표시하였다. 해석의 미확정 영역을 보이는 사례로는 'S-는지1, S-을지1'을 꼽을 수 있다. 일단 추상적 용어 '의문'으로 기술하였지만, 세부적으로 보면, 'S-는지'는 주로 불가해한 상황에 대한 의문과 관련하여 화자의 부정적 태도나 평가를 수반하는 경우가 많고, 'S-을지'는 알 수 없는 미래에 대한 의문과 관련하여 화자의 심리적 반응을 수반하는 경우가 많다. 구체적으로 어떤 양태적 의미가 관습화되어 해당 형식과 고정적으로 연합될 수 있을지는 여전히 알 수 없으나, 해석되는 내용이 주로 몇 가지로 한정된다는 것은 확인할 수 있다.

[표 13] 간접 표현 탈종속절

	관련 화행 의미	추가 기능
[S-는지]2	질문	
[S-을지]2		
[S-는/을 수밖에]	약화된 당위성	수용, 체념
[S-을 리가]	약화된 확신성	수용, 체념
[S-든지]1	소극적·방임적 제안	
[VP-기는/-긴]1	부정, 반박	
[N1도 N2라고]	비꼼	
[의문사 VP-다고]	부정적 단언	

사실 'S-는/을 수밖에, S-을 리가'는 가능성과 관련된 것으로서

그 자체는 양태 표현으로 볼 수 있다. 그러나 '없다'가 비실현됨으로써 얻게 되는 효과 측면에서 간접 표현이 된 것으로 분류하였다.

[표 14] 전제·담화적 기능의 탈종속절

	전제·담화적 의미	추가 기능
[S-는데]	선행 발화 및 담화 관련 열린 종결	
[S-으니까]	선행 발화 및 담화 관련 상세 설명	강조, 동의, 반박 등
[S-으면서]	예상과 어긋난 현재 상황 암시	의문, 뜻밖임, 못마땅함, 핀잔, 비난 등
[S-더니]	대조적 현재 상황 전제	의문, 뜻밖임, 놀람, 아쉬움 등

이처럼 기능에 따른 분류는 다소 유동적이고 느슨한 체계를 이루기는 하지만, 탈종속화가 몇 가지 공통적인 기능 범주로 귀결됨을 보여준다는 점에서 의미가 있다.

탈종속화의 요체는 '종속적 형식, 독립적 종결 기능의 공존'이다. 이를 구어만의 특징이라고 하여 그 용법을 간과하거나, 운율적 측면에만 초점을 맞추어 적절한 종결 억양만 있다면 종결어미로 끝나지 않는 그 어떤 요소라고 해도 종결 기능을 할 수 있다고 보는 입장도 있다. 종결을 표시하는, 또 복합문을 이루는 두 절 간의 느슨한 관계에 대한 증거가 되어 주는 억양의 역할은 중요하다. 그러나 억양의 수반은 비종결 형식이 종결 위치에서 적절히 문장을 끝맺을 수 있도록 매번 돕는 데에 그친다. 이 글에서 살핀 탈종속절은 음성 매체가 아니더라도, 즉 억양의 도움을 받지 않더라도 자연스럽게 사용되는 경향을 보이기도 했다. 종결 위치에 놓이는 비종결 형식 중 어떤 것은 상대적으로 후행 요소의 복원이 쉽지 않고, 무엇보다 구별되는 종결 기능을 할 수 있다는 점에서 이 현상을 따로 설명해야 할 필요성이 있다.

본 연구는 일련의 언어 현상을 탈종속화로 설명함으로써 언어 사용의 실례들이 화청자의 언어 지식을 이루고 있고, 이를 기반으로 삼아서 변화가 발생할 수 있다는 점을 확인하였다. 미완의 문장으로 여겨지던 것들이 의사소통 과정에서 일정한 기능을 획득하여 독립적 표현 단위로 발달할 수 있음을 보았다. 유형론에서의 탈종속화 논의를 기반으로 삼음으로써 이것이 다른 언어에도 있을 법한 보편성 있는 발달 과정임을 알 수 있었다. 탈종속화 개념은 이 글에서 제시한 형식 외에 다른 사례에도 설명력을 가질 수 있는데, 이미 통시적으로 비종결 형식으로부터 발달한 여러 종결어미들이 있다고 밝혀진 바 있다. 현재는 종결어미로 인정되고 있으나 기원을 알기 어려운 형식들에 대해 추가로 탈종속화와 유사한 과정을 거치지 않았는지 추적해 볼 수 있을 것이다.

더 중요한 것은 이제 막 시작 단계에 있는, 현재로서는 일시적 유행으로도 보일 수 있는 언어 현상에 대해서도 접근하는 하나의 방법이 될 수 있다는 점이다. 실제로 '줄이고 잘라서 말하는 것'은 구어적 표현의 큰 특징이고, 이는 매체가 음성이 되었든 문자가 되었든 다르지 않다. 문장의 일부분, 특히 선행 요소만 가지고도 의사소통을 하는 일들이 많은 편인데, 잘 쓰이는 패턴이 있고 그것이 일정한 기능을 하는 듯하다면 탈종속화 측면에서 검토해 볼 수 있을 것이다. 그간 인터넷 게시글과 댓글, 채팅 언어 위주로 언어 사용의 유행이 관찰되곤 했는데, SNS와 모바일 메신저가 널리 보편화되면서 구어적 문어의 다양성이 더 확대된 경향이 보인다. 말하듯이 글로 대화하고 실시간으로 반응하는 양상이 더 활발해지면서 의사소통의 효율성과 표현력을 높이기 위한 여러 방식이 등장했는데, 탈종속절의 사용도 그중 하나가 될 법하다.

탈종속화 관점에서 관찰, 분석할 만한 형식은 더 많이 존재할 수 있다. 개념을 더욱 정교화하고 적용되는 사례를 더 많이 확인하는 것이 앞으로 남은 과제가 될 것이다. 다양한 장르를 반영한 대규모의 구어 자료가 더 정교하게 갖추어지면 연구의 범위가 넓어질 수 있으리라 기대한다.

참고문헌

강규영(2017), 「연결어미 '-다고'류와 조사 '-이라고' 연구」, 서울대학교 석사학위논문.

강연임(2005), 『한국어 담화와 생략』, 이회.

강현화(2008), 「'-을걸'의 특성과 후회표현의 양상」, 『이중언어학』 38, 이중언어학회.

강현화·황미연(2009), 「한국어교육을 위한 불평표현 문형 연구」, 『한말연구』 24, 한말연구학회.

강현화 외(2017), 『한국어 유사 문법 항목 연구』, 한글파크.

고비비(2013), 「현대 한국어 '-든지'와 '-든가'에 대한 연구: 구어 자료를 중심으로」, 서울대학교 석사학위논문.

고광모(2001), 「반말체의 등급과 반말체 어미의 발달에 대하여」, 『언어학』 30, 한국언어학회.

고영근(1974ㄱ), 「현대국어의 종결어미에 대한 구조적 연구」, 『어학연구』 10-1, 서울대 어학연구소.

고영근(1974ㄴ), 「현대국어의 존비법에 대한 연구」, 『어학연구』 10-2, 서울대 어학연구소.

고영근(1976), 「현대국어 문체법에 대한 연구」, 『어학연구』 12-1, 서울대 어학연구소.

고창운(1996), 「통용 의향씨끝 '-어, -은데, -지, -을래'의 통사와 의미」, 『한말연구』 2, 한말연구학회.

구종남(1989), 「대립 관계의 '-면서' 구문에 대하여」, 『국어문학』 27, 국어문학회.

구종남(2018), 「국어의 연결어미 독립절(단편문)에 대하여」, 『한민족어문학』

82, 한민족어문학회.
구현정(1989), 「현대 국어의 조건월 연구」, 건국대학교 박사학위논문.
구현정·이성하(2001), 「조건 표지에서 문장종결 표지로의 문법화」, 『담화와 인지』 8, 담화인지언어학회.
구현정(2012), 「'-기는' 구문의 문법화」, 『담화와 인지』 19, 담화인지언어학회.
권재일(1985), 『국어의 복합문 구성 연구』, 집문당.
권재일(2004), 『구어 한국어의 의향법 실현방법』, 서울대학교출판부.
김건희(2012). 「부사절의 수식과 접속-종속 접속절과의 차이점을 중심으로-」, 『한글』 297, 한글학회.
김규현(2000), 「담화와 문법: 대화분석적 시각을 중심으로」, 『담화와 인지』 7, 담화인지언어학회.
김미령(2006), 「반응요구 화행의 유형 설정」, 『한민족어문학』 49, 한민족어문학회.
김미형(2004), 「한국어 구어와 문어의 특징 연구」, 『한말연구』 15, 한말연구학회.
김병건(2015), 「'-는걸'과 '-을걸'의 양태 의미 연구」, 『한글』 309, 한글학회.
김서형(2013), 「한국어 대화문 종결 형태의 실현 양상 연구」, 『문법 교육』 19, 한국문법교육학회.
김수진·차재은·오재혁(2011), 「발화 요소와 발화 유형」, 『한국어 의미학』 36, 한국어의미학회.
김영희(1988), 「등위 접속문의 통사 특성」, 『한글』 201·202, 한글학회.
김유진(2008), 「한국어 문법항목 배열 연구: 종결기능 연결어미를 중심으로」, 경희대학교 석사학위논문.
김준기(2011), 「연결어미 '-아서'의 의미 고찰」, 『어문학』 112, 한국어문학회.
김진웅·박상훈(2013), 「구어말뭉치에 나타난 대등연결어미 운율의 양상」, 『담화와 인지』 20, 담화인지언어학회.
김태엽(1998), 「국어 비종결어미의 종결어미화에 대하여」, 『언어학』 22, 한국언어학회.
김태엽(2000), 「국어 종결어미화의 문법화 양상」, 『어문연구』 33, 충남대 문리과대학 어문연구회.
김풀잎(2016), 「구어 담화 연결어미 조각문 사용 양상」, 『화법연구』, 한국화법학회.
김해연(1996), 「The structure of the intonation unit and verbal affixes in Korean conversation」, 『담화와 인지』 2, 담화인지언어학회.

김해연(2002), 「Co-Construction as an interactional achievement in Korean conversation」, 『사회언어학』 10-2, 한국사회언어학회.

김혜지(2016), 「연결어미 '-니까'의 종결어미화에 대한 연구」, 『이화어문논집』 40, 이화어문학회.

김홍범(1987), 「'-다면서', '-다고', '-다니'의 구조와 의미」, 『외국어로서의 한국어교육』 12-1, 연세대학교 한국어학당.

남길임(2006), 「텍스트 장르에 따른 문장 확대 양상 연구」, 『텍스트언어학』 21, 한국텍스트언어학회.

남길임(2007), 「국어 억양 단위의 통사적 상관성 연구-국어 독백 말뭉치를 중심으로」, 『국어학』 90, 국어학회.

남길임(2009), 「텍스트 장르와 억양단위 통사구조의 상관성 연구」, 『텍스트언어학』 27, 한국텍스트언어학회.

남미정(2010), 「국어의 문법화에 대한 재고」, 『한국어학』 49, 한국어학회.

남신혜(2016), 「한국어의 가능성 표현에 대한 연구-한국어 문법 교육의 관점에서」, 『새국어교육』 107, 한국국어교육학회.

노대규(1996), 『한국어의 입말과 글말』, 국학자료원.

리의도(1990), 『우리말 이음씨끝의 통시적 연구』, 어문각.

목지선(2015), 「국어 입말의 비격식체 종결어미 연구」, 경상대학교 박사학위논문.

목지선(2017), 「연결어미 '-든지'의 통사·의미적 특징」, 『어문학』 136, 한국어문학회.

문숙영(2009), 『한국어의 시제 범주 연구』, 태학사.

문숙영(2015), 「한국어 탈종속화의 한 종류」, 『한국어학』 69, 한국어학회.

민경모(2008), 「한국어 지시사 연구」, 연세대학교 박사학위논문.

박나리(2015), 「대체(alternative)표현과의 비교대조에 근거한 문법화된 '-다니'의 한국어교육문법 기술」, 『이중언어학』 60, 이중언어학회.

박민신(2016), 「연결어미 '-어서'의 다의성 연구」, 『한국어 의미학』 54, 한국어의미학회.

박성현(2008), 『한국어 내화 화제와 말차례 체계』, 집문당.

박재연(1998), 『현대 국어 반말체 종결어미 연구』, 국어연구162.

박재연(2000), 「독백과 독백문 종결어미에 대하여」, 『국어학논집』 4, 역락.

박재연(2006), 『한국어 양태 어미 연구』, 태학사.

박재연(2013), 「한국어 의도 관련 어미의 환유적 의미 확장」, 『국어학』 68, 국어학회.

박재연(2014), 「한국어 연결어미 의미 확장에서의 환유와 은유」, 『국어학』 70, 국어학회.

박진호(2009), 「동시성을 나타내는 연결어미 '-면서'의 비대칭적 용법」, 『한국언어문화』 38, 한국언어문화학회.

박진호(2011), 「한국어에서 증거성이나 의외성의 의미성분을 포함하는 문법요소」, 『언어와 정보사회』 15, 서강대학교 언어정보연구소.

변정민(2014), 「인과관계 연결어미의 의미 기능-'-어서'와 '-니까'를 중심으로」, 『한국언어문화학』 11-1, 국제한국언어문화학회.

봉미경(2009), 「한국어 청유문과 제안 표현」, 『어문연구』 37-1, 한국어문교육연구회.

서은아·남길임·서상규(2004), 「구어 말뭉치에 나타난 조각문 유형 연구」, 『한글』 264, 한글학회.

서정목(1979), 「경남방언의 의문법에 대하여」, 『언어』 4-2, 한국언어학회.

서정수(1994), 『국어문법』, 뿌리깊은나무.

서태룡(1986), 「정동사어미의 의미 특성」, 『성심어문논집』 9, 성심어문학회.

석주연(2006), 「'도록'의 의미와 문법에 대한 통시적 고찰」, 『한국어 의미학』 19, 한국어의미학회.

성광수(1972), 「국어 소형문에 대한 검토」, 『한글』 150, 한글학회.

성기철(1985), 『현대국어 대우법 연구』, 개문사.

손마정(2014), 「한국어 구어적 종결 표현 교육 연구」, 부산대학교 석사학위논문.

손옥현(2009), 「한국어교육을 위한 종결기능 연결어미 양상 연구」, 경희대학교 석사학위논문.

손 욱(2019), 「한국어 어미 '-더니'와 '-었더니' 연구」, 서울대학교 석사학위논문.

손유진(2017), 「한국어 교육에서의 종결 기능 연결어미 연구」, 동덕여자대학교 석사학위논문.

손현선(1998), 「이른바 반말 종결형태의 양태적 의미 연구-'-어, -지, -군, -네, -는가, -나'를 중심으로-」, 『국어 문법의 탐구』 Ⅳ, 태학사.

손혜옥·김민국(2013), 「구어 문어 통합 문법 기술을 위한 구어 단위 설정에 대한 논의」, 『구어 문어 통합 문법 기술의 탐색』, 박이정.
손혜옥(2016), 「한국어 양태 범주 연구」, 연세대학교 박사학위논문.
송대헌·황경수(2013), 「한국어 연결어미 '-니까'의 문법화 연구」, 『새국어교육』 96, 한국국어교육학회.
송대헌(2015), 「한국어 연결어미 '-는데/은데'의 의미와 담화 기능 연구」, 『국제어문』 66, 국제어문학회.
신지연(1998), 『국어 지시용언 연구』, 태학사.
신지연(2000), 「어말어미 '-거든'에 대한 연구」, 『텍스트언어학』 8, 한국텍스트언어학회.
신지영(2017), 「구어에서 운율 표지와 형태 표지의 분포와 기능」, 『한국어학』 77, 한국어학회.
안주호(2006ㄱ), 「현대국어 연결어미 '-니까'의 문법적 특성과 형성과정」, 『언어과학연구』 38, 언어과학회.
안주호(2006ㄴ), 「현대국어 연결어미 '-면서'에 관한 고찰」, 『현대문법연구』 45, 현대문법학회.
양명희(1998), 『현대국어 대용어에 대한 연구』, 태학사.
유현경(1986), 「국어 접속문의 통사적 특질에 대하여」, 『한글』 191, 한글학회.
유현경(2003), 「연결어미의 종결어미적 쓰임에 대하여」, 『한글』 261, 한글학회.
윤평현(2005), 『현대국어 접속어미 연구』, 박이정.
이금희(2005), 「인용문 형식에서 문법화된 어미·조사 연구」, 성균관대학교 박사학위논문.
이금희(2006), 「인용문 형식의 문법화-문법화 과정과 문법화 정도에 대하여」, 『국어학』 48, 국어학회.
이금희(2012), 「조건을 나타내는 '-다가는, -고는, -어서는, -고서는'에 대하여」, 『언어와 문화』 8-3, 한국언어문화교육학회.
이금희(2013), 「종결어미 '-(으)ㄴ걸', '-는걸'과 '-(으)ㄹ걸'의 문법화 과정과 의미 특성」, 『한국어 의미학』 42, 한국어의미학회.
이기갑(1996), 「한국어 첨가 구문의 담화론적 해석」, 『국어학』 27, 국어학회.
이기갑(1998), 「'-어/어서'의 공시태에 대한 역사적 설명」, 『담화와 인지』 5-2, 담화인지학회.
이기동(1979), 「연결어미 '-는데'의 화용상의 기능」, 『인문과학』 40·41, 연세대

인문과학연구소.
이 민(2012), 「구어체 종결 표현 '-을걸'에 대한 연구」, 서울대학교 석사학위논문.
이선웅(2005), 『국어 명사의 논항구조 연구』, 월인.
이선웅(2012), 『한국어 문법론의 개념어 연구』, 월인.
이성하(2016), 『문법화의 이해(개정판)』, 한국문화사.
이소현(2011), 「구어에 나타나는 한국어 연결어미 '-는데'의 의미 연구-수사구조이론을 바탕으로」, 『한국어 교육』 22-4, 국제한국어교육학회.
이수연(2014), 「동일 어간 반복 구문의 의미 특성-'V-기는 V, V-기만 V' 구문을 중심으로」, 『한국어 의미학』 46, 한국어의미학회.
이은경(1999), 「구어체 텍스트에서의 한국어 연결 어미 기능」, 『국어학』 34, 국어학회.
이은경(2000), 『국어의 연결 어미 연구』, 태학사.
이의종(2012), 「증거성과 정보 관할권의 상호작용」, 서울대학교 석사학위논문.
이익섭·임홍빈(1983), 『국어문법론』, 학연사.
이익섭(2003), 『국어 부사절의 성립』, 태학사.
이재성(2014), 「혼잣말 종결어미 '-구나'와 '-네'의 의미 차이 연구」, 『문법 교육』 21, 문법교육학회.
이정민·박기영(2018), 「'-다고'의 종결어미적 사용에 나타나는 한국어 학습자의 억양 실현 양상 연구」, 『어문론집』 74, 중앙어문학회.
이정훈(2006), 「공기관계에 대한 계량적 연구-의존명사 '줄'을 대상으로-」, 『언어와 정보사회』 7, 서강대 언어정보연구소.
이정훈(2010), 「한국어 후보충 구문의 몇 문제」, 『현대문법연구』 59, 현대문법학회.
이종희(2004), 「국어 종결어미의 의미 체계 연구」, 연세대학교 박사학위논문.
이지영(2008ㄱ), 「절 결속력 변화의 관점에서 본 종결어미 '-지'의 형성」, 『어문연구』 36-1, 한국어문교육연구회.
이지영(2008ㄴ), 「'-은지'와 '-을지'의 통시적 변화」, 『국어학』 53, 국어학회.
이지영(2017), 「'-은걸'과 '-을걸'의 통시적 변화에 대한 일고찰」, 『한국어 의미학』 57, 한국어의미학회.
이필영(1994), 「대등절과 종속절에 관하여」, 『선청어문』 22, 서울대 국어교육학과.
이필영(1995), 『국어의 인용구문 연구』, 탑출판사.

이해영(1996), 「현대 한국어 활용어미의 의미와 부담줄이기의 상관성」, 이화여자대학교 박사학위논문.

이현정(2014), 「종결어미적 용법의 '-게'에 대한 고찰」, 『언어학연구』, 한국언어연구학회.

이현희(1982), 「國語 終結語尾의 發達에 대한 管見」, 『국어학』 11, 국어학회.

이현희(1994), 『중세국어 구문연구』, 신구문화사.

이희자·이종희(1999), 『텍스트 분석적 국어 어미의 연구』, 한국문화사.

이희자·이종희(2001), 『한국어 학습용 어미, 조사 사전』, 한국문화사.

임동훈(2009), 「한국어 병렬문의 문법적 위상」, 『국어학』 56, 국어학회.

임채훈(2009), 「事件 好否 平價 樣態性 表現 硏究-意味 體系 設定 및 表現 項目 提示를 中心으로-」, 『어문연구』 37-2, 한국어문교육연구회.

임현정(2012), 「한국어 구어 교육 방안 연구: 종결 기능 연결어미를 중심으로」, 계명대학교 석사학위논문.

임홍빈(1983), 「국어의 '절대문'에 대하여」, 『진단학보』 56, 진단학회.

임홍빈(1984), 「문종결의 논리와 수행-억양」, 『외국어로서의 한국어교육』 9, 연세대학교 한국어학당.

장경현(2003), 「문어/문어체, 구어/구어체 재정립을 위한 시론」, 『한국어 의미학』 13, 한국어의미학회.

장경현(2012), 「연결어미에서 기원한 종결어미의 의미 연구」, 『한국어 의미학』 38, 한국어의미학회.

장경현(2013), 「인터넷 언어의 종결어미 회피 현상 연구」, 『언어사실과 관점』 31, 연세대 언어정보연구원.

장경희(1995), 「국어 접속어미의 의미 구조」, 『한글』 227, 한글학회.

장경희(2018), 「'-더니' 접속문 구성의 원리」, 『한국어학』 80, 한국어학회.

전영옥(2003), 「한국어 억양단위 연구」, 『담화와 인지』 10-1, 담화인지언어학회.

전영진(2002), 「국어 연결어미의 종결어미화 연구」, 경성대학교 석사학위논문.

전후민(2015), 「혼잣말 종결어미 연구」, 『한민족어문학』 70, 한민족어문학회.

정연주(2016), 「의존명사 '줄'의 기능 특화 양상」, 『영주어문』 34, 영주어문학회.

정연주(2017), 『구문의 자리채우미 '하다' 연구』, 태학사.

정연희(2001), 「한국어 연결어미의 문법화」, 한국외국어대학교 박사학위논문.

정재영(1992), 「통합형어미 '-ㄴ돈'과 '-ㄴ뎌'에 대한 고찰」, 『국어학』 22, 국어학회.
정혜선(2014), 「양태 어미의 사적 변화 '-ㄴ지, -ㄹ지'」, 『한국어 어미의 문법(언어와 정보사회 학술 총서2)』, 역락.
조미희(2016), 「국어의 주관화 과정과 문법화의 범위에 대하여」, 『한민족어문학』 73, 한민족어문학회.
조민하(2011), 「연결어미의 종결기능과 억양의 역할」, 고려대학교 박사학위논문.
조은영·이한민(2011), 「반말체 어미 '-게'의 문법화와 의미 변화」, 『한국어 의미학』 36, 한국어의미학회.
주지연(2015), 「한국어 병렬구성 연구」, 서울대학교 박사학위논문.
차현실(1990), 「반말체의 구성과 반말체 어미의 문법적 기능에 대하여」, 『이화어문논집』 11, 이화어문학회.
채숙희(2011), 「현대 한국어 인용구문 연구: 구어 자료를 중심으로」, 서울대학교 박사학위논문.
최동주(2009), 「종결어미 '-ㄹ걸'의 기능과 문법적 특성」, 『국어학』 54, 국어학회.
최명식(1985), 『조선말 입말체 문장연구』, 한국문화사.
최명옥(1976), 「현대국어의 의문법 연구-서남경남방언을 중심으로」, 『학술원논문집』 15, 대한민국학술원.
최윤지(2016), 「한국어 정보구조 연구」, 서울대학교 박사학위논문.
최재희(1985), 「-고 접속문의 양상」, 『국어국문학』 94, 국어국문학회.
최재희(1991), 『국어 접속문 구성 연구』, 탑출판사.
최호철(2014), 「현대 국어 조사·어미의 분류 재고」, 『언어와 정보사회』 23, 서강대 언어정보연구소.
포 연(2016), 「한국어의 구어 문말 형식 '-긴'에 대한 연구」, 서울대학교 석사학위논문.
하지선(2006), 「한국어교육을 위한 종결기능 연결어미 연구」, 한양대학교 석사학위논문.
한 길(1991), 『국어 종결어미 연구』, 강원대학교 출판부.
한미월(2016), 「한국어 구어 교육을 위한 종결 기능 연결어미 연구」, 이화여자대학교 석사학위논문.
한승규·유소영(2016), 「복합 종결어미 '-기는(요)'의 의미와 담화 기능」, 『언어학연구』 21, 한국언어연구학회.

허경행(2010), 『한국어 복합종결어미』, 박문사.

홍종선(1993), 「국어 대용언 연구」, 『국어국문학』 109, 국어국문학회.

홍종선(2014), 「구어와 문어를 아우르는 사용자 중심의 한국어 문법」, 『어문논집』 161, 민족어문학회.

홍종선(2017), 「한국어 구어의 감탄문 표현」, 『한국언어문학』 101, 한국언어문학회.

千葉小百合(2014), 「한일어 중단 발화의 구조 유형과 의미기능에 대한 연구」, 고려대학교 박사학위논문.

Brown, P. & S. C. Levinson(1987), *Politeness*, Cambridge University Press.

Buscha, A.(1976), Isolierte Nebensätze im dialogischen Text, *Deutsch als Fremdsprache 13*.

Bybee, J. L.(2010), *Language, usage and cognition,* Cambridge University Press.

Bybee, J. L., Perkins, R. & Pagliuca, W.(1994), *The Evolution of Grammar: Tense, Aspect, and Modality in the Language of the World*, University of Chicago Press.

Cristofaro, S.(2003), *Subordination,* Oxford University Press.

Cristofaro, S.(2016), Routes to insubordination, *Insubordination*, John Benjamins Publishing.

Croft, W.(2001), *Radical construction grammar,* Oxford University Press.

D'Hertefelt, Sarah & Verstraete, Jean-Christophe(2014), Independent complement constructions in Swedish and Danish, *Journal of Pragmatics 60*.

Diessel, H. & Tomasello, M.(2000), The development of relative construction in early child speech, *Cognitive Linguistics 11*.

Diessel, H.(2004), *The acquisition of complex sentences,* Cambridge University Press.

Dwyer, A.(2016), Ordinary insubordination as transient discourse, *Insubordination*, John Benjamins Publishing.

Evans, N.(1988), Odd topic marking in Kayardild, *Complex sentences in Australian languages*, John Benjamins Publishing.

Evans, N.(2007), Insubordination and its uses, *Finiteness: Theoretical and*

Empirical Foundations, Oxford University Press.

Evans & Watanabe(2016). The dynamics of insubordination, *Insubordination*, John Benjamins Publishing.

Floyd, S.(2016), Insubordination in interaction, *Insubordination*, John Benjamins Publishing.

Foley, W. A. & R. D. Van Vallin(1984), *Functional Syntax and Universal Grammar,* Cambridge university press.

Ford & Thompson(1988), *Clause combining in grammar and discourse,* John Benjamins Publishing.

Givón, T.(2001), *Syntax: an introduction* Ⅰ, Ⅱ, John Benjamins Publishing.

Givón, T.(2015), Nominalization, de-subordination and re-finitization, *The diachrony of grammar* Ⅱ, John Benjamins Publishing.

Goldberg, Adele E.(1995), *Constructions: A Construction Grammar approach to argument structure,* University of Chicago Press.

Gras, Pedro(2013), Entre la gramática y el discurso: valores conectivos de que inicial átono en español, *Autour de que - El entorno de que,* Peter Lang.

Gras, Pedro & María Sol Sansineña.(2015), An interactional account of que-constructions in Spanish, *Text & Talk 35(4)*.

Heine et al.(2016), On insubordination and cooptation, *Insubordination*, John Benjamins Publishing.

Hetterle, K.(2015), *Adverbial Clauses in Cross-Linguistic Perspective*, Mouton de Gruyter.

Higashiizumi, Yuko.(2006), *From a subordinate clause to an independent clause: A history of English because-clause and Japanese kara-clause*, Hituzi Syobo.

Hopper, P.(1991), On some principles of grammaticalization, *Approaches to Grammaticalization* Ⅰ, John Benjamins Publishing.

Huddleston & Pullum(2002), *The Cambridge Grammar of English,* Cambridge university press.

Lehmann, C.(1988), Towards a typology of clause-linkage, *Clause combining in grammar and discourse,* John Benjamins Publishing.

Lombardi Vallauri(2004), Grammaticalization of syntactic incompleteness:

Free conditionals in Italian and other languages, *SKY Journal of Linguistics 17*.

Lombardi Vallauri(2016), Insubordinated conditionals in spoken and non-spoken Italian, *Insubordination,* John Benjamins Publishing.

Mithun, M.(2008), The extension of dependency beyond the sentence, *Language 83*.

Mithun, M.(2016), How fascinating! Insubordinate exclamations, *Insubordination,* John Benjamins Publishing.

Ohori, Toshio(1996), Remarks on suspended clauses: A contribution to Japanese phraseology, *Essays in Semantics and Pragmatics,* John Benjamins Publishing.

Palmer, F. R.(1986), *Mood and modality,* Cambridge University Press.

Quirk, R., Greenbaum, S., Leech, G. and Svartvik, J.(1985), *A Comprehensive Grammar of the English Language*, Longman.

Rhee, Seongha(2002), From silence to grammar: Grammaticalization and ellipsis in Korean, *Paper presented at the conference: "New Reflexions on Grammaticalization II"*, Amsterdam, 3-6 April.

Rhee, Seongha(2012), Context-induced reinterpretation and (inter) subjectification: the case of grammaticalization of sentence-final particles, *Language Sciences 34*.

Sansineña, María Sol, Hendrik De Smet & Bert Cornillie(2015), Between subordinate and insubordinate: Paths toward complementizer-initial main clauses, *Journal of Pragmatics 77*.

Stirling, Lesley(1999), Isolated if-clauses in Australian English, *The Clause in English,* John Benjamins Publishing.

Sweetser, E.(1990), *From Etymology to Pragmatics,* Cambridge University Press.

Talmy, L.(2000), *Toward a Cognitives Semantics*, The MIT Press.

Traugott, E. C. & Dasher, R. B.(2002), *Regularity in semantic change*, Cambridge University Press.

Traugott, E. C. & Graeme Trousdale.(2013), *Constructionalization and constructional changes,* Oxford University Press.

Traugott, E. C.(2017), 'Insubordination' in the light of the Uniformitarian Principle, *English Language and Linguistics 21(2)*.

Van linden, An & Freek Van de Velde(2014), (Semi-)autonomous subordination in Dutch: Structures and semantic-pragmatic values, *Journal of Pragmatics 60*.

Verstraete, Jean-Christophe, Sarah D'Hertefelt & An Van linden(2012), A typology of complement insubordination in Dutch, *Studies in Language 36*.

Weuster, E.(1983), Nicht-eingebettete Nebensätze mit Verb-Endstellung, *Zur Wortstellungsproblematik im Deutschen,* Gunter Narr.

고려대학교 민족문화연구원(2009), 『고려대 한국어대사전』. (dic.daum.net)

국립국어원(1999), 『표준국어대사전』, 두산동아. (stdict.korean.go.kr)

국립국어원(2016), 『한국어 기초사전』. (krdict.korean.go.kr)

찾아보기

민족문화연구총서 출간현황(~2022.05.01)

NO	서명		저자	정가
1	총서1	19世紀 韓國 傳統社會의 變貌와 民衆意識	진덕규	9,000
2	총서2	洪武正韻譯訓의 新研究	박병채	10,000
3	총서3	고조선에 대한 새로운 해석	김정배	35,000
4	총서4	韓國 近代教育法制 研究	안기성	13,000
5	총서5	韓國 近代戲曲史 研究	서연호	11,000
6	총서6	韓國 巫俗의 綜合的 考察	김인회	9,000
7	총서7	朝鮮 後期의 詩經論과 詩意識	김흥규	8,000
8	총서8	高麗時代 佛教詩의 研究	인권환	9,000
9	총서9	韓國 現代詩意識 研究	이기서	8,000
10	총서10	道家思想의 研究	이강수	8,000
11	총서11	조선후기 군수광공업사 연구-조총·화약·연환제조를 중심으로	유승주	22,000
12	총서12	西學에 대한 韓國實學의 反應	최동희	9,000
13	총서13	朝鮮前期 制度言論 研究	목정균	9,000
14	총서14	韓國 現代詩史의 代位的 構造	오탁번	7,000
15	총서15	개정증보-金鰲新話 研究	설중환	17,000
16	총서16	韓國의 傳統婚禮 研究	박혜인	9,000
17	총서17	古小說의 原始宗教思想 研究	박용식	10,000
18	총서18	가톨릭과 朝鮮後期 社會變動	노길명	10,000
19	총서19	1920年代 韓國小說 研究	송하춘	8,000
20	총서21	朝鮮後期 天主教史 研究	조광	8,000
21	총서23	朝鮮後期 小說讀者 研究	대곡삼번	7,000
22	총서24	전면개정판-한국의 옛길 嶺南大路	최영준	28,000
23	총서25	金東仁 研究	김춘미	9,000
24	총서26	韓國古代社會의 軍事와 政治	김영하	13,000
25	총서27	古墳出土 副葬品 研究	유세영	10,000
26	총서31	云丁散藁	김춘동	15,000
27	총서32	韓國現代詩의 意識現象學的 研究	최동호	9,000
28	총서34	韓國 家庭小說 研究	우쾌제	10,000
29	총서36	國語被動 研究	배희임	8,000

30	총서37	韓國古典文學의 原典批評的 硏究	정규복	11,000
31	총서38	企齋記異 硏究	소재영	10,000
32	총서40	法을 통한 朝鮮植民地 支配에 관한 硏究	영목경부	14,000
33	총서42	국어내용연구1	배해수	14,000
34	총서43	日帝末期의 韓國小說 硏究	김종균	12,000
35	총서44	國語 體言化構文의 硏究	홍종선	8,000
36	총서45	羅末麗初의 豪族과 社會變動 硏究	김갑동	10,000
37	총서46	古代國語學 硏究	박병채	13,000
38	총서47	牧民心鑑 硏究	김성준	8,000
39	총서48	韓國傳統音樂 論究	한명희	9,000
40	총서49	漢字語系 歸化語 硏究	조세용	7,000
41	총서51	韓國近代敎育思想 硏究	차석기	11,000
42	총서53	古代國語의 語彙 硏究	천소영	9,000
43	총서54	春香傳의 辭說形成 原理	전경욱	9,000
44	총서55	近代轉換期의 言語와 文學	홍일식	9,000
45	총서56	北青方言의 音韻論	이기동	7,000
46	총서57	韓國文學의 考證的 硏究	최강현	14,000
47	총서58	현대시·시조통합이론	민병기	15,000
48	총서59	高麗 武臣政權期 農民·賤民抗爭 硏究	이정신	10,000
49	총서60	白頭山 說話 硏究	정재호	18,000
50	총서63	朝鮮朝 畿湖學派의 禮學思想에 關한 硏究	배상현	13,000
51	총서65	栗谷李珥의 聖學硏究	장숙필	7,000
52	총서66	韓國古地名辭典	전용신	14,000
53	총서67	高麗·朝鮮時代 敍事文學 發展의 硏究	성택승	8,000
54	총서68	渤海史의 綜合的 考察	한규철	14,000
55	총서70	韓國 近代小說論 硏究	윤충의	9,000
56	총서72	韓國近世 禪家文學	서규태	8,000
57	총서73	조선 중기 정치권력구조 연구	정홍준	9,000
58	총서75	조선후기 운서 한자음 연구	정경일	11,000
59	총서77	高麗 前期 私田 硏究	윤한택	8,000
60	총서78	근대 한국 고등교육 연구	한용진	25,000

61	총서79	심능숙 문학의 연구	장효현	15,000
62	총서81	韓國 近代 文學批評論 硏究	신재기	10,000
63	총서85	한국 현대비평의 문체	이병헌	11,000
64	총서87	조선후기 시가의 현실인식	박노준	12,000
65	총서89	고구려 전기 정치사 연구	금경숙	9,000
66	총서90	독립국가연합 고려인의 생활과 의식	윤인진	10,000
67	총서91	美軍政下의 敎育政策 硏究	김용일	10,000
68	총서92	조선시대 성리학의 연구	윤사순	10,000
69	총서93	朝鮮後期 中人層 漢文學의 硏究	윤재민	14,000
70	총서94	범주문법	강범모	8,000
71	총서95	조선 후기 우화소설 연구	정출헌	12,000
72	총서96	高麗後期 政房 硏究	김창현	12,000
73	총서97	토끼傳·水宮歌 硏究	인권환	16,000
74	총서100	日帝下의 朝鮮貿易 硏究	송규진	10,000
75	총서101	지리산지 농업과 촌락 연구	정치영	20,000
76	총서103	高麗時代 中樞院 硏究	박용운	14,000
77	총서104	조선초기 전세제도 연구	강제훈	13,000
78	총서106	기정진 철학사상 연구	박학래	9,000
79	총서107	조선후기 인성·물성논쟁의 연구	이애희	13,000
80	총서109	서사문법시론	강헌국	9,000
81	총서110	북간도 한인사회의 형성과 민족운동	김춘선	32,000
82	총서111	주자학에서 실학으로	김용헌	35,000
83	총서113	朝鮮初期 性理學과 歷史學-기억의 복원, 좌표의 성찰	오항녕	18,000
84	총서114	조선후기 사회변화와 시가문학	정흥모	20,000
85	총서116	판소리 유파와 명창의 세계	김기형	22,000
86	총서117	조선후기 시가사와 가곡 연행	신경숙	20,000
87	총서119	性理學 受容器 佛敎 批判과 政治思想的 變容 -鄭道傳과 權近을 중심으로	이정주	13,000
88	총서122	조선후기 가집 연구	이상원	27,000
89	총서123	개정판-한국문법교육론	이관규	24,000
90	총서124	근대 동아시아와 한국 자본주의	김윤희	18,000

91	총서125 조선후기 자연학의 동향	김문용	13,000
92	총서127 한국 고전소설과 정신분석학	강상순	25,000
93	총서128 미국의 헤게모니와 한국민족주의	허 은	23,000
94	총서130 한용운과 근대성	김종인	15,000
95	총서131 大韓帝國期 民族談論과 國家構想	백동현	16,000
96	총서132 19세기 문예사와 기생의 한시	박영민	20,000
97	총서136 빈도 효과-코퍼스를 활용한 국어 문법의 기술	김일환	18,000
98	총서137 규방가사의 전통성과 근대성	백순철	20,000
99	총서138 일제 강점기 설화·동화집 연구-우리 옛이야기의 정체성 찾기	권혁래	18,000
100	총서139 신문관의 출판 기획과 문화운동	권두연	30,000
101	총서140 아동문학의 숨은 의미와 가치	노제운	16,000
102	총서142 한국의 자유민주주의와 『사상계』	이상록	24,000
103	총서143 전통연행을 보는 또 하나의 시각	허용호	35,000
104	총서144 조선조 오륜시가의 역사적 전개 양상	하윤섭	24,000
105	총서145 정약용의 철학사상과 체제개혁론-주희와의 비교를 중심으로	전성건	15,000
106	총서146 누정기를 통해 본 한국한문산문사	안세현	16,000
107	총서147 시적 정의와 시의 윤리	여태천	24,000
108	총서148 16세기 후반~17세기 전반 산문 연구	안득용	23,000
109	총서149 검열, 실종된 작품과 문학사의 복원	문한별	22,000
110	총서150 낙하생 이학규의 시문학 연구	이국진	20,000
111	총서151 방각본 영웅소설의 지역적 특성과 이념적 지향	엄태웅	22,000
112	총서152 영체와 행사에서 본 정약용의 종교적 의식	이숙희	15,000
113	총서154 19세기 상·하층 소설의 접점과 문화적 의미	장예준	30,000
114	총서156 한국 근대문학의 형성과 진화론	이만영	22,000
115	총서157 한국 근대시의 형성과 한문맥의 재구성	정기인	23,000
116	총서158 동아시아의 사신영접의례와 공연문화	민태혜	30,000
117	총서159 명사 구성 합성어의 의미 구조	김숙정	15,000
118	총서161 한국어 비종결 문말 형식의 탈종속화 연구	박주원	18,000

民族文化硏究叢書 161

한국어 비종결 문말 형식의 탈종속화 연구

2022년 5월 1일 초판 1쇄 펴냄

저 자 박주원
발행인 이형대
발행처 고려대학교 민족문화연구원

등록번호 1964년 9월 20일 제6-18호
주소 서울특별시 성북구 안암로 145
전화 02-3290-1610~4
팩스 02-926-8385
http://riks.korea.ac.kr

ISBN 978-89-7155-188-2 94700
978-89-7155-073-1 (세트)

정가 18,000원